Holly Wagner

Anker im Sturm

Über die Autorin

Holly Wagners Leben ist ausgefüllt und lebhaft – genau so, wie sie es mag! Wie viele andere Frauen ist sie sehr vielseitig: sie ist Ehefrau, Mutter, Pastorin, Lehrerin, Autorin und Krebsüberlebende. Sie wuchs in Venezuela, Indonesien und England auf und zog schließlich nach Los Angeles, wo sie über zehn Jahre als Schauspielerin in Filmen und im Fernsehen mitwirkte. Heute sind sie und ihr Mann Philip die Hauptpastoren der *Oasis Church*, einer wachsenden, bedeutenden, multikulturellen Mehrgenerationen-Gemeinde, die sie vor 30 Jahren in Los Angeles gegründet haben. Sie verbringen sehr gerne Zeit mit ihren beiden erwachsenen Kindern Jordan und Paris.

Mehr unter: *www.sherises.com*

HOLLY WAGNER

Anker im Sturm

Wie wir in stürmischen
Zeiten Halt finden und den
Mut nicht sinken lassen

Aus dem amerikanischen Englisch von
Marion Achenbach

Lydia

Sollten Sie gerade stürmische Zeiten erleben,
dann ist dieses Buch Ihnen gewidmet.

Das Leben kann manchmal chaotisch sein.
Geben Sie nicht auf!

Wenn die Wellen sich vor Ihnen auftürmen
und Sie mit voller Wucht treffen,
hören Sie nicht auf, Gott die Ehre zu geben.

Sie sind nicht allein!

Inhalt

1

Stehen Sie auf

Außergewöhnliches wurde immer nur von den
Menschen geleistet, die zu glauben wagten,
dass irgendetwas in ihrem Innern den Umständen
gewachsen sei.

· *Bruce Barton* ·

Und sie ist entsetzlich wild, obschon so klein.

· *William Shakespeare* ·

Es fühlte sich an, als ob eine Bombe unter meinem Bett explodierte. Unsere Alarmanlage im Haus heulte laut, und ich konnte hören, wie in der Küche das Geschirr auf den Fliesenboden fiel und in tausend Stücke zersprang. Alles um mich herum schien zu beben. Dann fiel der Strom aus und ich konnte meine Hand nicht mehr vor Augen sehen.

Sie werden sich wahrscheinlich nicht mehr daran erinnern, wo Sie sich am 17. Januar 1994 um 4:31 Uhr aufgehalten haben (außer vielleicht im Bett). Aber ich weiß noch ganz genau, wo ich war. In Los Angeles gab es zu diesem Zeitpunkt ein gewaltiges Erdbeben mit einer Stärke von 6,7 auf der Richterskala. Ich hatte in der Vergangenheit schon ein paar kleinere Beben miterlebt, aber keines war so stark wie dieses. Die Erschütterung war schrecklich, aber der Lärm war noch viel schlimmer. Später habe ich erfahren, dass bei einem Erdbeben Wellen, sogenannte seismische Wellen für die Erschütterung verantwortlich sind, die auf verschiedenste Objekte treffen, die dadurch mit lautem Krach zerstört werden. So kommt es zu dem bombenähnlichen Knall.

Im weiteren Verlauf des Erdbebens rief mein Mann Philip mir zu, dass er unsere zweieinhalbjährige Tochter Paris holen würde. Ich sollte mir unseren sechsjährigen Sohn Jordan schnappen. Im Haus war es stockdunkel. Ich warf einen Blick aus dem Fenster und sah, dass auch die gesamte Nachbarschaft im Dunkeln lag. Nicht einmal ein spärliches Licht von den Straßenlaternen würde mir den Weg erhellen. Ich stolperte also, während die Erde immer noch grollte und bebte, durch unser Schlafzimmer in Richtung Flur. Eine Kommode flog um und traf mich so stark am Bein, dass der Schlag mich in die Knie zwang. Nun kroch ich auf allen vieren weiter, um zu meinem Sohn zu gelangen. In meiner Panik spürte ich gar nicht die Scherben der heruntergefallenen und zerbrochenen Bilderrahmen, die sich in meine Hände und Beine geschnitten hatten. Als Mutter, so wie die meisten Mütter, wollte ich nur eins: alles tun, was notwendig ist, um zu meinem Kind zu gelangen!

Endlich hatte ich die Tür meines Sohnes erreicht. Doch ich konnte sie nicht öffnen. Irgendetwas auf der anderen Seite war umgefallen und blockierte sie.

„Jordan? Jordan! Mach die Tür auf!“

„Mama, ich bin okay!“ Seine verängstigte Kinderstimme drang durch die Tür und zerriss mir das Herz. Letztlich schafften wir es, die Tür zu öffnen. Anschließend drückte ich ihn fest an mich und blieb mit ihm im Türrahmen stehen, so wie es den Bewohnern in erdbebengefährdeten Gebieten stets geraten wird.

Philip stand ebenso mit Paris im Türrahmen vor ihrem Schlafzimmer. Wir drückten uns alle ganz fest aneinander, als das erste Nachbeben kam. Es war nicht mehr so stark wie das erste Beben, aber immer noch beängstigend. Philip meinte, wir sollten besser das Haus verlassen, und so griffen wir nach einer Decke, liefen die Treppe hinunter und bis nach draußen in den Vorgarten. Irgendeiner von uns dachte sogar noch daran, unseren Hund zu holen, und schließlich kauerten wir alle zusammengedrängt unter der Decke. Die Menschen, die mir am allerwichtigsten waren, und unser Hund lagen nun unter dieser Decke auf dem Rasen vor unserem Haus.

Dann explodierten auf einmal einige Häuser in der Nähe, weil die Gasleitungen geplatzt waren. Und uns war angst und bange zumute, als glühende Asche über unsere Köpfe flog.

Schließlich dämmerte es und die Sonne ging auf. Da erst konnten wir die Zerstörung um uns herum sehen. Und Blut sickerte mein Bein hinunter, wo die Kommode mich getroffen hatte. Bis dahin war mir die Verletzung gar nicht aufgefallen. Eine Narbe ist aber noch heute zu sehen.

Ich ging ins Haus und war fassungslos angesichts des Chaos. Im Tageslicht sah ich das ganze Ausmaß der Zerstörung: Alle Wände hatten Risse bekommen, und der Kronleuchter war so heftig hin und her geschwungen, dass er eine Wand stark beschädigt hatte. Unser Fernseher und unser Computer waren quer durchs Zimmer geflogen. Alle Teller und Gläser waren in tausend Teile zerbrochen und die Küchengeräte befanden sich nicht mehr an Ort und Stelle. Der Schaden belief sich auf ungefähr 60 000 Dollar.

Ich wusste überhaupt nicht, was ich als Nächstes tun sollte. Nur, dass dieses Erlebnis ein Albtraum war, dessen Ende ich mir sofort herbeiwünschte. Auf der Stelle!

Vielleicht werden Sie nie ein solches Erdbeben erleben wie ich damals. Ich wünsche es Ihnen auch nicht! Aber ich habe festgestellt, dass nicht nur richtige Erdbeben aufwühlend sein können. Auch ein Erdbeben im übertragenen Sinn kann unser Leben in Angst und Chaos stürzen. Mit „Nachbeben", die genauso verheerend sein können.

Denn leider ist es so, dass wir alle irgendwann einmal in unserem Leben mit einem solchen Erdbeben konfrontiert werden – einer Herausforderung, die düster und beängstigend ist. Und die Entscheidungen, die wir in einer solchen Zeit treffen, sind ausschlaggebend dafür, ob wir die Situation mit Hilfe unseres Glaubens, unserer Beziehungen und eines klaren Verstandes meistern werden. Philip und ich trafen inmitten des Erdbebens ein paar gute Entscheidungen, durch die wir unsere Familie in Sicherheit bringen konnten. Wir hätten aber auch beinahe ein paar schlechte getroffen, die meines Erachtens noch mehr Schaden angerichtet hätten (dazu später mehr).

> Herausforderungen gehören nicht zu den Wahlfächern auf dem Stundenplan unseres Lebens, sie gehören zu den Pflichtfächern unserer Lebensschule.

In der Bibel steht, dass wir uns nicht darüber wundern sollen, wenn wir vor harten Proben, Stürmen oder Feuerstürmen[1] stehen. Nur, dass Sie es wissen: Ich wundere mich jedes Mal. Vielleicht müssen wir uns manchmal dafür bewusst entscheiden, nicht jede Herausforderung, der wir begegnen, auch anzunehmen. Andererseits haben wir manche Schwierigkeiten auch selbst zu verantworten, weil wir schlechte Entscheidungen getroffen haben (dazu später mehr). Vieles haben wir aber schlicht deshalb zu durchleben, weil wir hier auf der Erde leben. Gott ist nicht wütend auf Sie oder mich und er bestraft uns auch nicht. Herausforderungen treffen die Guten wie die Bösen, die Gerechten wie die Ungerechten. Sie treffen einen jeden von uns. Herausforderungen gehören nicht zu den Wahlfächern auf dem Stundenplan unseres Lebens, sie gehören zu den Pflichtfächern unserer Lebensschule.

Brauchen wir solche Herausforderungen?

In unserer Welt, unserem Land, unserer Stadt, unseren Freundschaften, unserer Familie und unserem Herzen werden wir mit allen möglichen Situationen konfrontiert. Jesus hat vorausgesagt, dass wir in dieser Welt mit Problemen, Leid und Frustrationen zu kämpfen haben werden. Wir sollen aber trotzdem keine Angst haben, weil er die Welt besiegt hat. Er hat uns gezeigt, wie wir sie überwinden können.[2]

Als meine Tochter Paris die weiterführende Schule besuchte, musste sie an einer naturwissenschaftlichen Projektwoche teilnehmen. Laut Anweisungen der Lehrer durften die Eltern ihren Kindern bei den Projekten aber nicht helfen. Ich war ein bisschen froh darüber, denn ich war ja schließlich fertig mit der Schule und hatte absolut keine Lust auf ein naturwissenschaftliches Projekt. Paris interessierte sich für Pferde. Deshalb beschloss sie, ein Pferd aus Pappmaché zu bauen. Als es fertig war, konnte man eine gewisse Ähnlichkeit mit einem Pferd erkennen. Allerdings hatte es einen starken Drall nach links. Ich half ihr, ihre Projektarbeit zu der Ausstellung zu tragen und war gespannt, die Projekte der anderen Sechstklässler zu sehen. Nachdem wir Paris' Pferd aufgestellt hatten, sah ich mich um. Manche Projekte waren wirklich erstaunlich – zum Beispiel die riesigen

Lungenflügel, die atmen konnten oder die Landkarte der Vereinigten Staaten, die je nach Stromverbrauch der einzelnen Städte hell aufleuchtete. Ich warf einen Blick zurück auf Paris' einzigartiges, schiefes Pferd, und mir wurde schnell klar, dass entweder einige Eltern geschummelt hatten, oder aber wir beide waren irgendwie versehentlich auf die Wissenschaftsmesse einer Universität geraten.

Nachdem ich Paris noch einmal versicherte, dass ihr Projekt wirklich interessant war, begab ich mich auf einen Rundgang durch den Raum, denn ich brauchte etwas Zeit für mich, um all den Eltern zu vergeben, die betrogen hatten. Ich nahm jedes eingereichte Modell genau unter die Lupe und entdeckte schließlich ein Projekt, das mich am meisten verblüffte: eine Miniatur der „Biosphäre 2", die *selbstverständlich* von einem Sechstklässler gebaut worden war. Aber mich ließ das natürlich völlig kalt.

1991 ließen sich acht Menschen in Oracle (Arizona) zum Test in einem riesigen Treibhaus einsperren. Dieses Treibhaus wurde „Biosphäre 2" genannt. (Wie sie es dort drinnen ohne einen Starbucks-Kaffee aushielten, ist mir schleierhaft!) Innerhalb dieses ungefähr zwei Fußballfelder großen und luftdicht versiegelten Systems befanden sich ein See, ein Regenwald, eine Wüste und eine Savanne. Die Wissenschaftler produzierten von extern jede Art von Wetter, außer Wind. Irgendwann aber wurden durch den fehlenden Wind die Baumstämme schwächer, sodass sie sich zur Erde neigten. Nur durch den Druck des Windes werden Baumstämme widerstandsfähig und stark und können sich dadurch mit ihrem ganzen Gewicht aufrecht halten.

Während ich das Projekt dieses Sechstklässlers anstarrte und mir Gedanken über die Lehren machte, die aus der „Biosphäre 2" gezogen wurden, wurde mir etwas über das Leben klar. Egal ob es uns gefällt oder nicht, wir müssen zugeben, dass wir durch die Stürme in unserem Leben an Kraft gewinnen.

Sosehr mir also manche Herausforderungen verhasst sind, denke ich doch, dass wir sie auch nötig haben. In Sprüche 31 finden wir den Grund dafür. Zunächst klingt dieses Kapitel der Bibel etwas irritierend. Es wurde in Gedichtform verfasst und war möglicherweise für die Männer in Israel gedacht, damit sie es zur Ehre der Frauen auswendig lernen und aufsagen konnten. Auch wenn es sich bei diesen Versen nicht unbedingt um eine Arbeitsplatzbeschreibung handelt, vermitteln sie doch das Bild einer nahezu perfekten Frau. Wer könnte jemals mit ihr mithalten? Mit ihr, die als die „tugendhafte Frau" bezeichnet wird? Ich stelle mir sie so vor: eine stille Person, die einfach dasitzt und strickt. (Das soll nicht böse gemeint sein, falls Sie gerne stricken!) Auf mich aber trifft das nicht zu. Ganz ehrlich, ich wäre zufrieden gewesen, wenn das Buch der Sprüche mit Kapitel 30 geendet hätte. Als ich mich jedoch vor ungefähr 20 Jahren näher damit beschäftigte, wie eine Königstochter in Gottes Augen sein sollte, begann ich zu ahnen, dass Sprüche 31 jede Menge Aufschluss darüber gibt. Und ich begann zu verstehen, dass dieses Kapitel nicht nur für meinen Glauben unentbehrlich war, sondern es konnte mir auch helfen herauszufinden, wie ich mit den Herausforderungen in meinem Leben umgehen kann. Während ich mich also mit den Versen befasste, fand ich heraus, dass das Wort *tugendhaft* von dem hebräischen Wort *chayil* stammt, das mit Macht, Stärke und Mut in Verbindung gebracht wird. Im Grunde bedeutet es „Kraft auf Erden"[3].

Ob es uns gefällt oder nicht, wir müssen zugeben, dass wir durch die Stürme in unserem Leben an Kraft gewinnen.

Wahnsinn, dachte ich! Wir Frauen sind dazu geschaffen, eine Kraft auf Erden zu sein. Dieser Gedanke gefällt mir.

Wir müssen uns erheben!

Anfangs wirkte Sprüche 31,15 ziemlich abschreckend auf mich. In diesem Vers werden wir Frauen herausgefordert, „noch vor Tagesanbruch"[4] aufzustehen. Wie bitte? Das glaube ich ja nicht. Vor Tagesanbruch schlafe ich noch. Doch in Wahrheit hat dieser Vers nichts mit unserer Aufstehzeit zu tun, sondern vielmehr damit, dass wir Frauen sein sollen, die *aufstehen*, wenn Erdbeben, Chaos, Kummer und Unglück sich häufen. In der dunkelsten Stunde sollen wir uns erheben.

Vielleicht wird Ihre Welt gerade erschüttert. Vielleicht kämpft in Ihrer Familie gerade jemand gegen eine Krebserkrankung. Oder jemand, der Ihnen nahesteht, ist drogen- oder alkoholabhängig. Oder Ihre Familie wurde durch eine Scheidung auseinandergerissen. Manchmal scheint es, als hätte es noch nie zuvor auf unserem Planeten so viele Schmerzen, Krankheiten, Hungersnöte und Unglücke gegeben wie heute. Und dennoch traut Gott Ihnen und mir diesen Augenblick der Geschichte zu! Warum? – Weil wir eine Kraft für das Gute auf Erden sein sollen – *chayil*. Wir sollen die Frau sein, die sich erhebt, wenn sich alles rundum im Chaos befindet, wenn unsere eigene, kleine Welt erschüttert wird.

> In der gesamten Bibel lesen wir von Frauen, die in schweren Zeiten aufgestanden sind, um andere zu stärken.

Es ist die Frau, die nicht aufgibt, die sich nicht beschwert, die keine Vorwürfe macht. Sie entdeckt ihren Mut und steht auf. Inmitten von dunklen Zeiten, wenn es so aussieht, als ob die ganze Welt ins Wanken gerät, wird sie sogar noch stärker. Gott sucht nach einer Schar von Frauen, die mutig und stark werden und in jeder Herausforderung aufstehen und anderen Menschen Kraft geben, damit auch sie neuen Mut fassen.

In der gesamten Bibel lesen wir von Frauen, die in schweren Zeiten aufgestanden sind, um andere zu stärken. In der dunklen Zeit der Richter, als unter den Israeliten Durcheinander und Verwirrung herrschten und sie nicht mehr regelmäßig zu Gott beteten, erhob sich eine Frau namens Debora wie eine Mutter über das Volk. Gott gebrauchte sie, um die Israeliten in die Freiheit zu führen.[5] Sie beschloss, mutig und stark zu sein und sich der Herausforderung zu stellen.

Königin Esther riskierte sogar ihr Leben, um das Volk Israel zu retten, als es sich in einer schrecklichen Lage befand und von Völkermord bedroht wurde. Eine ganze Nation wurde durch sie gerettet.[6] Auch Esther wurde mutig und stark und stellte sich der Herausforderung.

Wir dürfen in unseren Prüfungen des Lebens nicht stecken bleiben! Wir wachsen durch sie, und als Königstöchter sind wir dazu berufen, auch in dunklen, erschütternden Momenten aufzustehen und zu kämpfen. Nur wie?

Paulus kannte sich mit Schwierigkeiten aus

Wie können wir heute mutig und stark werden und uns den Herausforderungen stellen, mit denen wir konfrontiert werden? Nun, es gibt da noch eine weitere, großartige Person in der Bibel, die uns hier ein Vorbild sein kann – der Apostel Paulus. Er kannte sich mit düsteren Zeiten bestens aus. In seinem Fall war es kein Erdbeben, das ihm Schwierigkeiten bereitete, sondern ein Sturm.

Und das kam so: Paulus hatte die jüdischen Führer verärgert, weil er das Evangelium verkündete. Deshalb überzeugten sie die römischen Soldaten, dass Paulus ein Störenfried sei, woraufhin sie ihn ins Gefängnis von Cäsarea warfen. Obwohl sie ihm offiziell zu keiner Zeit ein Verbrechen nachweisen konnten, blieb Paulus hinter Gittern. Als er jedoch herausfand, dass er ausgepeitscht werden sollte, berief er sich auf Cäsar und verlangte, dass dieser sich seinen Fall anhöre (denn er war schließlich selbst ein römischer Bürger). Deshalb wurde er von den Soldaten auf ein Schiff gebracht, das ihn nach Rom bringen sollte. Von Beginn der Reise an stand der Wind ungünstig und das Schiff trieb nur langsam an der Küste entlang.

Es hatte Schwierigkeiten voranzukommen, weil sie den Hafen zu einem Zeitpunkt verlassen hatten, als es sehr gefährlich war. Das Wetter war zu dieser Jahreszeit nämlich unvorhersehbar. Zwischen Mitte September und Mitte November galt die Segelsaison als riskant und die Schleusen waren über einen Zeitraum von ungefähr drei Monaten bis Februar für den Durchgangsverkehr geschlossen. Paulus' Reise fand wahrscheinlich ungefähr Mitte Oktober statt.[7]

Paulus hatte noch die Mannschaft gewarnt, dass sie in Schwierigkeiten geraten würden. Doch Julius, der römische Hauptmann, der für die Gefangenen verantwortlich war, entschied sich, eher auf den Schiffskapitän zu hören. Dieser war entschlossen, auch in einer solch gefährlichen Jahreszeit sein Ziel zu erreichen. Doch es kam, wie es kommen musste. Die sanfte Brise verwandelte sich auf einmal in eine Art Hurrikan und der Kampf gegen die Wellen begann. (Wenn ich nur daran denke, fühle ich mich schon seekrank.)

Der Bericht über Paulus' Abenteuer steht in Apostelgeschichte 27. Er ist eine Ermutigung für jeden, der sich mitten in einem Lebenssturm befindet und einen Weg danach sucht, ihm die Stirn bieten zu können. Denn so wie Paulus leben auch wir in schwierigen Zeiten. Jeden Tag müssen wir Entscheidungen treffen, die eine Zukunft bedingen, nach der wir uns sehnen. Selbst dann, wenn wir mitten in einem Sturm stecken. So schwer uns in einer Krise manche Entscheidungen auch fallen mögen, wir müssen dafür sorgen, dass wir auf die andere Seite kommen. Dorthin, wo es wieder ruhig ist. Und keineswegs wollen wir Entscheidungen treffen, die wieder neue Stürme auslösen. In Paulus' Fall ging es darum, unverletzt ans Ufer zu gelangen.

Aus diesem Grund habe ich dieses Buch geschrieben. Sie wie auch ich werden in Stürme geraten, gegen die wir ankämpfen müssen. Vielleicht stecken Sie gerade mittendrin. Auch wenn das niemals Spaß macht und oft sogar sehr an unseren Kräften zehrt, ist es möglich, den Sturm zu überleben und gestärkt daraus hervorzugehen. Wir können zu Überwindern werden, und auf den folgenden Seiten werden wir entdecken, wie das geht.

Aber wir werden auch feststellen, dass wir diese Kämpfe nicht nur für uns selbst ausfechten. Als Gott uns schuf, wollte er, dass wir in Gemeinschaft mit anderen Menschen leben, damit wir ihnen mit den Erfahrungen, die wir gemacht haben, helfen können. Überall um uns herum sind Menschen, die mit Herausforderungen zu kämpfen haben und Hilfe suchen. Und wir können ihnen zeigen, dass es möglich ist, selbst in schwierigen Zeiten ein siegreiches Leben zu führen. Gott bekommt dadurch Ehre, denn gerade dann, wenn wir schwach sind, zeigt sich seine Stärke in uns. Schließlich hat auch Jesus Stürme erlebt und zu ihnen gesprochen. Er hat es nie zugelassen, dass sie seiner Bestimmung im Weg standen. Dasselbe galt auch für Paulus. Und es kann auch für Sie und für mich gelten.

In diesem Buch werden wir uns ansehen, wie Paulus den Sturm überlebt hat. Genau so müssen auch wir uns verhalten, um den

Wind und die Wellen zu besiegen. Ohne vorwegnehmen zu wollen, wie die Geschichte mit dem Sturm ausging, verrate ich schon so viel: Paulus und alle Menschen an Bord überlebten. Das Schiff, das sie transportierte, wurde zwar zerstört, aber Paulus und die Besatzung erreichten noch rechtzeitig das Ufer, was sie zum größten Teil der Weisheit, Entscheidungsfreudigkeit und Tatkraft von Paulus zu verdanken hatten. Sie können das auch schaffen.

Für jeden, der glaubt, ist der Himmel das letzte zu erreichende Ufer. Dort wird Jesus eines Tages zu uns sagen: „Gut gemacht." Egal ob wir in einer Beziehungskrise stecken, Schwierigkeiten am Arbeitsplatz haben oder mit gesundheitlichen Problemen kämpfen, jeder Sturm in unserem Leben birgt die Gelegenheit in sich, ihn nicht nur zu überleben, sondern auch als Sieger daraus hervorzugehen.

Für jeden, der glaubt, ist der Himmel das letzte zu erreichende Ufer.

Ich habe dieses Buch geschrieben, weil ich möchte, dass Sie Ihren ganz persönlichen, von Gott bestimmten Zweck erfüllen, *mutig und stark* zu werden. Das wird keinem von uns einfach in die Wiege gelegt. Und die Fähigkeit, wie die Frau in Sprüche 31 aufzustehen, kommt auch nicht aus dem Nichts. Wir müssen sie uns erarbeiten. Denken Sie immer daran: In einem Sturm schlägt niemand ein Zelt auf. Wir suchen vielmehr nach einem Weg, wie wir den Sturm überstehen können, um am Ende siegreich aus dieser Krise hervorzugehen – gestärkt und gefestigt in unserem Glauben, unseren Beziehungen *und* unserem Denken.

Sind Sie bereit, *den Mut in Ihnen* zu entdecken? Dann lassen Sie uns loslegen.

2

Wappnen Sie sich für den Sturm

Die Wahrheit ist mächtig, und sie setzt sich durch.

· *Sojourner Truth* ·

Zwei haben es besser als einer allein.

· *Prediger 4,9* ·

In der Grundschule hing ich einmal an einem Seil, das in der Turnhalle in dreieinhalb Meter Höhe zwischen zwei Stangen gespannt war. Ich hangelte mich daran lang. Nicht etwa weil ich *Wonder Woman* nacheifern wollte; wir hatten einfach nur Sportunterricht. Ich baumelte über dem Boden, es klappte ganz gut, bis meine Hände plötzlich abrutschten und ich fiel. *Knack!* – machte der Knochen in meinem Handgelenk.

Ich hatte starke Schmerzen, aber mehr machte mir zu schaffen, dass ich es nicht, wie die Jungs, bis an das andere Ende geschafft hatte. Ich schämte mich, denn ich war noch in dem Alter, in dem man anderen beweisen will, dass man alles genauso gut kann wie sie! Ein Lehrer rief aufgrund meines Unfalls meine

Mutter an, die mit mir direkt zum Arzt fuhr. Dort wurde mein Arm eingegipst.

Vielleicht haben Sie sich auch schon einmal einen Knochen gebrochen oder eins Ihrer Kinder. Dann wissen Sie, dass der wieder begradigte Knochen durch den Gipsverband ruhiggestellt wird, damit er richtig zusammenwachsen kann. Der Gips dient dabei als Stütze, als Halt, damit der Knochen sich erholen und heilen kann. Ohne diesen Gips würde der Patient starke Schmerzen haben und er hätte keine Garantie, dass der Knochen richtig zusammenwächst.

So wie ein gebrochener Arm einen Gips benötigt, brauchen auch wir eine Stütze, einen Halt, um schwierige Zeiten zu überstehen.

Zurren Sie die unterstützenden Seile fest!

Als das Schiff, auf dem Paulus sich befand, in diesen unglaublich heftigen Sturm geriet, drohte es, durch Wind und Wellen zerschmettert zu werden. Die Mannschaft musste rasch etwas tun.

„Um den Rumpf des Schiffes zu verstärken und zu sichern, banden die Seeleute dicke Taue um das Schiff. Außerdem warfen sie den Treibanker aus, weil sie fürchteten, sonst auf die Sandbänke vor der afrikanischen Küste zu geraten. Dann ließen sie das Schiff dahintreiben“ (Apostelgeschichte 27,17).

Die Seeleute mussten das Schiff unbedingt sichern. Damals war es üblich, dicke Seile oder starke Taue um das gesamte Schiff zu wickeln, damit die Planken nicht auseinanderbrachen und das Schiff leckschlug. In der Seemannssprache wird dieser Vorgang „festzurren“ genannt.

Können Sie sich vorstellen, wie furchterregend dieser Moment für einen Seemann gewesen sein muss, als er das Seil nahm, in die stürmische See sprang, unter dem Schiff hindurch schwamm, am anderen Ende mit dem Seil wieder auftauchte, es festzurrte und den ganzen Vorgang anschließend wiederholte?

Allerdings wussten die Seeleute ganz genau, dass dies unumgänglich war, wenn sie den Sturm überleben und das Schiff retten wollten. Dasselbe gilt auch für Sie und mich. Unser Sturm kann unsere Ehe betreffen, unsere Gesundheit, unseren Beruf, unsere Familie, unsere Finanzen. Nur wenn wir ihn überleben wollen, dann müssen wir Vorkehrungen treffen, um unser Ziel zu erreichen – um sicher ans Ufer zu gelangen.

Stütze Nr. 1: Konzentrieren Sie sich auf Gottes Wahrheit

In den Wochen nach dem Erdbeben im Jahr 1994 erlebten wir unzählige kleine Nachbeben. Im Grunde genommen bewegte sich die Erde fast die ganze Zeit. Ich hasste das. Jedes Mal, wenn der Boden erschüttert wurde, zitterte ich mit und fragte mich, ob ein weiteres Beben folgen und schließlich ganz Südkalifornien mit in den Pazifik reißen würde. Die altbekannten Witze über den Staat Arizona, der einen eigenen Strand bekommt, fand ich plötzlich gar nicht mehr lustig. Ich hatte wirklich Angst, und mir war bewusst, dass ich gegen diese Angst ankämpfen musste, wenn ich das Ganze durchstehen wollte. Und mir wurde klar: Auf die Erschütterungen konnte ich keinen Einfluss nehmen, aber ich konnte meine Perspektive ändern.

Im Neuen Testament werden wir aufgefordert, unsere Gesinnung zu „umgürten" und „nüchtern" in unserem Denken zu sein.[1] Was nichts anderes heißt, als dass es wichtig ist, in turbulenten

Zeiten die Kontrolle über unsere Gedanken zu behalten. Denn diese erste Vorkehrung hilft uns in Stürmen, Wahrheiten zu formulieren und unsere Gedanken klar auszurichten. Schließlich folgen auf unsere Gedanken ja Taten, die uns aber leider oft dahin führen, wo wir gar nicht hinwollen. Natürlich sind wir nicht in der Lage, gleich den ersten Gedanken, der uns inmitten eines Sturms in den Sinn kommt, zu kontrollieren, schon aber den zweiten. Insofern haben wir es in der Hand, worüber wir uns Gedanken machen.

Wir müssen lernen, uns zu fokussieren, wenn wir das Ufer sicher erreichen wollen, wenn wir die Herausforderungen, denen wir begegnen, erfolgreich meistern wollen. Und ehrlich gesagt gibt es keinen besseren Weg, diesen Prozess zu beginnen, als die Bibel aufzuschlagen und darin zu lesen. Ich öffnete also die Bibel, um mit meiner Angst fertigzuwerden, die ich während der zahlreichen Nachbeben empfand.

Das Buch der Psalmen eignete sich hervorragend für meine Situation. Denn König David, der den Großteil dieser Psalmen geschrieben hat, musste regelmäßig gegen seine Ängste ankämpfen. Schließlich lebte er in ständiger Angst, da er sehr viele Feinde hatte, die ihn lieber tot als lebendig sehen wollten. Von daher kannte er sich aus damit, was es heißt, mit Ängsten umzugehen. Und tatsächlich: Seine Worte in Psalm 118 erinnerten mich wieder daran, dass Gott mir meine Sorgen wegnimmt, wenn ich mich an ihn wende. Und mir wurde neu bewusst, dass ich mich nicht zu fürchten brauche, wenn Gott an meiner Seite ist. – Ein Gedanke, der übrigens in den Psalmen häufig zu finden ist. In Psalm 91,9–11 schreibt David beispielsweise:

> Wir müssen lernen, uns zu fokussieren, wenn wir das Ufer sicher erreichen wollen.

„Du aber darfst sagen: ‚Beim Herrn bin ich geborgen!' Ja, bei Gott, dem Höchsten, hast du Heimat gefunden. Darum wird dir nichts Böses zustoßen, kein Unglück wird dein Haus erreichen. Denn Gott hat seine Engel ausgesandt, damit sie dich schützen, wohin du auch gehst."

Diese Verse sprach ich laut vor mir selbst aus, denn in manchen Nächten machte ich mir sehr große Sorgen. Jedes noch so kleine Beben ließ mich aufschrecken. Ich saß dann kerzengerade im Bett und wartete ängstlich, bis es vorbei war. Um meine Angst zu besiegen, zitierte ich immer wieder laut diese Bibelstelle, damit mein Verstand sie hören konnte! Mir war klar, dass ich meine Gedanken „umgürten" musste, um in diesem Sturm der Angst zu überleben. Ich musste lernen, sie zu kontrollieren.

> Glaube kommt aus dem Hören auf Gottes Wort und manchmal müssen wir die Worte aus unserem eigenen Mund einfach hören.

Glaube kommt aus dem Hören auf Gottes Wort[2] und manchmal müssen wir die Worte aus unserem eigenen Mund einfach hören. Lesen Sie sich doch mal selbst einen Vers aus der Bibel laut vor! Ich weiß, das klingt sehr einfach, aber das soll jetzt keine abgedroschene Floskel sein. Es ist vielmehr der erste Schritt. Und dieser hat einen tieferen Sinn, denn die Wahrheit ist: Wenn wir sein Wort nicht kennen, werden wir es aus dem Sturm nicht herausschaffen.

In den nächsten Kapiteln werden wir uns noch weitere Schritte ansehen, unter anderem auch die Bewältigung unserer eigenen Vergangenheit, aber lassen Sie uns zunächst mit dieser ersten Stütze beginnen: *Lesen Sie einen Vers in der Bibel und sprechen Sie ihn laut aus.*

Möglicherweise fehlt Ihnen gerade innerer Frieden. Das ist nur allzu verständlich. Wenn bei Ihnen die Welt Kopf steht, scheint Frieden weit weg zu sein. Wie wäre es aber, wenn Sie jetzt Ihre Bibel öffnen und die folgenden Verse laut lesen?

„Der Herr wird seinem Volk Macht verleihen, er wird es segnen und ihm Frieden schenken“ (Psalm 29,11).

„Jesus sagte: ‚Auch wenn ich nicht bei euch bleibe, sollt ihr doch Frieden haben. Meinen Frieden gebe ich euch; einen Frieden, den euch niemand auf der Welt geben kann. Seid deshalb ohne Sorge und Furcht!‘“ (Johannes 14,27).

Vielleicht aber stehen Sie auch vor einer wichtigen Entscheidung, die Ihre Zukunft betrifft, und die Last dieser Entscheidung zieht Sie nach unten. In dieser Situation könnten Sie die folgenden Verse laut lesen:

„Vertraue Gott deine Pläne an, er wird dir Gelingen schenken“ (Sprüche 16,3).

„Denn ich allein weiß, was ich mit euch vorhabe: Ich, der Herr, werde euch Frieden schenken und euch aus dem Leid befreien. Ich gebe euch wieder Zukunft und Hoffnung“ (Jeremia 29,11).

Die Bibel ist die Wahrheit, und Wahrheit hat die Macht, uns zu verändern. Unsere Perspektive. Unsere Haltung. Unser Tun. Natürlich muss man den Tatsachen ins Auge sehen, aber diese Tatsachen sind nicht annähernd so entscheidend wie die Wahrheit.

Zum Beispiel wurde bei mir vor zehn Jahren Brustkrebs festgestellt. Der Fachbegriff lautete „invasiv-duktales Karzinom". Für mich begann ein Lebenssturm, eine schrecklich düstere Zeit. Es gab keinen Zweifel an meiner Diagnose: Ich hatte einen bösartigen Tumor in meiner rechten Brust. Und ich musste eine Entscheidung treffen: Entweder ließ ich es zu, dass die Nerven mit mir durchgingen und ich den Verstand verlor, oder ich setzte meine ganze Hoffnung auf die Wahrheit. Die Wahrheit, wer Gott ist. Die Wahrheit, dass ...

- er gut ist,
- er mich liebt,
- er treu ist,
- er mich nie verlassen wird.

Ich musste mich ganz bewusst entscheiden, meine Hoffnung auf die Wahrheit seines Wortes zu setzen. In 2. Mose 15,26 wird mir gesagt, dass mein Gott der Herr ist, der mich heilt. In Jesaja 38,16 steht, dass er mich wieder gesund machen wird. Und die Evangelien enthalten zahlreiche Beispiele von Menschen, die Jesus geheilt hat. Jesus hat gesagt: *„Wer mich gesehen hat, hat auch den Vater gesehen."*[3] Daraus können wir schließen, dass es in Gottes Natur liegt, uns zu heilen. Es liegt nicht nur in seiner Macht, uns zu heilen, sondern er will es auch. Natürlich weiß ich, dass es auch Menschen gibt, die nicht geheilt werden. (Ich lebe ja nicht in einer Fantasiewelt.) Was ich aber damit meine und ausdrücken möchte, ist einfach, dass wir eine Wahl haben, in welche Richtung wir unsere Gedanken lenken.

Anstatt also weiter über meine sehr beängstigende Situation nachzudenken, beschloss ich, mich auf die Wahrheit zu konzentrieren, wie Gott ist. An manchen Tagen gelang mir das gut, an anderen schlechter. Aber ich wusste, wenn ich diesen Sturm überleben wollte, musste ich mein Leben auf der Wahrheit Gottes aufbauen und nicht nur auf Fakten.

Tatsächlich verändert uns eine solche Sicht – genauer gesagt, unsere Perspektive auf die Fakten verändert sich. Es geschieht immer dann, wenn wir zulassen, dass unser Verstand erneuert wird. Umstände sind dafür nicht ausschlaggebend.[4]

Manchmal, wenn wir uns mitten in einem Sturm befinden, suchen wir nach einem Schuldigen, den wir für unsere Situation verantwortlich machen wollen. Das ist, ehrlich gesagt, nicht sehr hilfreich. Es ist in Ordnung, wenn wir angesichts unserer Umstände wütend, frustriert und traurig werden, aber irgendwann müssen wir aufhören, jemandem die Schuld geben zu wollen und stattdessen das Wort Gottes zur Hand nehmen, denn die Wahrheiten aus seinem Wort sind Balsam für unsere Seele.

Die Wahrheiten aus seinem Wort sind Balsam für unsere Seele.

Vielleicht widerfährt Ihnen gerade ein Sturm in Ihrer Gesundheit. Oder eine Ihnen nahestehende Person befindet sich mitten in einer Krise. Was auch immer Ihr Sturm gerade ist, es tut mir wirklich leid. Halten Sie aber an der Wahrheit fest! Sprechen Sie sie mitten in Ihren Umständen aus, und zwar laut! Lassen Sie nicht zu, dass die Fakten in Ihrem ärztlichen Bericht Sie überwältigen. Ich weiß, eine schlechte Diagnose kann sehr beängstigend sein, und die Worte der Ärzte können mächtig und erdrückend wirken, sodass die Zukunft ungewiss erscheint. Vergessen Sie aber nicht: Sie sind nicht allein!

Vielleicht ist Ihr Sturm, dass Sie gerade Ihren Arbeitsplatz verloren haben. Öffnen Sie dann Ihre Bibel und lassen Sie den Gott, der Sie unvergleichlich liebt, Wahrheiten zu Ihnen sprechen. Seine Liebe ist echt! Und dort, wo Sie jetzt im Leben stehen, ist das nicht das Ende. Die eigenen Gedanken zu kontrollieren bedeutet manchmal, sich zu entscheiden, dass man Gott auch dann vertraut, selbst wenn man ihn nicht versteht. Ich weiß, Probleme können erdrückend sein, aber wenn Sie sich an Gottes Wahrheiten über Ihr Leben halten, werden Sie all das nicht nur durchstehen, sondern am Ende sogar noch anderen helfen, damit auch sie es schaffen.

Der Sturm, in dem Sie gerade stecken, könnten auch Beziehungsprobleme sein. Auch hier gilt es, sich an die Wahrheit zu halten. Vielleicht hat Ihr Partner gerade Ihre Verlobung aufgelöst. Sie waren davon ausgegangen, dass Sie bald heiraten werden, aber jetzt sind Sie wieder allein. Aber: Ihr Wert als Mensch und Person hat sich durch diesen Sturm nicht verändert. Und jetzt ist der richtige Zeitpunkt, sich daran zu erinnern, dass Sie mehr wert sind als „viele Juwelen“[5], dass Gottes Pläne für Sie voller Hoffnung sind.[6] Umgürten Sie Ihr Leben neu mit der Wahrheit – über Gott, sein Wort, seine Stärke und seine Liebe zu Ihnen.

Umgürten Sie Ihr Leben neu mit der Wahrheit – über Gott, sein Wort, seine Stärke und seine Liebe zu Ihnen.

Es gab eine Zeit, und es war mehr als einmal, da geriet meine Ehe in einen Sturm. Ich musste auf einmal lernen, mutig und stark zu werden. Natürlich war an dem Problem nur mein Ehemann Philip schuld! Wenn er mir nur ähnlicher wäre, dachte ich oft. Schließlich war ich fast perfekt.

Besonders schwierig waren die ersten Jahre unserer Ehe, denn ich musste feststellen, dass die Geschichte von Aschenputtel so nicht stimmte. Denn Philip war weder ein Prinz noch charmant. Ich war bereit, meinen Schuh nach ihm zu werfen. Es gab zwischen uns einfach zu viele Unterschiede. Ich war mir nicht sicher, ob unsere Ehe halten würde. Das Beängstigende daran war, dass ich allmählich die Hoffnung verlor.

Die Tatsachen waren nicht von der Hand zu weisen: Wir waren und sind grundverschieden in Bezug auf unsere Persönlichkeit, unsere Vergangenheit und die Herkunftsgeschichte unserer Familien. Und ich bin vom Typ her ein Dickkopf, während Philip zuweilen launisch und lieblos sein kann. Unsere Liste der Unterschiede ließe sich noch lange weiter fortsetzen … und es kommen weiterhin Dinge dazu. Schließlich kann einen niemand schneller in Rage bringen als der eigene Ehepartner. Doch sehr oft habe ich mich entschieden, zu beten: *Nicht mein Wille, sondern dein Wille geschehe, Herr.* Denn wäre es nach meinem Willen gegangen, hätte ich meinen Mann verlassen.

Ich hoffe, wie ich damit umgegangen bin, klingt für Sie jetzt nicht zu einfach, denn das war es nicht. Ehrlich gesagt, hätte ich beinahe aufgegeben. Aber jetzt, dreißig Jahre später, führen wir eine großartige Ehe. Natürlich sind da weiterhin Herausforderungen, aber wir sind trotzdem glücklich. Wir haben zwei fantastische Kinder, die bereits erwachsen sind und sowohl uns als auch Gott lieben. Wir besuchen eine engagierte Gemeinde und haben überall auf der Welt liebe Freunde. Rückblickend gesehen muss ich sagen, dass sich unsere Ehe natürlich nicht über Nacht besserte, aber von dem Moment an, als ich begann, Wahrheiten über unsere Ehe auszusprechen, wie Gott ist und wie er sich Ehe vorstellt, konnte ich die ersten Anzeichen erkennen, dass es besser wurde. Wir hörten auf, uns gegenseitig die Schuld für unsere Schwierigkeiten zuzuschieben. Außerdem las ich Ratgeber, was man für eine gesunde Ehe tun kann, und Philip und ich besuchten Eheseminare.

Eine Ehe durchlebt verschiedene Phasen. Sie und Ihr Partner sind nicht mehr dieselben Menschen, die Sie waren, als Sie geheiratet haben. Sie müssen Ihren Partner stets besser kennenlernen und manche Eigenschaften an ihm erst entdecken. Vielleicht befindet sich Ihre Ehe gerade mitten in einem Sturm oder Sie haben sich vor einiger Zeit von Ihrem Partner getrennt. Ich habe nicht die Absicht, Sie zu kritisieren oder zu verurteilen. Egal, ob Sie zurzeit an Ihrer ersten oder an Ihrer zwölften Ehe arbeiten – geben Sie alles, damit Ihre jetzige Ehe bis an Ihr Lebensende hält.

Es gibt einige ganz praktische Schritte, die jeder von uns gehen muss, um eine gesunde Ehe zu führen. Der erste Schritt ist, dass wir Gottes Wahrheit über unsere Ehe aussprechen, so wie ich das auch in meiner Ehe praktiziert habe. Und ich habe seine Wahrheiten über die Ehe für mich folgendermaßen formuliert:

Die Ehe ist kostbar, von hohem Wert und ganz besonders zu schätzen (nach Hebräer 13,4).

Mein Mann ist hochgradig verliebt in mich. Er freut sich über mich, über die Frau seiner Jugend (nach Sprüche 5,18).

Die Liebe wird niemals vergehen (1. Korinther 13,8).

Oft habe ich das folgende Gebet nach Kolosser 1,9–11 gebetet und dabei unsere Namen eingesetzt:

Ich habe nicht aufgehört, für Philip und mich zu beten und Gott darum zu bitten, dass wir seinen Willen erkennen und sein Geist uns mit Weisheit und Einsicht erfüllt. Dann nämlich können Philip und ich so leben, dass der Herr dadurch geehrt wird. Er hat Gefallen daran, wenn wir immer mehr Gutes tun. Wir sollen ihn immer besser kennenlernen und seine göttliche Kraft erfahren, damit Philip und ich geduldig und ausdauernd unseren Weg gehen können.

Noch einmal: Ich möchte wirkliche Probleme nicht einfach herunterspielen. Aber ich möchte Sie ermutigen, das zu nutzen, was Gott Ihnen gegeben hat – nämlich sein Wort, die Bibel. Denn damit gelingt es Ihnen, Ihre Gedanken auf die Wahrheit zu konzentrieren, anstatt sich von Sorgen nach unten ziehen zu lassen.[7]

Es gab Zeiten in meiner Ehe, in denen ich damit zu kämpfen hatte, meine Gedanken zu kontrollieren. Das macht man nicht nur einmal und geht dann zum nächsten über, sondern wiederkehrend. So hatte ich beispielsweise eine andere schwierige Phase, in der es mir sogar schwerfiel, mich überhaupt an Gottes Wahrheit über die Ehe zu erinnern, geschweige denn sie auszusprechen. Also habe ich mir das Telefon geschnappt und eine enge Freundin angerufen. Sie erinnerte mich dann daran, was Gott über die Ehe und Männer sagt. Sie „umgürtete" mein Leben mit Seilen der Hoffnung und der Ermutigung. Und das führt uns zu der zweiten Stütze: Freunde.

Stütze Nr. 2: Umgeben Sie sich mit den Menschen, die Gott Ihnen in Ihr Leben gestellt hat

Vor einigen Jahren erlebte meine Freundin Kathy einen Sturm in Sachen Finanzen. Jahrelang war sie eine erfolgreiche Fernsehproduzentin gewesen, doch mit einem Mal trat eine Auftragsflaute ein. Gleichzeitig musste Sie einige unvorhergesehene Rechnungen begleichen. Und wie heißt es noch: Am Ende des Geldes war noch viel Monat übrig.

Vielleicht können Sie ja auch ein Lied davon singen! Es sah nicht gut aus. Also begann sie, Gottes Wahrheit in diese Situation zu sprechen. Da sie regelmäßig den Zehnten ihres Einkommens spendete, wusste sie, dass Gott ihr die Schleusen des Himmels öffnen und sie überreich beschenken würde.[8] Aus seinem Reichtum würde er ihr geben, was sie zum Leben brauchte.[9]

Natürlich blieb sie nicht nur zu Hause und zitierte Bibelverse. Sie machte sich aktiv auf die Suche nach einer Arbeit und spendete weiterhin von dem Einkommen, das sie besaß.

Allerdings musste Kathy in diesem speziellen Sturm auch noch etwas anderes tun. Als alleinerziehende Mutter war sie immer stolz darauf gewesen, dass sie drei intelligente und gesunde Kinder großgezogen hatte, ohne auf die finanzielle Unterstützung anderer angewiesen zu sein. Es war wunderbar, dass sie ohne fremde Hilfe so viel Erfolg hatte, aber in diesem Sturm musste sie lernen, um Hilfe zu bitten.

Wir sind nicht dazu bestimmt, unser Leben alleine meistern zu müssen.

Wir sind nicht dazu bestimmt, unser Leben alleine meistern zu müssen. Bereits König Salomo wusste, dass es zwei besser haben als einer allein, denn zusammen können sie mehr erreichen.[10] Und der Apostel Paulus verglich uns mit einem menschlichen Körper, der aus vielen Gliedern besteht, die voneinander abhängig sind. Kein Körperteil kann auf sich allein gestellt funktionieren, und kein Teil des Körpers ist wichtiger als der andere.[11] – Wir brauchen alle Teile. Wir brauchen einander. Doch in dem Moment, in dem wir meinen, wir könnten alleine durch den Sturm navigieren, geraten wir in Schwierigkeiten.

Sich das einzugestehen, war für Kathy hart. Sie musste ihren Stolz ablegen und lernen, demütig zu werden. Doch als ihr klar wurde, dass sie bald ihre Wohnung verlieren würde, streckte sie sich endlich nach Hilfe aus. Ihre Freundin freute sich sogar, ihr helfen zu können. Kathy nahm diese Hilfe in Anspruch und lernte dabei den Wert von Beziehungen neu schätzen. Sie „umgürtete" sich selbst, indem sie sich mit den Menschen umgab, die Gott in ihr Leben gestellt hatte.

Sie sind nicht allein! Lassen Sie mich das noch einmal betonen: *Sie sind nicht allein!* Leider ist es nur so, dass viele Menschen isoliert und abgekapselt leben. Natürlich ist niemand perfekt, doch in Ihrem Umfeld, Ihrer Schule, Ihrer Gemeinde, Ihrer Kirche gibt es sicherlich Menschen, die Ihnen Kraft geben und Ihnen helfen können, mutig und stark zu werden, wenn es darauf ankommt. Sie wurden nicht geschaffen, um alle Probleme des Lebens alleine zu lösen, und Sie haben gewiss nicht alle Antworten parat. Aber Gott hat Sie zu einem bestimmten Zweck erschaffen. Und diesen können Sie aber nur dann erfüllen, wenn Sie sich mit anderen, denen Sie auf Ihrem Weg begegnen, zusammenschließen.

Gemeinschaft hat in Gottes Augen einen hohen Stellenwert.

Gemeinschaft hat in Gottes Augen einen hohen Stellenwert. Er hat uns nicht als Einzelgänger geschaffen. Wir sind vielmehr berufen, Teil von etwas Größerem zu sein. Denn sind wir Teil eines Teams, werden wir mutig und stark – in einer Familie wie auch in der Gemeinschaft einer Gemeinde. Wir müssen nur gut darin werden, Gemeinschaft mit anderen zu pflegen. Das mag für manch einen nicht einfach sein. Warum? – Weil wir Menschen einfach sonderbare Geschöpfe sind, und weil es einfach schwer sein kann, miteinander auszukommen. Andere können uns verletzen. Sie machen vieles anders als wir. Sie sehen Dinge anders.

Und trotzdem fordert Gott uns auf, einander zu lieben: Wir sollen als ein Leib zusammenarbeiten, uns gegenseitig unterstützen und unseren Mitmenschen eine Stütze sein. So wie der Finger die Hand und das Bein das Knie braucht, sind wir aufeinander angewiesen, denn wir werden die Kämpfe und Herausforderungen des Lebens nicht allein meistern können. Das wird uns einfach nicht gelingen. Ich weiß das, weil ich es selbst versucht habe.

Schon als Kleinkind wurde ich zur Selbstständigkeit erzogen. Ich wollte früh vieles „ganz alleine" schaffen. Auch nachdem ich die Diagnose Krebs erhalten habe, wollte ich stark sein. Ich wollte nicht, dass meine Familie oder meine Freunde sich Sorgen machten, deshalb verbarg ich meine Angst vor ihnen. Ich teilte den Menschen in meinem Umfeld mit, dass ich die Fahrten zu meinen Behandlungen alleine schaffen würde, dass ich niemanden bräuchte, der mit mir ging. Doch schon bald begann meine Kraft zu schwinden. Ich hatte wirklich gedacht, allein mit allem fertigwerden zu können. Doch ich täuschte mich.

Zwar hatte ich angefangen, zu beten und die Wahrheiten der Bibel laut zu proklamieren, doch ich brauchte noch etwas anderes. Ich brauchte den Halt von anderen Menschen, damit ich mutig und stark sein konnte.

Ich weiß noch, wie ich eines Tages auf meinem Bett lag und anfing zu weinen. Philip lief gerade vorbei und sah mich. Er kroch zu mir ins Bett und hielt mich einfach nur fest. Dann sagte er, dass er sich schon gefragt hatte, wie lang es wohl noch dauerte, bis ich an diesen Punkt kommen würde. Ich bat ihn daraufhin um Hilfe, die er mir auch gerne schenkte. Er rief auch Freunde von uns an, und von diesem Moment an war ich nicht mehr allein unterwegs.

Im Tierreich geschieht es manchmal, dass ein Tier, das leidet, sich von den anderen Artgenossen absondert. Im Buch der Sprüche hingegen steht, dass der Mensch, der andere meidet, sich heftig wehrt „gegen alles, was ihn zur Einsicht bringen soll“[12]. Sich abzusondern und die eigenen Wunden zu lecken, ist nicht der richtige Weg. Wir sollten vielmehr andere unterstützen und auch selbst die Unterstützung unserer Mitmenschen in Anspruch nehmen.

Gott sei Dank gibt es Freunde, die uns helfen, Situationen zu meistern. Sie schenken uns ein Lächeln, wenn wir unseres verloren haben. Sie geben uns Rat, wenn wir nicht wissen, was wir tun sollen. Sie bringen uns Schokolade, denn die hilft gegen fast alles. Sie helfen uns ganz praktisch und sie erinnern uns daran, dass wir nicht allein sind und dass Gott uns liebt.

Sich abzusondern und die eigenen Wunden zu lecken, ist nicht der richtige Weg.

Vor einigen Jahren fuhr ich mit meinen Kindern und einem Freund meines Sohnes zum Skifahren. Philip wäre gerne mitgekommen, aber eine Woche vorher hatte er einen Bandscheibenvorfall erlitten und musste nun zu Hause flach auf dem Rücken liegen. Da wir die Reise aber schon bezahlt hatten, fuhr ich also alleine mit den Kindern.

An einem der Tage beschloss ich, gemeinsam mit den Jungs Ski zu fahren. Das war Fehler Nummer eins. Denn die beiden liebten die sogenannten „Black Diamond“-Pisten, die schwersten Abfahrten des Skigebiets. Ich dagegen gehöre zu der Sorte Skifahrer, die am liebsten ganz gemütlich den Berg hinuntergleiten, dabei die wunderschöne Landschaft genießen und sich auf den heißen Kakao in der Skihütte freuen.

Wir stiegen also gemeinsam aus dem Lift und fuhren rasch über einen Felsvorsprung. Das war Fehler Nummer zwei. Denn ich hatte nicht vorher hinuntergesehen, als ich darüberfuhr. Auf der Piste lag nämlich nicht viel Schnee. Überall ragten Büsche und Bäume heraus, ganz abgesehen davon, dass die Abfahrt fast senkrecht ins Tal ging. Als ich nach dem Vorsprung landete, wurde mir schnell klar, dass ich gleich in ernsten Schwierigkeiten stecken würde. Und nachdem ich endlich Luft geholt hatte, um laut zu schreien, hatten mein Sohn und sein Freund schon fast ein Viertel der Strecke zurückgelegt. Ich war mir sicher, dies sei mein letzter Tag auf Erden, und ich hatte Philip noch nicht einmal einen richtigen Abschiedskuss gegeben, bevor wir uns auf den Weg gemacht hatten.

Jordan hielt an und warf einen Blick zurück auf seine verrückte Mutter. Ich hielt die Tränen zurück und wusste, dass es für mich *absolut unmöglich* war, den Berg irgendwie hinunterzufahren. Jordan und sein Freund kletterten wieder zu mir hinauf (ich habe keine Ahnung, wie sie das geschafft haben), und wir überlegten, wie ich es am besten bis zum Fuß des Berges schaffen konnte. Die Skier abzuschnallen und sitzend hinunterzurutschen, war keine Option. Die Piste war einfach zu steil, und ich würde ins Stolpern geraten und nicht nur zum größten Schneeball der Geschichte werden, sondern unterwegs auch noch gegen sämtliche Büsche und Bäume prallen. Schließlich entwickelten wir einen Plan – nun ja, die Jungs hatten diese irre Idee, während ich bereits in Gedanken meinen Nachruf verfasste.

Im Sitzen schnallten sie mir die Skier ab. Anschließend hielt ich mich an einem Ast fest, während ich mich mit meinem Rücken gegen die Piste lehnte und meine Füße zum Halt auf Jordans Schultern legte. Er fährt mit Snowblades – eine verkürzte Art von Skiern –, was bedeutete, dass er wendiger um die Büsche herumfahren konnte. Sein Freund trug meine Skier. Mein Sohn musste nun also nicht nur mein Gewicht aushalten, sondern auch noch die spitzen Kanten meiner Skischuhe. Mit meinem Rücken gegen die Piste gelehnt, hangelte ich mich nun mit meinen Armen von einem Ast und Busch zum anderen. Jordan fuhr vorsichtig direkt unter mir und sorgte dafür, dass meine Füße auf seinen Schultern blieben. Aber wir schafften es! Die beiden Jungs brachten mich sicher an den Fuß des Berges. Ich war so dankbar und konnte gar nicht mehr aufhören, sie zu umarmen. Sie ertrugen es tapfer. Dann tätschelte Jordan mir sanft die Schulter und sagte: „Wir sehen uns dann wieder im Zimmer, Mama." Anschließend verließen sie mich ungerührt, so selbstverständlich als ob sie gerade nicht mein Leben gerettet hätten.

Ich kann mich nicht daran erinnern, dass mein Skilehrer früher etwas davon gesagt hatte, wie wichtig Kameradschaft unter Skifahrern ist, aber ich war froh, dass ich meine Begleiter dabeigehabt hatte! Gemeinsam unterwegs zu sein, ist wirklich viel besser.

Welchen Berg versuchen Sie zu erklimmen oder alleine abzusteigen? Durch welchen Sturm versuchen Sie allein zu navigieren? Fällt es Ihnen schwer, von einer Abhängigkeit, einer Sucht loszukommen, weil Sie sich schämen, sich an jemanden zu wenden? Oder haben Sie eine Prüfung nicht bestanden und sind nun von sich selbst so enttäuscht, dass Sie niemanden mehr um Hilfe bitten wollen?

Als ich einmal an einem Tauchkurs teilnahm, lernte ich auch das Tauchen zu zweit. Nicht nur, weil es mehr Spaß macht, sondern auch weil es einfach sicherer ist. Denn sollte einmal meine Sauerstoffflasche nicht funktionieren, könnte ich in diesem Fall den Zusatzatemregler meines Tauchpartners benutzen und weiteratmen.

Wie sieht es bei Ihnen aus? Ist es vielleicht an der Zeit, dass Sie sich an eine Freundin wenden, um an ihrem „Atemregler" anzudocken? Lassen Sie es nicht zu, dass Ihre eigene Verlegenheit Sie davon abhält, bei einer Freundin durchzuatmen. In Gesellschaft anderer Menschen, die genauso unterwegs sind wie Sie, werden Sie ermutigt und gestärkt!

Mitten im Sturm fühlen wir uns manchmal überfordert und überlastet. Meist erinnern wir uns dann nicht mehr an die Wahrheit über unserem Leben. An solch einem Punkt aber erfahren wir neue Kraft, wenn wir das tun, was Paulus und die Mannschaft auf dem Schiff taten – nämlich das Ganze zu umgürten. Wenn wir es ans Ufer schaffen wollen, müssen wir auf die Methoden der Unterstützung zurückgreifen, die Gott uns zur Verfügung gestellt hat. Insofern gilt es, mitten im Sturm unser Leben zu „umgürten", indem wir die Wahrheiten aus Gottes Wort aussprechen und Stärke und Hilfe in unseren Freundschaften und Beziehungen suchen.

Wenn wir es ans Ufer schaffen wollen, müssen wir auf die Methoden der Unterstützung zurückgreifen, die Gott uns zur Verfügung gestellt hat.

3

Lassen Sie los

Ein fröhlicher Mensch lebt gesund,
wer aber ständig niedergeschlagen ist,
wird krank und kraftlos.

· Sprüche 17,22 ·

„Shake it off, I shake it off."
(Schüttel es ab, ich schüttel es ab.)

· Taylor Swift ·

Ich bin regelmäßig auf Reisen. Unzählige Male habe ich meine Koffer gepackt und nehme jedes Mal zu viel mit. Wenn mir jemand die Koffer trägt, merke ich es nicht, aber wenn ich sie selbst die Treppen hinunter zu meinem Auto oder hinauf in mein Hotelzimmer tragen muss, dann spüre ich das Gewicht. Wenn ich packe, nehme ich mir stets vor, nur so viel mitzunehmen, wie ich brauche. Aber jedes Mal misslingt mir das. Das liegt daran, dass ich beim Packen oft denke: *Dieses Teil könnte ich brauchen. Und dieses. Und das hier noch.* Man weiß ja nie! Meistens brauche ich es dann doch nicht, und so trägt es nur dazu bei, dass ich zusätzliches Gewicht mit mir herumschleppe.

Natürlich kann ich nicht ohne meinen Laptop und mein iPad verreisen, was bedeutet, dass ich alle notwendigen Stecker, Ladekabel und das ganze Zubehör mitnehmen muss. Ich bin mir sicher, dass ich auf meinem Weg durch das Flughafengebäude immer ziemlich bepackt aussehe. (Freunde von mir können hingegen mit nur einem Handgepäckstück für zwei Wochen verreisen. Beneidenswert!)

Die meisten Fluggesellschaften beschränken das Handgepäck jedes Passagiers auf nur eine Tasche und eine Handtasche (oder einen Aktenkoffer). Wer mehr mitnehmen will, muss dafür bezahlen. Ich kenne mich mit den Gebühren aus, denn ich bezahle sie, und zwar regelmäßig. Ich habe mir selbst daher schon oft damit gedroht, dass ich beim nächsten Mal alles Übergepäck einfach wegschmeißen werde!

Auch auf die Reise unseres Lebens nehmen wir oft zu viel Gepäck mit. Vielleicht haben Sie sich, so wie ich, daran gewöhnt, viel zu tragen. Der unnötige Ballast ist für Sie zu einer Art Zubehör geworden. Wenn Sie es jedoch durch den Sturm schaffen wollen, müssen Sie ein paar Gepäckstücke über Bord werfen, ehe das Gewicht Sie zum Kentern bringt.

Werfen Sie Lasten über Bord

Die Mannschaft, die mit dem Apostel Paulus auf dem Schiff unterwegs war, hatte mit demselben Problem zu kämpfen. An Bord befanden sich sowohl Passagiere wie auch Fracht, da das Schiff an verschiedenen Zwischenhäfen gehalten und alle möglichen Waren geladen hatte. Während des Sturms verschlimmerte sich dann die Situation auf dem Schiff. Es schwankte heftig und wurde hin und her geworfen. Der Wind heulte und zerrte an jedem, der sich an Deck befand. Die Leute wurden seekrank, und ihr entsetztes Stöhnen und Schreien konkurrierte mit dem Lärm, den der Sturm verursachte. Bei Anbruch der Nacht, als es dunkel um sie herum wurde und außer dem Sturm nur noch das Knarren und Ächzen des Schiffs zu hören war, wurde ihre Angst noch größer. Zu allem Übel lockerten sich wahrscheinlich auch noch Teile der Fracht, die von einer Seite des Schiffs auf die andere rutschten. Und der Mannschaft muss in dem Moment bewusst geworden sein, dass das Schiff nicht nur von den Wellen, sondern auch von der Wucht der Fracht zerstört werden konnte! Ihr Untergang drohte – von außen wie von innen. Um das Schiff zu retten, trafen sie daher eine Entscheidung: Sie mussten alles Überflüssige über Bord werfen. Alles, was sie nicht zum Überleben brauchten, wurde ins Meer geworfen, um das Schiff wieder zu stabilisieren.

Was heißt das für uns? Im übertragenen Sinn bedeutet es, dass wir für einen sicheren und erfolgreichen Kampf gegen die Stürme unseres Lebens jeglichen überflüssigen Ballast loswerden müssen, weil er uns sonst nach unten zieht und der Schaden noch größer wird. Ob Sie es glauben oder nicht, es gibt Dinge, an die wir uns klammern, die uns aber in Wirklichkeit schaden! Das merken wir für gewöhnlich aber erst dann, wenn der Sturm schon da ist und wir uns mit unseren Überzeugungen, Emotionen, dem Schmerz und unserer Vergangenheit auseinandersetzen müssen, die uns ganz einfach am Vorwärtskommen hindern.

Es wird also Zeit, Ballast über Bord zu werfen!

Was müssen Sie ins tiefe Meer versenken? Vielleicht müssen Sie sich wie die Seeleute auf dem Schiff erst bewusst machen, dass es um Leben und Tod geht. Der Theologe Matthew Henry hat einmal treffend gesagt: „Erleiden Sie lieber Schiffbruch mit den eigenen Gütern als mit dem eigenen Leben."[1]

„Der Sturm wurde so stark, dass die Besatzung am nächsten Tag einen Teil der Ladung über Bord warf“ (Apostelgeschichte 27,18).

Haben Sie jemals versucht, einem Sturm standzuhalten, nur um dann festzustellen, dass aus dem Süden bereits ein Hurrikan gegen Sie aufzieht? Ich möchte Ihnen etwas sagen: Der Sturm ist das eine Problem; das andere ist tatsächlich der Ballast, den Sie mit sich herumschleppen. Damit meine ich vergangene Verletzungen, Enttäuschungen, Ängste und Unsicherheiten, die nichts anderes bewirken, als Sie nach unten zu ziehen.

> Der Sturm ist das eine Problem; das andere ist tatsächlich der Ballast, den Sie mit sich herumschleppen.

In meinem Leben habe ich immer wieder mit Problemen zu kämpfen gehabt. Diese Erfahrungen und dreißig Jahre Dienst in einer Gemeinde haben mich gelehrt, einige weitverbreitete Lasten zu erkennen, die wir mit uns herumtragen. Manche verstecken diese zwar hinter einer Fassade, aber sie sind trotzdem da. Selbst in guten Zeiten sind sie schwer zu tragen, doch während eines Sturms können sie über Leben und Tod entscheiden.

Paulus und die Besatzung an Bord waren sich jedenfalls einig, was zu tun war. Und falls Ihnen der Disneyfilm *Die Eiskönigin* vertraut ist, können Sie jetzt mit mir in das Lied einstimmen: *„Lass jetzt los!“* (In meinem Kopf klinge ich jetzt wie die Sängerin im Original. In Wirklichkeit hört sich meine Stimme allerdings eher wie ein Mix aus einem Frosch und einer sterbenden Katze an.) Wie dem auch sei – lassen Sie uns jetzt gemeinsam einen Blick werfen auf den Ballast, den wir loslassen und über Bord werfen sollten.

Verletzungen aus der Vergangenheit

Zurückliegende Verletzungen beherbergen Schmerzen, mit denen Sie heute zu kämpfen haben, obwohl sie durch Situationen ausgelöst worden sind, die vor langer Zeit passiert sind. Die Verletzung stammt vielleicht aus einer Ehe, die inzwischen beendet ist, einer Enttäuschung in der Kindheit oder einem tragischen Ereignis im Teenageralter. Sie waren bisher einfach noch nicht in der Lage, sich damit auseinanderzusetzen oder die Sache in Ordnung zu bringen. Oder Sie haben den Vorfall ignoriert in der Hoffnung, dass der Schmerz irgendwann von allein verschwindet. Möglicherweise haben Sie versucht, sich damit auseinanderzusetzen, aber dann geschah etwas, was den alten Schmerz wieder neu entfacht hat.

In manchen Krisen mussten Sie vielleicht sogar in den Überlebensmodus schalten. Überleben ist gut. Immer noch besser als daran kaputtzugehen, aber irgendwann wollen Sie nicht mehr in diesem Modus verharren. Vielleicht haben Sie sich von Ihren Mitmenschen zurückgezogen. Durch den Abstand erhofften Sie sich eine bessere Urteilsfähigkeit, aber in Wirklichkeit wurden Sie misstrauisch und überängstlich. Sie brauchten Zeit und Raum, um innerlich heil zu werden, aber die Folge waren Lieblosigkeit und Unnahbarkeit. Was Ihnen einst geholfen hat, zu überleben, ist heute zu einem Ballast geworden, der Sie nach unten zieht und Ihr Schiff tatsächlich zum Kentern bringen kann.

Ich kenne eine Frau, die während ihrer Suche nach einem geeigneten Lebenspartner in einen Sturm geriet. Und nachdem sie sich professionelle Hilfe gesucht hatte, erkannte sie, dass sie noch andere Probleme aus einer früheren, verhängnisvollen Beziehung mit sich trug. Ein Mann hatte sie durch sein ambivalentes Verhalten sehr verletzt. Mal war er liebevoll, mal kaltherzig. Zunächst umschmeichelte er sie mit lieben und schönen Worten, die sie hören wollte, doch im nächsten Moment war er wieder extrem unfreundlich und bewegte sich dabei dicht an der Grenze zu verbalem Missbrauch. Sie war so klug gewesen, die Beziehung zu beenden. Anschließend wollte sie sich nie wieder verabreden. Sie war sich nicht sicher, ob sie einem Mann jemals wieder ihr Vertrauen schenken konnte. Ihr Überlebensmodus bestand einfach darin, gar nicht mehr auszugehen und Verabredungen einzugehen. Dann aber merkte sie, dass sie eine ungesunde Einstellung gegenüber Männern entwickelte. Letzten Endes verabredete sie sich doch wieder, aber sie ertappte sich dabei, dass sie dasselbe schlechte Verhalten von ihrem neuen Freund erwartete wie von ihrem Expartner, so als ob sie nur darauf wartete, dass er versagte. Ihr überflüssiger Ballast aus alten Zeiten drohte, jegliche neue Beziehung zu einem Partner zu zerstören.

Verletzungen aus der Vergangenheit lösen oft ein Verhalten in uns aus, das zerstörerische Auswirkungen auf unsere Gegenwart hat. Betrachten wir einmal die Herkunftsfamilie meines Mannes: Seine Eltern führten eine unbeständige Ehe, die schließlich mit der Scheidung endete. Ihre Streitgespräche waren so laut und heftig, dass oftmals die Polizei zu ihrem Haus gerufen wurde. Das wirkte sich natürlich auch auf Philip aus: Er hasste Konfrontationen, denn seiner Erfahrung nach war jeder Konflikt eine Bedrohung, die letzten Endes etwas zerstörte. Also schreckte er vor jeder Meinungsverschiedenheit zurück, was zu ernsten Problemen in unserer Ehe führte.

Verletzungen aus der Vergangenheit lösen oft ein Verhalten in uns aus, das zerstörerische Auswirkungen auf unsere Gegenwart hat.

Einige Verletzungen aus meiner Vergangenheit stammten aus meiner Schulzeit. Ich wuchs mit der Überzeugung auf, nur mit guten Noten und einem perfekten Verhalten angenommen und geliebt zu sein. Ehrlich gesagt weiß ich gar nicht, warum ich das dachte. Ich kann mich jedenfalls nicht daran erinnern, dass meine Eltern ständig über meine Noten sprachen. Im Gegenteil. Den Druck legte ich mir innerlich selbst auf. Vielleicht mochte ich einfach die Anerkennung, die man bei guten Noten und einem guten Verhalten bekam, und so kam ich zu dem Schluss, dass die Liebe, die ich empfing, von meiner Leistung abhing. Die Last, die ich mir in der Schule aufbürdete, wurde allerdings irgendwann zu schwer. Ich musste sie loslassen und über Bord werfen (mehr darüber im nächsten Kapitel).

Verletzungen aus der Vergangenheit können sehr viel Raum in unserem Herzen einnehmen. Das ist ungefähr so, als wären wir in unserem Innern mit einer russischen Matrjoschka-Puppe ausgestattet. Auf einer meiner Reisen kaufte ich mir eine solche hölzerne Puppe, in der eine kleinere steckt. Und in ihr steckt eine noch kleinere. In jeder Puppe befindet sich ein weiteres kleineres Modell, bis man am Ende eine winzige, handgeschnitzte Puppe in den Händen hält. Wenn man sie in einer Reihe nebeneinander aufstellt, erkennt man, dass jedes Modell nur ein wenig kleiner ist als das vorige.

Jede Verletzung bringt Ballast mit sich und mit jeder neuen Verletzung wird er größer.

Schmerzvolle Erfahrungen sind mit einem solchen Puppenset vergleichbar. Jede Verletzung bringt Ballast mit sich und mit jeder neuen Verletzung wird er größer. Wir sind alle irgendwann einmal enttäuscht worden, aber wenn wir dieses Erlebnis nicht richtig verarbeiten, entsteht in uns eine Last der Bitterkeit. Und wenn wir diese nicht verarbeiten, entsteht Unversöhnlichkeit. Und daraus wird Feindseligkeit, die letztlich zu Neid führt. Und Neid birgt Misstrauen in sich. Sehen Sie sich all diese „russischen Puppen“ an! All den Ballast! Wenn wir ihn nicht abladen und uns ganz bewusst von diesen Dingen trennen, wird uns ihr Gewicht für den Rest unseres Lebens unsere Schultern krümmen.

Wissen Sie, ich bin ein extrovertierter Mensch. Deshalb fällt es mir leicht, mich vor anderen zu öffnen. Damit macht man sich allerdings auch leichter verletzbar, und verletzt wurde ich nicht nur einmal.

- Die Leute sagten das eine, taten aber das andere.
- Meine Gefühle kümmerten sie nicht.
- Manche sagten Dinge über mich, die nicht sehr nett waren.
- Andere nahmen Missverständnisse einfach hin, die einen Keil zwischen uns trieben.
- Personen, von denen ich gehofft hatte, dass sie mir den Rücken stärken würden, blieben teilnahmslos.

Jede einzelne dieser Kränkungen traf mich wie ein Faustschlag in die Magengrube. Im nächsten Kapitel werde ich mehr darüber erzählen, wie schwierig insbesondere das vergangene Jahr für mich war, in dem es so viele schmerzliche Situationen gab. Denn als ich eine überwunden hatte und tief Luft geholt hatte, traf mich schon der nächste Schlag aus einer anderen Richtung. Nachdem das mehrmals hintereinander passiert war, wollte ich mich am liebsten nur noch in mein Zimmer verkrümeln und dort meinen Tränen freien Lauf lassen. Ja, wirklich. Ich, die Extrovertierte, wollte nicht mehr mit anderen Menschen zusammen sein. Und ich erlaubte mir selbst, zynisch zu werden. Aus Zynismus erwächst bekanntermaßen Unversöhnlichkeit und daraus Bitterkeit. Das waren meine persönlichen „Matrjoschkas“.

Nur dass es sich dabei nicht um die niedlichen russischen Modelle handelte, die ich auf meiner Kommode aufstellen konnte. Meine waren hässlich, böse und schwer. Und sie mussten verschwinden.

Wie werden wir also die Macht vergangener Verletzungen los? Indem wir Vergebung üben. Ganz gleich, woher die Last kommt, wenn wir sie loswerden wollen, müssen wir bereit sein, denen, die uns verletzt haben, aufrichtig und von Herzen zu vergeben.

Ehrlich gesagt, ich muss in den meisten Fällen hart daran arbeiten. Ich bin schon stolz darauf, wenn ich mich beherrschen kann und dem anderen nicht gleich an die Kehle springe. Aber mir wird mehr und mehr klar, dass Jesus auf dem Gebiet der Vergebung überragende Leistungen von uns erwartet.

Unterm Strich heißt das, dass zur Vergebung gehört, sie zu üben und entschlossen zu sein. Dafür braucht es Mut und Stärke. Denn uns selbst dabei zu übertreffen oder gar zu überwinden, den Schmerz wirklich loszulassen, ist ein bewusster Akt unseres Willens. Ich jedenfalls fühle mich nie danach, dem anderen zu vergeben. Eigentlich verspüre ich eher den Drang, der Person, die mich verletzt hat, eine saftige Ohrfeige zu verpassen!

Jedes Mal wenn ich den Stachel der Enttäuschung in mir spüre, fühle ich, dass mein Schmerz berechtigt ist. Aber ich möchte nicht, dass dieser Ballast mein Schiff zum Sinken bringt, deshalb entscheide ich mich zu vergeben. Jeden Tag neu. So lange, bis der Schmerz vorbei ist. Ich sage laut: „Ich vergebe ________, dass er/sie ________ getan hat.“ Wenn mir die entsprechende Person in den Sinn kommt, und wenn der Gedanke an ihn oder sie immer noch Schmerz in mir hervorruft, wiederhole ich diesen Satz. Ich tue das so lange, bis es nicht mehr wehtut. Und ich bitte Gott, mir zu helfen, dass ich vergebe und loslasse. Das kann Tage, Wochen oder Monate dauern. Aber was mir hilft, ist, dass ich mir ins Gedächtnis rufe, dass mir selbst viel vergeben wurde. Wer bin also ich, dass ich an irgendeinem Vergehen, das mir angetan wurde, festhalte? Jesus hat uns aufgetragen, unseren Feinden zu vergeben[2], deshalb bin ich überzeugt, dass ich nicht das Recht habe, gegenüber einer anderen Person bittere oder unversöhnliche Gefühle zu hegen.

Jedes Mal wenn wir uns für Vergebung entscheiden, ist das wie Medizin für unsere Wunden.

Jedes Mal, wenn wir uns für Vergebung entscheiden, ist das wie Medizin für unsere Wunden. Natürlich ist der Prozess manchmal (sehr) schmerzhaft, aber er bringt umfassende Heilung mit sich. Finden Sie den Mut dazu! Werfen Sie den Ballast vergangener Verletzungen über Bord!

Enttäuschungen und unerfüllte Erwartungen

Der Schmerz über Enttäuschungen an sich kann genauso zerstörerisch sein wie jede gewaltsame Tat. Wenn Sie sich etwas in den Kopf gesetzt haben und es nicht erreichen, kann daraus ein Gift entstehen, das die gesamte Blutbahn Ihres Herzens verseucht. Die meisten von uns hegen unrealistische Erwartungen. William Shakespeare sagte dazu einmal: „Die Erwartung ist die Wurzel allen Kummers."

Unsere Enttäuschungen sind mal mehr, mal weniger ausgeprägt. Manche sind für uns weniger problematisch, andere haben verheerende Folgen. Da ist beispielsweise …

- der Fußballfan, der hofft, dass seine Mannschaft Tabellenführer wird.
- der Schüler, der von seiner Leistung enttäuscht ist.
- der Schulabgänger, der keinen Arbeitsplatz findet.

- die kinderlose 40-jährige Frau, die sich immer noch ein Baby wünscht.
- der Mann, der schon immer den Wunsch hatte, sich selbständig zu machen, und der seine Möglichkeiten dahinschwinden sieht.
- die Jugendliche, die ihre eigene Schönheit nicht erkennen kann, sich die digital überarbeiteten Fotos in den Zeitschriften ansieht und feststellt, dass sie nie so schön sein wird, wie die abgebildeten Frauen.
- die Frau, die jedes Mal Pech hat, wenn sie sich mit einem Mann verabredet.
- der junge Mann, der eine bestimmte Karriere vor Augen hat und ein Bewerbungsgespräch nach dem anderen in den Sand setzt.
- die Mutter von drei Kindern, die damit zu kämpfen hat, alle rechtzeitig fürs Bett fertig zu machen und sich fragt, wo der Tag geblieben ist.

Das Leben kann hart sein, nicht wahr? Und es wird noch schwerer, wenn wir nicht wissen, wie wir unsere unerfüllten Erwartungen loslassen können. Ich habe aber einige Schritte entdeckt, wie man den Ballast der Enttäuschungen loslässt:

1. Nehmen Sie nicht alles persönlich

Natürlich tragen Sie für manche Enttäuschungen auch selbst die Verantwortung. Vielleicht erfüllen Sie die Zulassungsvoraussetzungen für die Hochschule nicht, weil Sie nicht genug für den Eignungstest gelernt haben. Oder Sie sind abends zu lange unterwegs gewesen und haben das Vorstellungsgespräch für den gewünschten Arbeitsplatz verschlafen. Aber nicht immer ist es Ihre eigene Schuld, wenn Sie enttäuscht werden. Manchmal liegt es einfach nur an der Tatsache, dass das Leben eben so spielt.

Etwas zu persönlich zu nehmen, schränkt Ihre Sichtweise grundlos ein und hindert Sie daran, lebensklug zu werden. Sie berauben sich damit der Fähigkeit, das Leben aus einer umfassenderen, bedeutungsvolleren Perspektive zu sehen, was uns direkt zu meinem nächsten Schritt führt.

2. Überdenken Sie noch einmal Ihre Erwartungen

Wenn Sie sich mit Ihren Erwartungen auseinandersetzen, werden Sie das, was vorgefallen ist, besser verstehen können. Vielleicht waren Ihre Erwartungen unrealistisch. Und vielleicht lassen Sie sich jetzt auf die neue Situation irgendwie anpassen. Jedenfalls sollten Sie prüfen, ob Ihre Erwartungen Ihnen wirklich weiterhelfen, oder ob Sie sie emotional nur nach unten ziehen.[3]

3. Führen Sie sich das große Bild vor Augen

Betrachten Sie das Gesamtbild Ihrer Situation, indem Sie Ihre Hoffnung auf Gott und seine Verheißung setzen, dass er alles unter Kontrolle hat. Freunde werden Sie enttäuschen; nur Gott wird Sie niemals im Stich lassen oder aufgeben.[4] Sein Ziel ist unsere persönliche Reife, und diese ist nicht unbedingt davon abhängig, wie viel wir wissen oder wie alt wir sind, sondern eher davon, wie wir uns in Prüfungen verhalten. So steht im Jakobusbrief:

„Liebe Brüder und Schwestern! Betrachtet es als Grund zur Freude, wenn euer Glaube immer wieder hart auf die Probe gestellt wird. Denn durch solche Bewährungsproben wird euer Glaube fest und unerschütterlich. Bis zuletzt sollt ihr so unerschütterlich festbleiben,

damit ihr in jeder Beziehung zu reifen Christen werdet und niemand euch etwas vorwerfen kann oder etwas an euch zu bemängeln hat" (Jakobus 1,2–4).

Sowohl Jakobus als auch Paulus versichern uns, dass Probleme und Schwierigkeiten den Charakter stärken.[5] Als Christen sind wir zwar in Gottes Augen vollkommen, aber unsere Reife erreichen wir nur in einem stetigen Prozess der Veränderung. Dieser Gedanke klingt für uns vielleicht nicht sehr verlockend, besonders wenn wir gerade schmerzhafte Enttäuschungen erleben.

Im vergangenen Jahr habe ich viele Enttäuschungen hinnehmen müssen, wovon ich emotional sehr nach unten gezogen wurde. Mir fielen dann die Zeilen aus dem Kirchenlied „It is well with my soul" von Horatio Spafford ein: „When sorrows [disappointments] like sea billows roll: whatever my lot, Thou hast taught me to say: It is well, it is well with my soul." (Wenn Friede mit Gott meine Seele durchdringt, ob Stürme [Enttäuschungen] auch drohen von fern, mein Herze im Glauben doch allezeit singt: Mir ist wohl, mir ist wohl in dem Herrn.)

Enttäuschungen können nur durch Hoffnung ersetzt werden.

Enttäuschungen können nur durch Hoffnung ersetzt werden. Setzen Sie Ihre Hoffnung auf Gott, der Sie hindurchbringen wird und Ihnen „gibt, was Sie sich von Herzen wünschen"[6]. Wir dürfen diese Hoffnung haben, die selbst dann nicht zur Enttäuschung führt, wenn wir durch schwere Zeiten gehen. Denn wir dürfen wissen, dass Gott uns liebt und uns beistehen wird.

Ängste

Angst ist ein gewaltiger Ballast, der uns immens blockieren kann. Sie ist eine unglaublich lähmende Macht. Sie hat die erstaunliche Eigenschaft, Probleme übertrieben groß wirken und viel schlimmer erscheinen zu lassen, als sie in Wirklichkeit sind. Sie zwingt uns eine negative und hoffnungslose Haltung auf. Und dann, wie bei einer selbsterfüllenden Prophezeiung, lässt sie ihre verzerrte Sichtweise für uns zur Realität werden.

In der Theaterkunst gibt es dafür das Symbol mit den zwei Masken: eine mit einem Lächeln, die andere mit Tränen. Glaube und Angst verhalten sich ähnlich. Sie sind wie Zwillinge, die im selben Haus wohnen. Ihre Stimmen klingen ähnlich. Und beide sehen einem Elternteil ähnlich, nämlich Ihnen. Manchmal ist es schwierig, die beiden auseinanderzuhalten. Und beide üben Macht über Ihr Leben aus. Deshalb ist es so entscheidend, worauf Sie Ihre Energie und Ihren Fokus richten.

Ein Jahr nach meiner Krebsdiagnose musste ich mich zu einer Kontrolluntersuchung beim Onkologen vorstellen. Ich fühlte mich gut. Als ich in mein Auto stieg und losfuhr, machte ich mir keine Sorgen. Doch sobald ich in der Praxis war und den Flur entlang lief, kroch Angst in mir hoch. Ich dachte an die Diagnose, die mir vor einem Jahr mitgeteilt worden war. Und die Aufregung, die ich damals bei meinem ersten Arztgespräch verspürt hatte, überfiel mich plötzlich wieder von Neuem. Mein Herz klopfte wie wild, mein Atem ging schwer, und ich fürchtete mich vor den Worten des Arztes.

Es gab keinen wirklichen Grund für meine Angst. Weder hatte ich Schmerzen noch waren Anzeichen für die Krankheit da. Und doch musste ich in diesem Moment wieder neu Mut fassen und meine Angst über Bord werfen. Ich holte tief Luft und erinnerte mich daran, dass „Gott mir keinen Geist der Furcht gegeben hat“[7]. Egal wie es ausgehen wird, er wird mich niemals verlassen.

Ich weiß nicht, wie viele Jahre mir noch auf dieser Erde bleiben, aber ich werde sie nicht damit verbringen, dass ich mich vor der Diagnose eines Arztes fürchten muss.

Bei diesem Termin und bei allen weiteren Terminen in den nächsten zehn Jahren danach hatte ich jedes Mal Entwarnung bekommen. Wie viel meines kostbaren Lebens und meiner Energie hätte ich aber verschwendet, wenn ich der Angst nachgegeben hätte?

Doch was wäre gewesen, wenn ich tatsächlich eine schlechte Nachricht bekommen hätte? Was wäre das Schlimmste, was mir passieren könnte? Eine weitere Krebsdiagnose? Der Tod? Ich hätte all meinen Mut zusammennehmen und Gott auch in diesem Kampf vertrauen müssen. Das Schlimmste, was uns tatsächlich passieren kann, endet nur in dem besten Teil, der noch kommt: in der Ewigkeit. Selbstverständlich will ich so lange leben wie möglich. Ich habe noch viele Pläne. Nur werde ich es nicht zulassen, dass ich meine kommenden Jahre mit der Angst verbringe, was noch alles passieren könnte. Mein Freund Bob Goff hat dazu vor Kurzem einen passenden Feed auf Instagram gepostet: „Angst hinterlässt niemals einen Erpresserbrief, wenn sie uns das Leben stiehlt; Angst ist etwas Niederträchtiges.“

Das Schlimmste, was uns tatsächlich passieren kann, endet nur in dem besten Teil, der noch kommt: in der Ewigkeit.

Im vergangenen Jahr erreichten mich Woche um Woche weitere schlechte Neuigkeiten, bis ich schließlich sogar Angst hatte, ans Telefon zu gehen. Doch auch da musste ich lernen, mutig und stark zu werden. Wenn sich jemand mit mir verabreden wollte, fürchtete ich mich bereits vor dem, was ich bei dem Treffen zu hören bekommen würde. Wieder einmal musste ich bei jeder neu auftretenden Situation bewusst der Angst den Rücken kehren.

Viele Menschen, denen ich begegne, werden von Angst bestimmt. Entscheidungen werden deutlich häufiger durch Angst getroffen als durch irgendeine andere Emotion. Eine Bekannte von mir hatte beispielsweise solche Angst vor ihrem eigenen Versagen, dass sie sich gar nicht traute, sich an der Universität einzuschreiben. Und eine andere junge Frau hatte so viel Angst vor dem Alleinsein, dass sie gleich den ersten Mann heiratete, der ihr seine Aufmerksamkeit schenkte. Er war kein guter Mensch.

Uns bleibt immer die Wahl: Füttern wir unsere Angst oder nähren wir unseren Glauben? Wer genährt wird, der wächst und gedeiht. Und die Energie und Aufmerksamkeit, die wir dem einen widmen, wird den anderen einschränken.

Das soll jetzt keinesfalls so klingen als sei das ganz einfach. Doch wir können entscheiden, wohin unsere Gedanken wandern. Ich kann der Angst gestatten, mir Bilder des eigenen Versagens vor Augen zu malen, oder ich kann darauf vertrauen, dass Gott mich auf meinem Weg begleitet und mich nie verlassen wird. Der Feind liebt es, wenn die Angst uns lähmt und uns davon abhält, mutige Schritte nach vorn in Richtung Freiheit zu gehen. Lassen Sie ihn nicht gewinnen!

Ich kannte mal ein Ehepaar, das beschlossen hatte, an seiner Ehe zu arbeiten. Für die Frau war es bereits die zweite Ehe. In ihrer Beziehung ging es ziemlich turbulent zu. Als die Beiden Philip und mich aufsuchten und um Hilfe baten, stellte sich heraus, dass das Problem für ihre derzeitigen Schwierigkeiten in der ersten Ehe der Frau begründet lag. Diese Beziehung war sehr schwankend gewesen. Die beiden hatten sich oft angebrüllt und gestritten, und nachdem ihr erster Mann sie angeschrien hatte, verließ er meist einfach den Raum und ging. Als die Ehe schließlich vor dem Aus stand, war sie tief verletzt und verängstigt.

In ihrer zweiten Ehe vergrub sie zunächst die alten Gefühle und vermied es, sich mit ihrem neuen Mann zu streiten oder auch nur ihre Meinung zu äußern. Das hielt allerdings nur ein paar Monate an. Wie in den meisten Ehen kamen ihre Unterschiede erst später zutage und der Konflikt war geboren. Anstatt sich mit ihnen auseinanderzusetzen, zog sie sich zurück. Sie dachte, wenn sie einfach gar nichts sagte, würde das die Ehe retten. Insofern gärten immer noch die Ängste aus ihrer ersten Ehe in ihr, und so glaubte sie, ihr jetziger Ehemann würde sie sitzen lassen, wenn sie sich stritten.

Die Sache ist aber die, dass ihr Mann überhaupt nicht die Absicht hatte, sie sitzen zu lassen. Er wollte an der Ehe arbeiten, und er verstand einfach nicht, warum sie nicht darüber reden wollte. Als sie aber ihr Problem endlich ans Licht brachte, fing sie an, sich mit ihrer Angst auseinanderzusetzen. Ihr wurde bewusst, dass ihre Ehe Schiffbruch erleiden würde, wenn sie ihre Angst nicht losließ.

Sie selbst malen das Bild Ihres Lebens.

Sie selbst malen das Bild Ihres Lebens. Die Energie, die Sie entweder in Glauben oder in Angst investieren, wird Ihrer Welt den Anstrich verleihen und die emotionalen Akzente in dem Bild setzen, das Sie malen. Welchen Anstrich wollen Sie Ihrem Meisterwerk geben: Glauben oder Angst?

Wer den Ballast der Angst loslassen will, muss den entschlossenen Wunsch in sich tragen, sich auf die Verheißungen Gottes zu konzentrieren. Wir dürfen uns aussuchen, was wir glauben und worauf wir uns konzentrieren wollen.

König David schrieb in vielen seiner Psalmen, dass wir Gott verherrlichen sollen. Verherrlichen bedeutet Gott groß zu machen. Lassen Sie seine Verheißungen größer werden als Ihr Leben. Konzentrieren Sie sich auf sie, bis sie größer sind als das Problem, dem Sie gegenüberstehen. Seine Verheißungen sind inspirierend. Sie ermutigen uns, wenn wir sie auf unsere Umstände anwenden. Sie können unsere innere Einstellung drastisch verändern, wenn diese Versprechen Gottes zu unserer persönlichen Quelle der Hoffnung werden. (Eine Liste von einigen wundervollen Verheißungen Gottes, auf die Sie sich konzentrieren können, finden Sie am Ende dieses Buches unter der Überschrift „Bibelverse, die Sie auf Ihre Situation anwenden können".)

Als David dem Riesen Goliath entgegentrat, hatte er Glauben im Herzen, ein Lied auf seinen Lippen und ein Bild von Gott vor Augen, das viel größer war als seine Angst. In der Bibel lesen wir, dass David ihm „eilends" entgegenlief.[8] Er konnte so schnell laufen, weil er sich nicht aus eigener Kraft und im eigenen Namen fortbewegte, sondern im Namen Gottes und in dessen Macht.

Nachdem Josua und Kaleb im Verheißenen Land auf Riesen gestoßen waren, kamen sie zurück und erklärten den Israeliten, dass sie „sofort" losziehen und das Land in Besitz nehmen müssten.[9]

Es ist nicht gut, sich die Sache, vor der Sie sich fürchten, zu lange anzusehen. Wer im Schwimmbad oben auf dem Zehner steht und nach unten ins Becken starrt, wird die Angst vor dem Untertauchen nicht loswerden. Und wer von außen auf die Tür seines Arbeitskollegen starrt und hofft, dass das vor ihm liegende schwierige Gespräch dadurch leichter wird, wird enttäuscht werden.

Wir werden täglich mit unserer Angst konfrontiert. Angst vor dem Versagen. Angst vor der Niederlage. Angst vor der Zukunft.

Angst vor dem Ungewissen. Angst vor dem „Was-wäre-wenn“. Angst vor Menschen. Angst vor dem Tod.

Wenn wir der Angst nachgeben, werden wir entdecken, was sie wirklich bewirkt. Angst zehrt an unseren Kräften. Sie hindert uns am Vorwärtsgehen. Sie hält uns davon ab, unsere Bestimmung zu erfüllen. Sie ist die stärkste Waffe des Feindes, mit der er uns von unserem Auftrag abhalten will. Angst muss in all ihren Formen besiegt werden.

Angst muss in all ihren Formen besiegt werden.

Jeder Held in der Bibel hatte mit Angst zu kämpfen. Und alle, die trotz ihrer Angst Gott anbeteten und ihre Hände und Stimmen zu dem großen Gott, der sich „Ich bin“ nennt, erhoben, besiegten dadurch ihre Angst.

Auch heute ist jeder von uns mit Angst konfrontiert. Aber wir können sie vertreiben, indem wir unsere Stimmen zum König der Könige erheben. Wenn wir Gott anbeten, zeigen wir ihm unsere Anerkennung für seine Herrlichkeit und Größe, seine Majestät, sein Reich und sein Wirken. Wir verkünden, dass er Gott ist.

Werden Sie stark und mutig.

Werfen Sie den Ballast Ihrer Angst über Bord.

Richten Sie sich auf Gott aus.

Die drei größten Lasten

Sie sind ein wichtiges Werkzeug im Plan Gottes. Sie sind ein inspiriertes Werk seiner Liebe. Er hat Sie dazu bestimmt, ein erfülltes und bedeutungsvolles Leben zu führen. Irgendwie haben Sie es dann aber zugelassen, dass Ihre Erfahrungen, die Kommentare Ihrer Mitmenschen und Ihre Gefühle Ihre Sichtweise von sich selbst so geprägt haben, dass Sie jetzt nur noch wenig Vertrauen in sich selbst besitzen.

Der Schreiber des Hebräerbriefes fordert uns auf, unser Vertrauen „nicht wegzuwerfen", weil sich erfüllen wird, worauf wir hoffen.[10] Gott hat uns mit erstaunlichen Fähigkeiten und Potenzial erschaffen, und doch quälen sich viele von uns mit Fragen herum wie:

- Bin ich wichtig?
- Habe ich das, was ich brauche, um in der Welt einen Unterschied zu machen?
- Schätzen andere mich und meinen Beitrag?
- Werde ich akzeptiert und respektiert, wenn ich einfach ich selbst bin?
- Interessiert sich jemand für mich?

Wenn wir tief in unserm Innern mit diesen Fragen bombardiert werden, verweigert unsere Unsicherheit jegliche Antwort. Bestenfalls flüstern wir leise ein „Hoffentlich!" vor uns hin. Und wenn wir diese Fragen noch weiter verfolgen, lauert uns eine Drei-in-eins-Monsterlast auf. Denn zu den heikelsten Lasten, die wir mit uns herumtragen, gehört es, *ungenügend*, *unbedeutend* und *unsicher* zu sein. Diese Monsterlast ist der Goliath in unserem Leben. Sie steht als Riese spottend und drohend vor uns. Ihre Opfer sind unübersehbar und zahlreich.

Das, was uns fühlen lässt, *ungenügend* zu sein, ruft laut: „Du bist zu ungebildet, hast zu wenig Geld oder Talent. Du bist nicht begabt. Andere können etwas, aber doch nicht du. Deine Fertigkeiten sind einfach unzureichend. Wenn du nur ein wenig mehr Erfahrung, mehr Zeit, mehr Freunde, mehr Talente oder mehr … hättest! Ne, komm, lass uns doch mal Klartext reden: Du bist der Herausforderung einfach nicht gewachsen."

Das, was uns *unbedeutend* fühlen lässt, geht mit Gedanken und Worten einher wie: „Wenn du größer, begabter oder gebildeter wärst – dann vielleicht. Aber das bist du nicht. Niemand braucht dich wirklich. Du bist für das Team nicht wichtig und bist für die Rolle nicht die Richtige. Du erreichst einfach nicht das Ziel."

Und dann ist da noch das, was uns unsicher macht: „Nun ja, beim letzten Mal hast du versagt. Wahrscheinlich stimmt es: Du wirst es auch dieses Mal nicht schaffen. Dein Gott kann dir nicht helfen. Du wirst verlieren und du solltest das einfach akzeptieren. Pass auf, dass du dich nicht für wichtiger hältst, als du wirklich bist. Es wird Zeit, dass du kapitulierst vor dem, was du insgeheim schon die ganze Zeit vermutet hast."

Lassen Sie diesen Ballast los und werfen Sie ihn weg!

Sprechen Sie mir Folgendes nach: *„Gott hat gesagt, dass ich wunderbar gemacht bin. Ich bin sein Meisterwerk. Ich bin wertvoll. Er sagt sogar, dass mein Wert ‚weitaus größer ist als Edelsteine oder Perlen.'"*[11]

Sie und ich, wir sind seine Töchter. Demnach sind wir Prinzessinnen. Wir müssen unbedingt für unser Leben verstehen, dass wir die herrlichen, reizenden, unersetzlichen, unwiderstehlichen, unendlich geliebten Töchter des himmlischen Königs sind. Als seine Meisterwerke sind wir von ihm mit besonderer Stärke und besonderen Fähigkeiten ausgestattet worden, damit wir sein Werk hier auf der Erde verrichten können. Wenn wir das nicht verstehen, tragen wir stets die Last der Unsicherheit mit uns herum, und diese Fracht wird uns in jedem Sturm zum Kentern bringen.

Wir alle kämpfen mit Unsicherheiten, die wir über Bord werfen müssen.

Wir alle kämpfen mit Unsicherheiten, die wir über Bord werfen müssen. Unsicherheit verzerrt unsere Urteilsfähigkeit, verursacht Verwirrung und hat einen negativen Einfluss auf unsere Beziehungen zu anderen Menschen.

Manchmal greifen wir selbstbewusste Menschen an, weil wir nicht zugeben wollen, dass wir selbst unsicher sind, oder weil wir uns nicht mit unserer eigenen Schwäche auseinandersetzen wollen. Das Selbstbewusstsein anderer enthüllt unsere Drei-in-eins-Monsterlast. Wir haben *alle* mit Eifersucht zu kämpfen. Wir werden so erzogen, dass wir uns ständig mit anderen vergleichen. Egal ob in Realityshows oder auf Schönheitsmessen, in der Politik oder im Berufsleben – nur selten bringen wir unsere Gaben und Fähigkeiten zusammen, um gemeinsam etwas zu erreichen. Normalerweise arbeiten wir hart, um zu gewinnen. Im Stillen führen wir einen Wettbewerb mit anderen und wollen daraus als die Erste, die Beste oder als diejenige hervorgehen, die recht hat. Aber so funktioniert das Königreich Gottes nicht. Wir handeln in Jesu Sinn, wenn jeder von uns so sein darf, wie Gott ihn oder sie gewollt hat.[12]

Ich kannte einmal zwei Frauen – ich nenne sie mal Jenny und Gabi –, deren Freundschaft immer enger wurde. Doch dann gerieten die beiden in einen Sturm. Auch wenn Gabi es zuerst nicht zugeben wollte – sie war eifersüchtig auf Jenny. Jenny schien alles leichtzufallen, egal ob es sich um akademische Auszeichnungen, die Suche nach einem Ehemann, das Kinderkriegen oder den Aufbau einer erfolgreichen, beruflichen Karriere handelte. In Wahrheit arbeitete sie jedoch genauso hart wie jede andere, um das zu erreichen, was ihr im Leben Freude machte. Aber in Gabis Augen schien das einfach nicht fair zu sein. Sie fand noch nicht einmal einen netten Mann, mit dem sie ausgehen konnte. Ihre biologische Uhr tickte. Sie war unzufrieden an ihrem Arbeitsplatz und glaubte, ihre Arbeit nie wirklich gut zu machen. Der sprichwörtliche Tropfen, der das Fass zum Überlaufen brachte, kam, als Jenny befördert wurde. Gabi versuchte, sich mit ihr zu freuen, aber Jenny merkte, dass ihre Freude nur aufgesetzt war, und so begann sie sich allmählich von Gabi zurückzuziehen.

Als ich mit Gabi sprach, stellte ich fest, dass Jenny nicht die erste Freundin war, mit der sie Probleme hatte. Ihre Gefühle *unzureichend*, *unbedeutend* und *unsicher* zu sein hatten immer wieder Eifersucht in ihr hervorgerufen, und sie hatte bereits mehr als nur eine Freundin dadurch verloren.

Diese Situation findet sich häufig in unserer Kultur, denn überall in unserer Gesellschaft werden wir gegeneinander ausgespielt. Und seit dem Aufkommen der sozialen Medien erst recht. Wir vergleichen, wie viele und welche Menschen uns folgen. Wir überwachen, wie viele „Likes“ wir für unsere Beiträge und Bilder auf Facebook bekommen. Wir vergleichen unser Leben mit den Bildern, die unsere Freunde auf Instagram hochladen, und mit dem, wie sie ihr Leben darstellen.

Ohne Selbstvertrauen haben wir stets mit Unsicherheit zu kämpfen, was uns in vielen Bereichen unseres Lebens labil und ängstlich werden lässt, bis hin zu gestörten Beziehungen. Wollen wir aber solche Gefühle loswerden, müssen wir mutig und stark werden und uns selbst als Meisterwerk unseres Schöpfers wahrnehmen. Und das bedeutet Arbeit, manchmal auch einen Kampf. Schließlich sät Satan, der Feind unserer Seele, in uns Zweifel über unsere Identität, die zu einem gewaltigen Gewicht werden, das uns belastet und uns letztendlich in die Tiefe ziehen will. Und wenn wir diesen Ballast unserer Unsicherheit wirklich über Bord werfen möchten, dann ist es wert, darum zu kämpfen.

Wenn wir diesen Ballast unserer Unsicherheit wirklich über Bord werfen möchten, dann ist es wert, darum zu kämpfen.

Jan, eine Freundin von mir, musste sich selbst immer wieder die Wahrheit vor Augen halten, um ihre Unsicherheiten loszuwerden. „Ich musste mir schließlich die Tatsache eingestehen, dass ich einer Lüge glaubte", erzählte sie mir. „Meine Lüge war, dass ich mich um mich selbst kümmern musste. Wenn etwas Gutes geschehen sollte oder ich etwas Schlechtes verhindern wollte, hing das letztendlich von mir selbst ab. Tief in meinem Innern war ich immer noch ein kleines, ängstliches Mädchen, das versuchte, jede noch so kleine Situation zu kontrollieren, um ein Ergebnis zu erreichen, das ihm die Anerkennung des eigenen Vaters gewährleisten würde."

Wie lauten die Lügen, denen Sie Glauben schenken?

Unsicherheit kann eine ganz schwere Last sein, bis sie über Bord geworfen wird. Doch vertrauen Sie der Wahrheit! Sie *können* das Bild, das Sie von sich haben, verändern. Sie können „sich ändern, indem Sie sich von Gott völlig neu ausrichten lassen"[13]. Haben Sie Vertrauen; es ist möglich. Wenn Sie mutig und stark werden und den Sturm überstehen wollen, haben Sie keine andere Wahl.

In der Bibel steht, dass wir alle unsere Sorgen und Anliegen an Gott abgeben sollen. Wir dürfen unsere Probleme auf Gottes Schultern abladen. Er trägt unsere Lasten und wird uns helfen.[14]

Was für ein gewaltiges Bild! Gott lädt uns ein, unsere Lasten auf ihn zu legen. Das ist sozusagen ein Austauschprogramm. Wir tauschen unsere Last gegen seine – und seine Last „ist leicht"[15]. Ist das nicht ein guter Tausch?

Es gehört Mut dazu, den Ballast, an den Sie sich inzwischen gewöhnt haben, fallen zu lassen. Aber wenn Sie frei davon sind, werden Sie eine ganz neue Art von Mut in sich entdecken. Sie werden neue Kraft finden, mit der Sie durch den Sturm navigieren. Also, werfen Sie den Ballast – und zwar den ganzen – über Bord, bevor er Sie kentern lässt.

4

Achten Sie auf Ihre Prioritäten

Gutes passiert dann, wenn du deine Prioritäten richtig gesetzt hast.

· Scott Caan ·

Ich habe immer zu Gott gesagt: „Ich werde dich niemals loslassen, du musst mich da durchbringen."

· Harriet Tubman ·

Manchmal kann es sehr erhellend und befreiend sein, wenn wir neu schätzen lernen, wie bedeutend und wertvoll wir sind. Dafür müssen wir uns nur die richtigen Fragen stellen. Das klingt zunächst anstrengend und löst bei Ihnen vielleicht Kopfschmerzen aus, aber dieser Schritt kann lebensverändernd sein.

Eine uralte Frage soll uns dabei helfen zu erkennen, was uns wirklich wichtig ist. Sie lautet: „Wenn Ihr Haus in Brand stehen würde und Sie nur drei Dinge daraus retten könnten, was würden Sie mitnehmen?"

Vor einigen Jahren, als in Südkalifornien das Feuer wütete, stand ich tatsächlich vor dieser Frage. Das Feuer zerstörte fast 4000 Häuser und 200 000 Hektar Land. Eines dieser Feuer brannte völlig unkontrolliert, nur eineinhalb Kilometer von unserem Haus entfernt.

Ich musste mich also fragen: *Wenn wir evakuiert werden, was soll ich dann mitnehmen?*

Fotos? Also, ich meine die in den Alben, aus der Zeit, bevor es digitale Fotos gab.

Kleidungsstücke?

Wichtige Papiere? *Wo sind die bloß?*

Während ich noch mit der Richtigkeit meiner Entscheidung rang und bereits Fotoalben und Aktenordner in mein Auto stopfte, änderte das Feuer seine Richtung. Nun mussten sich Menschen in einer anderen Gegend mit dieser Frage auseinandersetzen.

Im letzten Kapitel ging es darum, den ganzen emotionalen Ballast über Bord zu werfen, durch den wir zu sinken drohen. In guten Zeiten gibt es einige Dinge, die wir nicht missen wollen, aber während eines Sturms können sie sehr belastend für uns sein. Deshalb ist es wichtig herauszufinden, was wir loslassen und was wir behalten sollten. Beschäftigen wir uns also mit den Prioritäten, die uns helfen, auf Kurs zu bleiben, bis wir das Ufer erreichen.

Die Last leichter machen

Im vorigen Kapitel haben wir gelesen, dass die Besatzung des Schiffs zunächst die Fracht über Bord warf, um das Schiff leichter zu machen. Aber das reichte nicht. Sie mussten noch mehr Ballast loswerden, wenn sie den Sturm überleben wollten.

„Der Sturm wurde so stark, dass die Besatzung am nächsten Tag einen Teil der Ladung über Bord warf, tags darauf sogar die Schiffsausrüstung“ (Apostelgeschichte 27,18–19).

Weil das Schiff immer noch zu schwer war, warfen sie also als Nächstes die Ausrüstung ins Meer. Sie mussten alles daran setzen, dass es nicht auf einer Sandbank auflief. Und so landeten das Hauptsegel wie auch die Ausrüstung im Wasser.

Diese Dinge wären auf der Reise zwar ganz brauchbar gewesen, aber als es plötzlich um Leben oder Tod ging, musste die Besatzung sich davon trennen. Ihre oberste Priorität bestand nun einfach darin, alles zu tun, was notwendig war, um sich durch den Sturm schlagen zu können und das Ufer lebendig zu erreichen.

Allzu oft verschwenden wir mitten im Sturm unsere besten Ressourcen, unsere Energie an unbedeutende Aktivitäten, wie sorgenvolle Gedanken, den Wunsch, es jedem recht machen zu wollen oder den ständigen Versuch, den Dingen vollends auf den Grund gehen zu wollen. Es können ganz belanglose Dinge sein, wie das zwanghafte Schielen nach der Anzahl der Personen, die uns in sozialen Medien folgen oder das Einkaufen von einem weiteren Paar Schuhe (eine meiner Schwächen).

Manches, woran wir im Leben festhalten, ist an sich nicht schlecht, wie beispielsweise der Wunsch nach einem neuen Auto oder eine Fernreise zu machen. Doch sollten diese Dinge mitten in einem Sturm für unser Lebensschiff zur Bedrohung werden, dann könnte es nötig sein, die eigenen Prioritäten noch einmal neu zu überdenken. Vielleicht ist es dann an der Zeit, den gut gemeinten Rat des amerikanischen Bestsellerautors Stephen Covey zu beherzigen: „Die Hauptsache ist, dass die Hauptsache die Hauptsache bleibt.“[1]

Ich weiß, das ist leichter gesagt als getan. Doch mitten in einem Sturm gilt es, auf die eigene Kraft und Energie zu achten. Denn wollen wir das Unwetter überleben, müssen wir mutig und stark werden, und dazu gehört auch, dass wir erkennen, was das Wichtigste ist. Nur dann können wir dafür sorgen, dass die Hauptsache auch die Priorität bleibt. Schließlich brauchen wir uns in dieser Situation mit dem ganzen Rest nicht zu beschäftigen, er ist jetzt einfach nicht wichtig.

> „Die Hauptsache ist, dass die Hauptsache die Hauptsache bleibt."

Vor einigen Jahren bat mein Mann während einer Mitarbeiterkonferenz um ein paar Freiwillige, mit denen er etwas Bestimmtes veranschaulichen wollte. Als die drei unschuldigen Opfer gefunden waren, übertrug er ihnen die Rolle, die sie spielen sollten: „Sie sind jetzt drei Feuerwehrleute. Sie haben die Aufgabe, Feuer zu löschen." Dann erklärte er ihnen aber noch, dass sie vorerst eine andere Aufgabe bekommen würden, da an diesem Tag noch nirgendwo ein Feuer ausgebrochen war. „Freiwilliger Nummer eins, Sie waschen das Feuerwehrauto. Nummer zwei schrubbt den Boden. Und Nummer drei, Sie wickeln die Schläuche ordentlich auf."

Nun mussten die drei ihre Rollen pantomimisch darstellen. Mein Mann spöttelte ein wenig und verlangte, dass sie ihre Aufgaben ein wenig glaubhafter ausführen sollten. Die Darbietung war sehr unterhaltsam und wir hatten eine Menge Spaß. Dann wurden die drei gefragt: „Was war noch einmal eure Aufgabe?" Sie erwiderten nacheinander: „Das Fahrzeug waschen." „Den Boden wischen." „Die Schläuche aufwickeln."

Jetzt war mein Mann an dem Punkt angekommen, den er verdeutlichen wollte. „Nein. Sie alle drei liegen falsch. Ihre Aufgabe ist es, *Feuer zu löschen.*" Er hatte das Augenmerk ganz bewusst auf die anderen Aufgaben gelenkt, damit wir alle im Saal vergaßen, was ihre eigentliche Aufgabe war, die die höchste Priorität hatte, nämlich: Feuer zu löschen.

Auch in unserem Leben können wir uns verirren, wenn wir zulassen, dass bestimmte Dinge langsam und fast unmerklich unsere eigentlichen Prioritäten verdrängen. Dabei ist es egal, ob diese Dinge gut und interessant oder schlecht und zerstörerisch sind. In einem Sturm ist es überlebenswichtig, dass wir uns an das erinnern, was wirklich wichtig ist und uns darauf konzentrieren.

In einem Sturm ist es überlebenswichtig, dass wir uns an das erinnern, was wirklich wichtig ist.

Die Besatzung auf dem Schiff musste das Hauptsegel über Bord werfen, weil es während des Sturms keinen Nutzen für sie hatte. So müssen auch wir uns jeden Tag die Frage stellen: *Was ist das Wichtigste?* Ich weiß, das klingt einleuchtend, aber in meinem langjährigen Dienst habe ich viele Menschen erlebt, die die verrücktesten Dinge taten, weil sie mitten in ihrer Krise einfach vergessen hatten, was in ihrem Leben eigentlich Priorität hat.

Hören Sie auf, Banalitäten hinterherzujagen

Trivial Pursuit hat sich über die Jahre hinweg zu einem beliebten Spiel entwickelt. Es ist ein Wissensspiel, bei dem es um recht allgemeine Fragen geht. Das Spiel macht Spaß. Es geht um einen Wettlauf, wer als Erster seine „Torte" mit allen „Tortenstücken" gefüllt hat. Nur sollte man im echten Leben nicht Belanglosem hinterherlaufen. Das macht keinen Spaß.

Doch für viele Menschen ist *Trivial Pursuit* (übersetzt: belanglose Jagd) kein Spiel, sondern ein Lebensstil. Manchmal machen wir uns mehr Gedanken über den neuesten Klatsch eines Promis oder über die Beiträge unserer Freunde in den sozialen Medien als über die Höhen und Tiefen unseres eigenen Lebens. Die dramatische Situation einer anderen Person kann so faszinierend und interessant sein, dass wir darüber vergessen, uns auf unsere Prioritäten in unserem eigenen Leben zu konzentrieren.

Ein Sturm lässt einen leicht die Orientierung verlieren. Das Chaos einer dunklen und beängstigenden Phase, die wir erleben, kann uns dazu verleiten, Dinge zu tun, die unseren Schmerz etwas mildern und dämpfen sollen. Wir beschäftigen uns dann stundenlang mit unserem Handy und irgendwelchen Spielen und vermeiden es, uns mit unserem eigenen Kummer auseinanderzusetzen, da wir uns mit irgendeiner TV-Serie ablenken. Das soll nicht heißen, dass man nicht auch mal entspannen darf. Die Frage ist nur, wie viel Zeit verbringen wir damit?

Ein Sturm lässt einen leicht die Orientierung verlieren.

Inmitten meines vergangenen schweren Jahres habe ich manche Tage des Öfteren mit einem Actionfilm beendet, bei dem irgendetwas in die Luft flog (ich bin mir nicht sicher, was das über mich aussagt …). Oder ich las Spionageromane, in denen eine Menge böser Kerle verfolgt und gefangen wurden.

In Krisenzeiten ist es normal, wenn wir uns nach Dingen umsehen, die sich für den Moment gut anfühlen. Und da ich keine Kontrolle über den Sturm und die Wellen hatte, wollte ich für wenigstens einen Moment das Sagen haben. Actionfilme und Spionageromane sind nichts Schlimmes. Aber einige Entscheidungen, die wir treffen, sind weitaus weniger harmlos. Sich über die Maßen mit Alkohol zu betrinken, Drogen zu nehmen oder ein One-Night-Stand stillen vielleicht für den Moment den Schmerz, aber die Konsequenzen eines solchen Verhaltens werden garantiert den nächsten Sturm heraufbeschwören. Besser ist also, wir raffen uns auf und strengen uns an, uns immer wieder vor Augen zu halten, was uns wichtig ist, selbst dann, wenn sich eine Welle nach der anderen vor uns auftürmt.

Ich kann Ihnen Ihre persönlichen Prioritäten nicht vorschreiben, aber ich kann Ihnen die biblischen Prioritäten aufzeigen, an die sich jeder von uns halten sollte angesichts von Herausforderungen.

Priorität Nr. 1: Geben Sie Gott die Ehre

Jesus gab uns eine einfache, aber sehr umfassende Anweisung, wie man es schafft, dass das Wichtigste die Hauptsache bleibt. Er trug uns auf, uns zuallererst um Gottes neue Welt zu kümmern und nach seinem Willen zu leben.[2] Wir sollten also das tun, was Gott von uns will. Egal ob wir uns in einem Sturm oder auf stillem Gewässer befinden, wir sollten uns stets so verhalten, dass Gott geehrt wird. Diese Priorität hilft uns, unsere Gedanken zu sortieren, wenn Probleme auftauchen und wir uns überlegen müssen, wie wir damit umgehen sollen – beispielsweise wenn ein Mitarbeiter Lügen über uns verbreitet, unser Kind beschuldigt wird, andere zu mobben oder jemand einen Auffahrunfall verursacht, bei dem unser Auto beschädigt wird. Wenn die Wellen uns mit voller Breitseite treffen, möchten wir am liebsten um uns schlagen, aber wenn uns zuallererst daran gelegen ist, Gott zu ehren, dann werden wir nicht zulassen, dass unsere Emotionen mit uns durchgehen oder die Belange unserer Mitmenschen uns ablenken. Wir werden dann das Ziel nicht aus den Augen verlieren, weshalb wir wirklich hier sind.

Wie bereits erwähnt, hatten Philip und ich immer wieder mit Schwierigkeiten zu kämpfen. Oftmals verlor ich nur deshalb nicht die Orientierung, weil ich mein Bestes gab, Gott zu ehren. In manchen Momenten gab es einfach keine liebevollen Gefühle mehr. Es schien, als hätten sich Kälte und Wut in mir angesiedelt. Ich wusste, diese Gefühle hätten mich in eine Richtung führen können, die nichts als Zerstörung zur Folge gehabt hätte. Die andere Möglichkeit war, dass ich Entscheidungen traf, mit denen ich Gott ehrte, indem ich zum Beispiel respektvolle Worte wählte, wenn ich viel lieber die Augen verdreht hätte, oder den Mund hielt, anstatt mich zu verteidigen. Ich konnte Liebe zeigen, auch wenn ich sie nicht fühlte oder einfach weggehen. Immer wieder entschied ich mich, zu lieben und nach Einheit zu streben. Und Philip tat dasselbe. Entsetzt musste ich dabei feststellen, dass es nicht immer einfach war, mich zu lieben. Zwar bekamen wir nicht sofort den Lohn für unsere Bemühungen, aber er kam. Und alles nur, weil wir uns bewusst dafür entschieden hatten, was wir an Bord unseres Eheschiffes brauchten (Reaktionen, die Gott gefallen und ehren) und was wir über Bord werfen mussten (Reaktionen aus unserem Bauch heraus).

Wollen wir Gott die Ehre geben, müssen wir manchmal schwierige Entscheidungen treffen, bei denen wir in Konflikt geraten können mit dem, was uns ursprünglich einmal wichtig war.

Wollen wir Gott die Ehre geben, müssen wir manchmal schwierige Entscheidungen treffen, bei denen wir in Konflikt geraten können mit dem, was uns ursprünglich einmal wichtig war.

In den 1980er-Jahren zog ich nach Los Angeles, um dort als Schauspielerin zu arbeiten. Ich war begeistert, als ich eine Rolle in einer TV-Seifenoper bekam, die nachts ausgestrahlt wurde.

Wohlgemerkt, das war in den Achtzigern, als viel Volumen in den Frisuren und Seifenopern absolut in waren. In der Sendung war ich das „junge Ding“, was im Wesentlichen bedeutete, dass ich bei den meisten Szenen in Dessous oder im Bikini auftreten musste. Die Sendung war ziemlich bekannt, die Art, wie sie produziert wurde, war einzigartig, und so erlangte sie eine große Aufmerksamkeit. Ich war noch nicht lange in Los Angeles und stand in meiner Beziehung zu Gott noch ganz am Anfang. Doch ich hatte das Gefühl, nachdem die Dreharbeiten abgeschlossen waren, dass Gott mir sagen wollte, dass er mir nicht eine Gabe geschenkt hatte, um sie in einer Sendung zu gebrauchen, bei der die Unmoral im Mittelpunkt steht.

Das war der Moment, als ich beschloss, nicht mehr alle Rollen anzunehmen, die mir angeboten wurden. Es gab nicht viele Rollen, die Gott wirklich die Ehre gaben, aber ich dachte, ich könnte wenigstens mit den Rollen anfangen, die ihn nicht entehrten. Natürlich wurde meine Entscheidung bald darauf auf die Probe gestellt. Ich ging zu einem Casting für eine Fernsehsendung und bekam eine Szene, die ich der Casting-Direktorin vorlesen sollte. Ich merkte, dass sie von mir angetan war. Auf dem Weg nach draußen bat ich noch um das gesamte Drehbuch, damit ich herausfinden konnte, um welche Art von TV-Format es sich handelte.

Als ich das Drehbuch zu Hause las, stellte ich fest, dass es sich um eine weitere nächtliche Seifenoper handelte, die mit den dafür üblichen Szenen gespickt war. Aufgrund der Verpflichtung, die ich Gott gegenüber eingegangen war, wusste ich, dass ich bei der Produktion nicht mitmachen wollte. Im Prinzip hakte ich die Rolle für mich ab und fuhr mit meinem Leben fort, bis ich einen Anruf von meiner Managerin bekam, die mir mitteilte, dass die

Produzenten mich noch am selben Nachmittag sehen wollten. Ich erwiderte, dass ich nicht kommen würde, weil ich nicht mitspielen wollte. Sie verstand mich nicht und legte enttäuscht auf.

Später in derselben Woche rief sie wieder an und war ganz aufgeregt, weil sie für ihre Sendung eine Probeaufnahme mit mir machen wollten. Hunderte Mädchen waren für die Rolle zum Casting eingeladen worden und nur drei von ihnen durften zur Probeaufnahme. Eine davon war ich. Allerdings sagte ich ihr, dass ich mich zwar geehrt fühlte, aber dass ich bei dieser Produktion nicht mitmachen würde. Sie legte auf.

In der nächsten Woche rief sie mich wieder an. Sie war ganz außer sich. „Holly, du bist so intelligent. Du übertriffst sie alle! Sie wollen dir die Rolle anbieten. Du brauchst noch nicht einmal zu kommen; sie geben sie dir einfach so." Und dann nannte sie mir eine Gage, bei der mir schwindelig wurde. Ich war völlig überrascht! Normalerweise läuft das anders: Um eine Rolle zu bekommen, muss ein Schauspieler zu mehreren Castings antreten. Die Produzenten und der Regisseur sortieren dann nach und nach die Bewerber aus. Dass ich nach nur einem einzigen Casting direkt die Rolle angeboten bekam, war also völlig ungewöhnlich.

Nun war der Moment gekommen, auf den es ankam: Hatte ich meine Entscheidung, Gott zu ehren, ernst gemeint – oder nicht? Selbst einige meiner christlichen Freunde ermutigten mich dazu, die Rolle anzunehmen! Ihre Begründung lautete: „Jeder muss doch irgendwo anfangen. Und wenn du in dieser Stadt jemals jemand Bedeutsames sein willst, musst du eben solche Rollen annehmen."

Doch ich konnte es nicht. Ich wusste, was Gott von mir wollte. Also teilte ich meiner Managerin noch einmal mit, dass ich meinen Entschluss nicht geändert hatte. Und sie wurde wütend, da sie ja nur dann Geld verdiente, wenn ich Geld bekam. Doch schon ein paar Tage später rief sie mich zurück und lachte am Telefon. Begeistert sagte sie: „Du wirst es nicht glauben, aber sie haben die ursprüngliche Gage, die sie dir angeboten haben, verdoppelt! Sie wollen dich unbedingt, und ich bin überzeugt, die Rolle wird dir definitiv helfen, eine Zukunft aufzubauen."

Als sie hörte, dass es mir egal war, wie viel sie mir bezahlen wollten, hörte sie auf zu lachen. Ich bekräftigte, dass ich bei der Sendung nicht mitmachen würde. Und jedes Mal, wenn ich ihr absagte, musste ich all meinen Mut zusammenraffen, denn unter Umständen bedeutete das für mich eine große finanzielle Katastrophe. Trotzdem war ich mir sicher, Gott musste für mich an erster Stelle stehen – auch über meiner beruflichen Karriere.

Das ist nun mehr als dreißig Jahre her und ich habe die Entscheidung nie bereut. Ich habe noch einige Jahre als Schauspielerin mein Geld verdient und dabei Rollen gespielt, die meiner Beziehung zu Gott nicht im Weg standen. Damals wusste ich noch nicht, dass ich eines Tages mal eine Pastorin einer Gemeinde sein würde, die von vielen Schauspielern besucht wird. In jenen Momenten damals habe ich einfach nur Gott die Ehre gegeben. Und er hat meine Erfahrung dazu gebraucht, andere ebenfalls dazu zu ermutigen, Gott zu ehren und ihm und seinem Reich die oberste Priorität zu geben.

Gott die Ehre zu geben bedeutet, seinen Willen an die erste Stelle zu setzen.

Welche Entscheidung steht heute bei Ihnen an? Auf welche Art und Weise können Sie seinem Reich den ersten Platz geben? Indem Sie die Wahrheit sagen, obwohl es so viel einfacher wäre, eine Notlüge auszusprechen? Indem Sie sich bei Ihrer Kollegin für Ihre wüsten Beschimpfungen entschuldigen? Indem Sie sich entscheiden, sich zu freuen, auch wenn Sie noch nicht wissen, wie die Situation ausgehen wird? Indem Sie eine Arbeitsstelle ablehnen, die Sie monatelang von Ihrer Familie trennen würde? Gott die Ehre zu geben bedeutet, seinen Willen an die erste Stelle zu setzen. Raffen Sie sich auf und entscheiden Sie sich dafür.

Doch wir sind noch nicht am Ende dieses ersten Punktes. Auch der Apostel Paulus wusste darum. Als Mentor von Timotheus, der im Glauben wie ein Sohn für ihn war, erinnerte Paulus ihn:

„Die Unterweisung in der Lehre unseres Glaubens hat nur das eine Ziel: die Liebe, die aus einem reinen Herzen, einem guten Gewissen und einem ungeheuchelten Glauben kommt" (1. Timotheus 1,5).

Jedes Ziel, das wir verfolgen, und jeder Einsatz, den wir leisten, sollte auf diesen drei Schwerpunktbereichen aufbauen: *Liebe aus einem reinen Herzen, ein gutes Gewissen und ein ungeheuchelter Glaube.*

Priorität Nr. 2: Liebe aus einem reinen Herzen

Ein Pharisäer fragte Jesus einmal: „Welches von allen Geboten Gottes ist das wichtigste?"

Jesus antwortete:

„‚Der Herr ist unser Gott, der Herr allein. Ihn sollt ihr von ganzem Herzen lieben, mit ganzer Hingabe, mit eurem ganzen Verstand und mit all eurer Kraft.' Ebenso wichtig ist das andere Gebot: ‚Liebe deinen Mitmenschen, wie dich selbst!'" (Markus 12,28; 30–31).

Genau darum geht es bei unseren Prioritäten: Gott zu lieben und die Menschen zu lieben. Machen wir es also nicht komplizierter, als es ist. Wenn wir uns in einem Sturm befinden, sollten wir zuallererst niemals unsere Liebe zu Gott verlieren. Sie hat immer Vorrang, denn ohne Gott können wir kein frohes und erfülltes Leben führen. Halten Sie an Ihrer Liebe zu ihm fest! Jagen Sie seiner Liebe nach! Viele machen den Fehler, den wichtigsten Aspekt ihres Lebens über Bord zu werfen: die Beziehung zu Gott. Doch seine Liebe ist unverzichtbar.

Ich weiß, es gibt Menschen, die während einer Krise wütend auf Gott sind und ihm den Rücken kehren. Sie geben ihm die Schuld an ihren Kämpfen und ihrem Leid. Doch wir müssen fest im Glauben stehen, wenn wir den Herausforderungen trotzen wollen.

Ich hatte mal eine Freundin, deren Kind an Krebs erkrankt war, und die sagte zu mir: „Wohin sonst sollte ich gehen? Ich leide, und ich will mich lieber leidend an Gott wenden, als mich von ihm abzuwenden."

Sie fragen sich vielleicht, warum Sie in diesen Sturm geraten sind. Das frage ich mich auch manchmal. Vielleicht spüren Sie Zweifel. Die habe ich auch. Aber ich hoffe, dass Ihre Fragen und Zweifel Sie zur Liebe Gottes hintreiben und nicht von ihr weg.

Das Zweite, das wichtig ist, wenn Sie mitten in einer Prüfung stecken: Halten Sie Ihre Beziehungen aufrecht und schenken Sie den Menschen in Ihrem Umfeld Liebe. Ich weiß, wie frustrierend es sein kann, wenn andere nicht verstehen, was wir durchmachen. Wenn Sie an Ihrem Arbeitsplatz, in der Schule oder in einer Freundschaft mit Schwierigkeiten zu kämpfen haben, denken Sie daran, dass auch die Menschen in Ihrem Umfeld wichtig sind. Schenken Sie Ihrer Familie Liebe und Aufmerksamkeit, wenn Sie nach Hause kommen, gehen Sie mit Ihren Freundinnen aus oder laden Sie eine Kollegin zum Kaffee ein. Menschen sind immer wichtiger als Dinge oder Situationen.

Von den Beatles gibt es das weltberühmte Lied „All you need is love“ (Alles, was du brauchst, ist Liebe). Im Grunde steckt darin der Kern unseres Glaubens. Sollten Sie also mitten in einem Sturm stecken und nicht wissen, was Sie tun sollten, dann tun Sie etwas, wodurch Sie Ihren Mitmenschen Liebe vermitteln. Vielleicht ist es ein Geschenk oder ein freundliches Wort. Oder einfach, dass Sie jemandem zuhören, der selbst in einem Sturm steckt.

Menschen sind immer wichtiger als Dinge oder Situationen.

Warum sollten Sie das tun? Nun, nur weil selbst wir stürmische Zeiten erleben, bedeutet das noch lange nicht, dass die Welt sich nur um uns dreht! Denn wenn wir andere lieben, wird unser Blick oft von unserem ichbezogenen Schmerz abgelenkt und wir erkennen, wie Gott uns gebrauchen möchte und wo andere Hilfe benötigen.

Vor einigen Jahren reiste ich mit einem kleinen Flugzeug zu einem Vortrag. Als ich den Flieger bestieg, wurde ich von der Stewardess begrüßt. Sie war noch jung und die einzige Flugbegleiterin an Bord. In einer kurzen Unterhaltung fand ich heraus, dass sie noch nicht lange für die Fluggesellschaft arbeitete. Lachend erklärte ich ihr, dass ich angesichts meiner Flugmeilen ein Experte in Sachen Fliegen sei und falls sie Hilfe brauchte, würde ich ihr zur Verfügung stehen.

Kurz nachdem ich mich dann gesetzt hatte, stieg eine Frau mit langen roten Locken ein. Sie fiel mir sofort auf, denn ich liebe lange rote Locken. Ehrlich, im Himmel hätte ich gern welche.

Mein Mann sagt, das wird nie passieren, aber woher will er das wissen? Während ich noch die wunderschönen roten Haare bewunderte, hörte ich, wie diese Frau anfing, die junge Flugbegleiterin zu beschimpfen. Sie beschwerte sich, dass es in dem kleinen Flugzeug zu wenig Platz für ihr Handgepäck gab, sie beklagte die Verspätung und überhaupt beschwerte sie sich über alles. Die Flugbegleiterin hatte verbal sichtlich mit ihr zu kämpfen, und ich merkte, wie in mir allmählich an ihrer Stelle die Wut hochkroch. Wütend lief die Frau den Gang hinunter auf ihren Platz zu. Und raten Sie mal, wo sie stehen blieb! Richtig, auf der Höhe meiner Reihe, direkt neben mir. Ganz toll! Doch nachdem sie sich gesetzt hatte, hörte ich eine leise innere Stimme – wie vom Himmel.

Holly, frag sie, wie es ihr geht.

Nein, flüsterte ich im Stillen zurück. *Frag du sie doch, wie es ihr geht.*

Dann war Stille.

Ich wusste, was Gott von mir wollte.

Ich warf einen Blick zu ihr hinüber und fragte sie schließlich: „Wie geht es Ihnen?"

„Gut", antwortete sie barsch.

Siehst du, Gott. Es geht ihr gut.

Das Problem war nur, sie sah nicht so aus, als ob es ihr gut ging. Also fragte ich sie wieder: „Sagen Sie ehrlich, wie geht es Ihnen?"

Sie holte tief Luft und erzählte mir dann, dass sie vor Kurzem eine ganz schlechte Diagnose erhalten habe. Sie war nun auf dem Heimweg, um noch ein paar Dinge in Ordnung zu bringen.

Puh! Wir unterhielten uns noch eine ganze Weile. Ich betete für sie und sie ließ ihren Tränen freien Lauf. Dann entschuldigte ich mich bei Gott, dass ich zuerst nicht bereit gewesen war, jemanden zu lieben, der offensichtlich so schwer zu lieben war.

Wollen wir aus einem reinen Herzen andere lieben, müssen wir uns manchmal tapfer auf unbequemes Terrain begeben. Aber diese Priorität ist es wirklich wert.

Priorität Nr. 3: Ein gutes Gewissen

Stürme, die wir zu überstehen haben, sind schon schwer genug. Da können wir uns nicht auch noch mit Schuld und Scham herumschlagen. Wie gut also, dass wir unserem himmlischen Vater unsere Sünden und Schwächen bekennen und Vergebung empfangen dürfen. So können wir wenigstens ein reines Gewissen wahren, während wir durch den Sturm navigieren und die Wellen uns von links nach rechts schaukeln.

In meinem Leben habe ich etliche schlechte Entscheidungen getroffen. Als Studentin setzte ich mich selbst stark unter Druck, um gute Noten zu erreichen. Ich akzeptierte nur Einsen und Zweien. Im ersten Semester meines Studiums schaffte ich es sogar auf die Bestenliste und auch im zweiten sah es gut aus. Doch dann bekam ich in einem Biologietest eine Drei. Das war für mich nicht akzeptabel.

Als ich mir den Test noch einmal ansah, bemerkte ich einen einfachen Fehler, der mir in einem Diagramm unterlaufen war. Wäre dieser Fehler nicht passiert, hätte ich noch eine Zwei bekommen. Also änderte ich kurzerhand eine der Linien in dem Diagramm und reichte den Test erneut zur Benotung ein. Das Benotungsverfahren des Professors sah es vor, dass ein Student seinen Test noch einmal zurückgeben und neu benoten lassen durfte, wenn er oder sie das Gefühl hatte, dass die Bewertung nicht gerecht war. In meinem Fall verhielt es sich allerdings so, dass ich den Test ja bewusst manipuliert und nicht im Original zurückgegeben hatte. Ich hatte den Professor und mich selbst betrogen.

Nach der Vorlesung ging ich auf mein Zimmer, und innerhalb kürzester Zeit lastete das Gewicht dessen, was ich getan hatte, schwer auf mir. Mein schlechtes Gewissen meldete sich lauthals zu Wort. Das einzig Gute daran war wahrscheinlich, dass ich überhaupt noch ein Gewissen hatte. In dieser Nacht wälzte ich mich im Bett hin und her. Wenn ich dafür gesorgt hätte, dass die Hauptsache die Hauptsache bleibt – nämlich Gott zu ehren und mir ein gutes Gewissen zu bewahren –, dann wäre ich gar nicht auf die Idee gekommen, zu betrügen.

Ohne dass ich es wusste, gehörte es bei meinem Professor auch zur Regel, die Originaltests einiger Studenten immer stichprobenhaft zu kopieren und anschließend mit den Tests zu vergleichen, die zur erneuten Überprüfung eingereicht wurden. Meiner war dieses Mal dabei!

Am nächsten Tag bat mich der Professor, nach der Vorlesung dazubleiben. Mein Betrug war aufgeflogen! Der Professor hielt sowohl meinen Originaltest als auch den anderen, den ich neu benoten lassen wollte, in seinen Händen. Ich steckte auf einmal in großen Schwierigkeiten, denn an dieser Universität gab es bei Betrug kein Pardon. Nur weil ich meiner Priorität, ein gutes Gewissen zu bewahren, keine Beachtung geschenkt hatte, hätten sie mich ohne Weiteres rauswerfen können. Doch glücklicherweise traten bei der Anhörung einige andere Professoren für mich ein und ich durfte bleiben. Ich hatte meine Lektion gelernt.

Es dauerte eine ganze Zeit, bis ich mir selbst vergeben und meine Scham loslassen konnte. Und damit bin ich nicht allein.

Die Bibel ist voll mit Geschichten von Menschen, die ihre Scham hinter sich lassen mussten, um im Leben weiterkommen zu können. Zu den erstaunlichsten gehört das Gleichnis vom verlorenen Sohn, das Jesus erzählt hat.[3] Darin geht es um einen Vater und seine beiden Söhne. Der Jüngere will von zu Hause fortgehen und sein Erbe mitnehmen. Der Vater willigt ein und der Sohn macht sich davon. Doch kurze Zeit danach geht ihm das Geld aus, weil er es sorglos verprasst hat (wahrscheinlich auf Partys und bei Prostituierten). Um zu überleben, muss er Schweine hüten. Er ist so hungrig, dass er selbst das Schweinefutter verlockend findet. Schließlich wird ihm aber bewusst, dass es sogar die Arbeiter auf dem Hof seines Vaters besser haben als er. Er beschließt, nach Hause zu gehen. Aber er fühlt sich nicht mehr wert, der Sohn seines Vaters zu sein. Er kehrt von Scham gebeugt zurück. Der Vater reagiert mit einer Umarmung und veranstaltet eine Party. Er zeigt seinem Sohn, dass er froh ist, ihn wieder bei sich zu haben. Er akzeptiert ihn nicht nur, sondern er lässt ihn wissen, wie wichtig er für ihn ist, und dass er ihn immer noch liebt. Seine Vergebung löscht die empfundene Scham aus.

Der Vater ist ein Bild für Gott, der stets mit offenen Armen bereitsteht, um uns zu Hause willkommen zu heißen. Er vergibt uns, sodass wir die Scham und die Schuld loslassen können. Mutig zu sein, kann manchmal bedeuten, demütig vor Gott zu treten, ihn um Vergebung zu bitten und zu beschließen, dass wir in Zukunft Entscheidungen treffen, die uns ein gutes Gewissen bewahren.

> Mutig zu sein, kann manchmal bedeuten, demütig vor Gott zu treten.

So viele Menschen tragen in sich Scham oder das Gefühl, unwürdig oder schuldig zu sein. Das kann an ihrem eigenen Versagen oder an falschen Schlussfolgerungen liegen, zu denen sie in ihrem Herzen gekommen sind.

Nachdem ich damals an der Uni geschummelt hatte, musste ich mir selbst vergeben, denn ich wusste, dass Gott mir auch vergeben hatte. Sie denken vielleicht: *Schummeln? Ist das Ihr Ernst? Das ist doch gar nicht so schlimm! Da habe ich viel Schlimmeres getan.* Vielleicht ist das so. Die Sache ist nur, Sünde ist Sünde. Und egal was wir getan haben, Sünde hat Scham- und Schuldgefühle zur Folge. Das einzige Gegenmittel ist, damit zu Jesus zu gehen und bei ihm Vergebung zu finden.

Zu unseren Prioritäten sollte es gehören, mit einem guten Gewissen zu leben. Das bedeutet, Entscheidungen zu treffen, die uns dorthin führen. Doch selbst wenn wir versagen, bekommen wir stets ein reines Gewissen, wenn wir zurück in die Arme unseres himmlischen Vaters laufen, weil wir wissen dürfen, dass uns seine Vergebung befreit und erneuert.

Priorität Nr. 4: Ein ungeheuchelter Glaube

Ein ungeheuchelter Glaube, ein aufrichtiges Vertrauen auf Gott, ist eine weitere, unerlässliche Priorität. Ein Glaube, der an jedem einzelnen Tag den Ausschlag dafür gibt, wie wir leben, und der auf alle Lebenssituationen anwendbar ist.

> Um einen Sturm zu überleben, braucht man nicht nur Wissen, sondern auch Vertrauen auf Gott.

Ich habe bereits etliche kluge Menschen erlebt, die zwar die Bibel studiert haben, Gott aber nicht wirklich kannten. Wenn sie vor einer ernsten Herausforderung standen, scheiterten sie, weil sie zwar das Wissen hatten, nicht aber den Glauben, dass Gott sie auch durch ihre Situation bringen wird. Sie suchten für sich nur nach Antworten. Doch um einen Sturm zu überleben, braucht man nicht nur Wissen, sondern auch Vertrauen auf Gott.

Unser Glaube zeigt sich nicht nur, wenn andere wissen, *woran* wir glauben, sondern vor allem durch die Art und Weise, *wie* wir diesen Glauben leben. Nicht nur durch Worte, sondern auch durch Taten. Er sollte nicht nur durch die Anzahl an Bibelversen unter Beweis gestellt werden, die ich auswendig gelernt habe, sondern durch die Anzahl der Verse, die ich *lebe*.

Einmal saß ich vor dem Fernseher und sah eine Musikshow. Ein junger Mann gewann mit einem seiner Lieder den Wettbewerb, der dort stattfand. Er hatte sichtlich Talent, doch seine Songs enthielten eine vulgäre, geschmacklose, perverse und herabwürdigende Haltung gegenüber Frauen. Das schockierte mich nicht; ich weiß, die Vielfalt an Musik ist riesig. Was mich aber schockierte, war seine Reaktion, nachdem er den Preis erhielt. Denn während er ihn in die Höhe hielt, dankte er seinem „Herrn und Retter, Jesus Christus".

Wie traurig, dachte ich. Vielleicht sollte er das nächste Mal, wenn er ein Lied schreibt, Jesus um Hilfe bitten! Sein Glaube stimmte ganz offensichtlich nicht mit seinem Leben überein. Sein Glaube trat in dem, wofür er stand, nicht in Erscheinung. Das veranlasste mich, mich selbst und mein eigenes Verhalten einmal zu überprüfen. Und ich fragte mich, ob sich der Glaube, den ich bekenne, auch in meinen Taten zeigte.

Ehrlich gesagt, bei mir kam es schon oft vor, dass mein Glaube ein wenig Nachhilfe gebraucht hätte. An guten Tagen finde ich es leicht, Gott zu vertrauen. Aber manchmal, wenn mein ganzes Menschsein zutage tritt, dann falle ich im Glaubenstest durch – besonders dann, wenn ich gerade mitten in einer Herausforderung stecke. Insofern musste ich vergangenes Jahr hart daran arbeiten, dass die Hauptsache die Hauptsache blieb.

Ohne einen Glauben, der authentisch ausgelebt wird, ist es nicht nur „unmöglich, Gott zu gefallen“[4], sondern es wird auch sehr schwer sein, einen orkanartigen Sturm zu überstehen. Fassen Sie also Mut, aufrichtig in Ihrer Gottesbeziehung zu sein. Und machen Sie dies zu einer Priorität.

Besinnen Sie sich auf das Wesentliche

Meine Kinder haben beide Basketball gespielt. Ich war bei vielen ihrer Trainingsspiele dabei und habe zugesehen, wie ihre Trainer versucht haben, sie anzuspornen. Stellen Sie sich einmal folgendes Bild vor: Ein Basketballtrainer schart in der Pause sein Team um sich. Die Mannschaft hat gerade die schlechteste Halbzeit der gesamten Saison gespielt, sie macht unzählige Denkfehler und versagt bei Spielzügen, die zuvor stundenlang geübt wurden. Sie spielt so schlecht, dass man meinen könnte, sie würde die Spielregeln überhaupt nicht kennen, und der Punktestand liefert den Beweis dafür.

Der Trainer sieht seine Spieler an, ohne genau zu wissen, wo er anfangen soll. Schließlich aber sagt er: „Okay, Jungs, fangen wir mit dem Wesentlichen an. Dieser orangefarbene Ball ist ein Basketball. Unsere erste Aufgabe besteht darin, den Ball in den Korb zu werfen. Zweitens, wir wollen das andere Team davon abhalten, den Ball in unseren Korb zu bringen. Ich bin mir nicht sicher, was ihr da gerade abziehen wolltet, aber behaltet einfach diese beiden Prioritäten im Auge.“

Können Sie sich Jesus vorstellen, wie er mit uns in der Umkleidekabine unseres Lebens sitzt und zu uns sagt: „Du befindest dich gerade auf dem Holzweg. Hier ist die Bibel. Die Worte darin zeigen dir, wie du Gott und deine Mitmenschen lieben sollst."

Falls Sie einen Sturm aufziehen sehen, dann verlieren Sie nicht die Nerven. Denken Sie vielmehr an das, was wichtig ist und konzentrieren Sie sich darauf. Paulus und die Mannschaft auf dem Schiff wussten, dass sie ein paar Dinge loswerden mussten, um das Ufer zu erreichen. Sie trennten sich von allem Überflüssigen, das sie nicht brauchten. Sie warfen sogar die Dinge über Bord, die früher einmal nützlich gewesen waren, von denen sie jetzt aber nach unten gezogen wurden. Und sie konzentrierten sich auf das Wesentliche.

Lassen Sie nicht zu, dass die Wellen, die Sie von links und rechts treffen, Sie von Ihren Prioritäten ablenken. Treffen Sie Entscheidungen, die Gott die Ehre geben, setzen Sie alles daran, Gott und Ihre Mitmenschen zu lieben, kümmern Sie sich um ein reines Gewissen und leben Sie Ihren Glauben authentisch. Denken Sie daran, dass Sie auf dem Weg zum Ufer sind. Und damit Sie dort ankommen, ist es hilfreich, der Versuchung zu widerstehen, sich von vorübergehenden Dingen ablenken zu lassen und sich auf die wirklich wichtigen Dinge zu konzentrieren.

Übrigens, wenn es in Ihrem Haus brennen würde und Sie nur drei Dinge daraus mitnehmen könnten, welche wären das?

5

Halten Sie die Hoffnung wach

Das Leben ist nicht so, wie es sein soll.
Es ist so, wie es ist.
Die Art, wie man damit umgeht, macht den Unterschied.
· *Virginia Satir* ·

Alles kann man einem Menschen nehmen außer einem;
die letzte Freiheit des Menschen besteht in der Wahl
seiner Einstellung zu irgendwelchen gegebenen
Umständen,
darin seinen eigenen Weg zu wählen.
· *Viktor Frankl* ·

Als Pastorin und Dozentin finde ich es einfacher, darüber zu predigen, wie man Schwierigkeiten bewältigt, als dies selbst tatsächlich auch zu leben. Das letzte Jahr war sehr schwer für mich. Die Stürme waren unbarmherzig und sie tosten einer nach dem anderen. Es fing damit an, dass mein Vater ganz plötzlich starb. Er hat mich sehr geliebt und hat mir das an jedem Tag meines Lebens auch gezeigt. Ich weiß, dass er jetzt im Himmel ist, und ich erinnere mich oft an die Tatsache, dass Jesus vorausgegangen ist, um für jeden von uns einen Platz vorzubereiten, auch für meinen Vater.[1] Aber ich vermisse ihn jeden Tag.

Genau einen Monat nachdem mein Vater gestorben war, hackte sich jemand auf Philipps und mein gemeinsames Girokonto ein und stahl uns Tausende von Dollar. Wir haben das Geld immer noch nicht zurückbekommen. Das war wirklich ein schmerzhafter, zeitraubender und turbulenter Sturm! Wir führten lange Gespräche mit der örtlichen Polizei wie auch dem FBI, jedoch ohne Erfolg. Unser Geld ist weg und das schmerzhafte Gefühl, bestohlen worden zu sein, bleibt zurück.

Als wenn diese Stürme nicht schon heftig genug waren, wurde ich auch noch auf erschreckende und hinterhältige Weise von ein paar engen Freunden betrogen. Am Anfang, als ich es herausfand, war ich geschockt, und ich wollte es ihnen am liebsten heimzahlen. Doch dann weinte ich einfach nur tagelang. Irgendwann erinnerte ich mich an die Kraft von Vergebung. Es war, als ob Gott mir zuflüsterte, dass ich ihnen nicht nur vergeben sollte, sondern sie auch so behandeln sollte, als wenn ihnen bereits vergeben wurde. Ich weiß, so handelt Gott, das entspricht seiner Wahrheit. Tatsache aber ist, dass Vergebung einem sehr schwerfallen kann.

Danach erwischte es meine Ehe. Philip und ich lebten zusammen, arbeiteten zusammen und spielten zusammen. Alles machten wir gemeinsam. Und irgendwie gingen wir uns im letzten Jahr einfach nur auf die Nerven. Und während ein Sturm nach dem anderen über uns hereinbrach, vergaßen wir nur allzu oft, dass wir im selben Boot saßen.

Zur Krönung meines sensationellen Jahres wurde bei Philip auch noch eine Lymphknotenvergrößerung festgestellt. Der Arzt versicherte uns, dass diese Art von Lymphom heilbar war, und so begannen bei Philip innerhalb weniger Monate die Behandlungen. Durch die Chemotherapie wurde sein Immunsystem geschwächt und er fühlte sich oft matt. Einige Wochen nach seiner Chemo bekam er dann noch die Gürtelrose. Er hatte solche Schmerzen, dass er sich wochenlang kaum bewegen konnte. Über Monate war er praktisch außer Gefecht gesetzt. Das war ein sehr heftiger Sturm!

Obwohl das Jahr fast vorbei ist, weiß ich, dass manche der Stürme immer noch wüten. Ich kann immer noch spüren, wie die Wellen in mir und in meinem Leben toben. Das sage ich nicht, weil ich Ihr Mitleid erregen will. Ich möchte einfach nur, dass Sie wissen, Sie sind in Ihren Stürmen nicht allein. Und ich selbst arbeite daran, all das in die Praxis umzusetzen, worum es in diesem Buch geht. Wie gesagt, es ist viel leichter, darüber zu predigen, als danach zu leben, aber jetzt, in diesem Moment gebe ich mein Bestes, beides zu schaffen.

> Die Hoffnung leuchtet in der Mitte einer Sturmnacht am hellsten.

Was mir im vergangenen Jahr Kraft gegeben hat, ist die Hoffnung. Hoffnung, dass es besser werden wird. Dies half mir, morgens aufzustehen und den nächsten Schritt zu wagen. Und ich entdeckte, dass die Hoffnung in der Mitte einer Sturmnacht am hellsten leuchtet. Wie halten wir also unsere Hoffnung wach und lebendig, wenn die Wellen sich einfach nicht beruhigen?

Haben Sie keine Angst! (Das ist keine leere Phrase.)

Wer mitten in einem Sturm steckt, gerät leicht in Panik. Wir werden von Sorgen geplagt und von Hoffnungslosigkeit emotional nach unten gezogen. Als das Schiff von Paulus auf dem Meer hin und her geworfen wurde, erkannte er diese Symptome auch bei der Mannschaft. Sie brach in Panik aus, und Paulus forderte sie auf, sich nicht zu fürchten. Er erklärte ihnen, Gott würde sein Versprechen halten, nämlich dass niemand bei diesem Sturm sein Leben verlieren würde und sie alle heil am Ufer ankommen würden.

„Deshalb habt keine Angst! Ich vertraue Gott. Es wird sich erfüllen, was er mir gesagt hat“ (Apostelgeschichte 27,25).

Paulus wurde von einem Engel besucht, der ihm versichert hatte, dass er nach Rom vor Cäsar, den Kaiser, gebracht würde. Der Engel teilte ihm außerdem mit, dass das Schiff zwar zerstört, jeder an Bord aber gerettet würde. Und so ermutigte Paulus die Männer mit den Worten, die der Engel verheißen hatte. Gott hatte versprochen, dass sie alle den Sturm überleben würden.[2] Manchmal ist das alles, was wir hören müssen. Auch ich möchte Ihnen sagen: Sie werden es schaffen.

Im Gegensatz zu Paulus bin ich allerdings in Schwierigkeiten geraten, als ich jemandem, der mitten in einem Sturm steckte, den Rat gab, „keine Angst zu haben“. Das kann in der Tat gefährlich sein. Als Philip die vierte Woche krank im Bett lag, habe ich diese Worte ausgesprochen. Das war nicht sehr schlau. Und, ehrlich gesagt, ich bin mir nicht sicher, ob ich sie selbst hätte hören wollen, wenn ich gerade mit einer schwierigen Situation zu kämpfen habe. Paulus allerdings fordert uns immer wieder heraus:

„Freut euch mit den Fröhlichen! Weint aber auch mit den Trauernden!“ (Römer 12,15).

Der Grund, warum Paulus der Besatzung sagen konnte, dass sie sich nicht fürchten brauchten, war der, dass er sich mit ihnen gemeinsam im Sturm befand. Er war nicht ein Außenstehender, der alles nur beobachtete.

Bevor wir also jemandem den Rat geben, keine Angst zu haben, sollten wir ihm vielleicht erst einmal zeigen, dass wir seinen Schmerz mitfühlen. Wir sollten gute Zuhörer sein und Verständnis haben.

Da ich nun gerade vielleicht mit Ihnen in einem Sturm stecke, darf ich Sie jetzt ermutigen? Vielleicht reicht es noch nicht für ein „Fürchte dich nicht!". Aber wie wäre es mit „Halten Sie die Hoffnung wach!"? Gott ist treu. Er war treu in seinem Versprechen gegenüber Paulus und er wird auch Ihnen gegenüber Wort halten.

Unterwegs ist Hoffnung lebenswichtig

Vor einigen Jahren machten Philip und ich eine Reise zu den frühchristlichen Katakomben Roms, wo Tausende von Christen begraben wurden. Als Zeichen ihres Glaubens wurde nach ihrem Tod ein christliches Symbol in die Marmorgrabsteine eingraviert. An den Wänden sind Hunderte verschiedener Symbole zu sehen: ein Fisch, ein Hirte, ein Anker. Der Anker war möglicherweise eine Inspiration aus dem Hebräerbrief, wo es heißt:

„Diese Hoffnung ist für uns ein sicherer und fester Anker" (Hebräer 6,9).

Über welche Hoffnung sprach hier der Schreiber? – Es geht um die unerschütterliche Erwartung, dass der Gott, der sein gutes Werk in mir begonnen hat, es auch zu Ende führen wird.

Jesus hat uns vorausgesagt, dass wir in dieser Welt schwere Zeiten erleben werden, aber im nächsten Atemzug versprach er, dass wir keine Angst haben sollen, weil er die Welt besiegt hat.[3] Ja, Sie werden Stürmen begegnen, aber Sie dürfen die Hoffnung haben, dass er Sie durch den Sturm bringen wird!

Man sagt, dass wir Menschen vierzig Tage ohne Essen, drei Tage ohne Wasser und bis zu acht Minuten ohne Sauerstoff überleben können. Aber sie können nur kurz ohne Hoffnung leben. Hoffnung ist mehr als nur Optimismus. Im Neuen Testament wird die biblische Definition von Hoffnung als ein Wissen, eine sichere Erwartung, beschrieben. Fehlt diese im Herzen, übernimmt der Tod die Kontrolle: Träume erlöschen, Sie lassen eine Beziehung fallen, die es wert wäre, gerettet zu werden, und Sie hören auf zu glauben, dass Ihre Situation besser werden wird. Die Kraft der Hoffnung aber, die durch Ihre Adern fließt, kann Ihr wertvollstes Gut sein, weil sie eine gewaltige Energie in Ihnen freisetzt.

Hoffnung ist mehr als nur Optimismus.

Hoffnung ist kein Luxusgut; sie ist lebensnotwendig. Nur sie kann eine Tragödie in eine Möglichkeit, eine langweilige Aufgabe in eine aufregende, lohnenswerte Arbeit und Müdigkeit in Unbesiegbarkeit verwandeln.

Hoffnung ist für jeden da, nicht nur für die „das-Glas-ist-halbvoll"-Menschen. Etwas zu hoffen, ist nicht dasselbe wie sich etwas zu wünschen, es hat nichts mit positivem Denken zu tun. Es ist vielmehr die feste Erwartung, dass Gott tun wird, was er versprochen hat.

Hoffnung lässt sich mit Schwimmflügeln vergleichen. Haben Sie schon einmal Kinder in einem Schwimmbad beobachtet, die an ihren Armen diese kleinen Schwimmreifen tragen, damit ihre

Köpfe über Wasser bleiben? Genauso ist es mit der Hoffnung. Sie lässt Sie an der Oberfläche treiben, bis Sie wieder festen Boden unter den Füßen spüren.

Eine meiner Freundinnen leidet an einer Essstörung. Viele haben ihr gesagt, dass man ihr vielleicht vorübergehend helfen kann, die Störung würde für sie aber immer ein Kampf bleiben. Und mitten im Sturm war sie ins Trudeln geraten. Als ich mit ihr sprach, versicherte ich ihr, dass die Zeit kommen wird, in der sie nicht mehr mit diesem Problem kämpfen muss. Sie könnte wieder Freiheit finden. Und ich erzählte ihr Lebensgeschichten von zahlreichen Frauen, die mit demselben Problem zu kämpfen hatten und heute frei davon sind. Diese Frauen hatten sich darauf eingelassen, an ihren inneren Problemen zu arbeiten und sich vom Heiligen Geist verändern zu lassen. Sie waren nun geheilt. Und ich erinnerte meine Freundin daran, dass derselbe Gott, der das gute Werk in ihr begonnen hatte, es auch zu Ende führen wird. Ich erinnerte sie an ihren Wert. Als sie dann von Gott berührt wurde und ich ihr sagte, sie solle keine Angst haben, verlieh ihr das sozusagen „Schwimmflügel". Auf einmal war die Hoffnung in ihr geboren und gab ihr die Kraft, weiter bis zum Ufer zu schwimmen.

Welche Situation gibt Ihnen das Gefühl, dass es keine Hoffnung mehr gibt?

Vielleicht haben Sie Ihren Arbeitsplatz verloren?

Oder Ihr Mann hatte eine Affäre mit einer anderen Frau.

Oder Sie scheinen einfach nicht von Ihrer Sucht loszukommen.

Oder Ihr Kind hat ständig Probleme in der Schule.

Oder Sie hören das Wort „Krebs" aus dem Mund Ihres Arztes.

Oder Sie fühlen sich gefangen wie in einer Sackgasse.

Oder Sie fragen sich, ob sich Ihr Herzenswunsch jemals erfüllen wird.

Wie ist da noch Hoffnung möglich? – Der Prophet Jeremia aus dem Alten Testament weiß eine Antwort darauf:

„Darum sage ich: ‚Meine Kraft ist geschwunden, und meine Hoffnung auf den Herrn ist dahin. Meine Not ist groß, ich habe keine Heimat mehr. Schon der Gedanke daran macht mich krank. Und doch denke ich ständig daran und liege am Boden.' Aber eine Hoffnung bleibt mir noch, an ihr halte ich fest: Die Güte des Herrn hat kein Ende, sein Erbarmen hört niemals auf, es ist jeden Morgen neu! Groß ist deine Treue, o Herr! Darum sage ich: Herr, ich brauche nur dich! Auf dich will ich hoffen" (Klagelieder 3,18–24).

Manchmal ist das Mutigste, das wir tun können, die Hoffnung einfach nicht zu verlieren – und manchmal brauchen wir beide Hände, um uns an ihr festzuhalten.

An welchem Punkt geraten Sie ins Trudeln und Sinken? Ziehen Sie die „Schwimmflügel" an. Dann werden Sie durch jede Welle stärker, denn dieser Sturm ist nicht stärker als der Gott, der in Ihnen wohnt. Sein Name heißt Immanuel – Gott mit uns.

> Werden Sie durch jede Welle stärker, denn dieser Sturm ist nicht stärker als der Gott, der in Ihnen wohnt.

Als im letzten Jahr eine Welle nach der anderen über mir einstürzte, gewann ich wieder Hoffnung bei dem Gedanken daran, dass Gott Welle für Welle bei mir ist. Er ist nicht der unnahbare Gott, der aus der Entfernung des Himmels zusieht, wie seine Kinder leiden. Nein. Er ist bei mir. Und bei Ihnen. Jeden Moment. Er sieht und sammelt jede Ihrer Tränen (und ich habe sehr viel geweint).[4]

Die Bibel berichtet uns, dass König David einmal so sehr weinte, dass seine Kissen nass waren von Tränen. Wenn man sich mitten in einem Sturm befindet, lohnt es sich, Psalm 6 zu lesen und über ihn nachzudenken. David begann den Psalm mit Klage und indem er seine Verletzungen zum Ausdruck brachte. Er hatte mit Krankheit und Sorgen zu kämpfen, und er hatte Feinde, die ihn in die Enge trieben. Er erlebte eine hohe Welle nach der anderen. Doch gegen Ende des Psalms beschrieb er, wie Gott sein Schreien hörte und sein Gebet annahm. Und David schöpfte Hoffnung aus dem Wissen, dass er in seinem Elend nicht allein war.

Auch Sie sind nicht allein. Im Moment fühlen Sie sich vielleicht von Ihrer Situation überwältigt. Das ist völlig verständlich. Doch mit Gottes Hilfe und einer neuen Perspektive werden Sie es hindurchschaffen, sodass Sie sogar am Ende vielleicht andere begleiten können, durch ihren Sturm zu navigieren. Eine meiner Freundinnen erzählte mir beispielsweise, dass die Hoffnung, eines Tages jemand anders eine Hilfe sein zu können, ein Weg für sie war, den unerträglichen Schmerz über den tragischen Unfalltod ihrer Tochter im Teenageralter, in den Tagen und Wochen nach der Beerdigung, auszuhalten. Hoffnung vermag so viel. Sie ist solch eine starke Kraft, die wir haben dürfen.

Hoffnung vermag so viel. Sie ist solch eine starke Kraft.

Hoffnung trägt

Wenn wir begreifen, was Hoffnung ist und wie sehr wir sie brauchen, um einen Weg durch den Sturm zu finden, dann erhalten wir dadurch auch mehr Macht über die anderen Dinge, die uns in unserem Leben begegnen, wie zum Beispiel unsere

Gefühle. Zu viele Menschen machen ihre Entscheidungen von ihren Gefühlen abhängig. Das kann zu noch schmerzvolleren Erfahrungen führen. Aber es gibt eine gute Nachricht: Dank der Hoffnung, die wir in uns tragen, haben wir mehr Kontrolle über unsere Gefühle und innere Einstellung, als uns vielleicht bewusst ist. Umstände sollten nicht unsere Einstellung bestimmen – wie auch nicht andere Menschen. Im vergangenen Jahr wollte ich unzählige Male anderen die Schuld dafür in die Schuhe schieben, dass ich mich so schlecht fühlte. Aber am Ende des Tages hatte ich meine eigenen Gedanken, Entscheidungen und Emotionen zu kontrollieren. Ein Ding, das nicht unmöglich ist.

Oft lesen wir in den Psalmen, wie David, als er sich gerade an einem Tiefpunkt befand, seine Seele (seine Gedanken, seinen Willen und seine Emotionen) aufforderte, sich zu freuen. Als er einmal mit einigen seiner Männer unterwegs war, wurde sein Lager zerstört und seine wie auch die Familien seiner Männer wurden entführt. Beim Anblick der Szenerie begann er zu schluchzen und zu weinen. Ich stelle mir vor, wie trost- und hoffnungslos die Lage war. Doch dann begann David Gott anzubeten. David übernahm die Kontrolle über seine Seele und betete ihn an. Er ließ sich nicht länger von seinen Gefühlen leiten. Und in diesem Moment konnte er hören, was Gott ihm sagte und den nächsten Schritt gehen.[5]

Ich bezweifle, dass David sich danach fühlte, Gott zu preisen. Und doch gab er seiner Seele eine Art inneren Befehl dazu, so wie er es schon etliche Male zuvor getan hatte.[6]

Herrscht in meinem Leben das Chaos, fühle ich mich nie nach Anbetung. Dann will ich lieber weinen, wütend sein und jemanden verletzen. Zu weinen ist in Ordnung, genauso wie wütend zu sein. Doch es ist nicht in Ordnung, jemanden zu verletzen. Letztlich sind wir keine gefühllosen Roboter, doch wir dürfen uns auch nicht einfach so von unseren Gefühlen treiben lassen. Denn lasse ich dieser Art von Emotionen freien Lauf, werde ich nicht aus dem Sturm herauskommen.

Vor Jahren spielte meine Tochter mit dem Gedanken, eine schlechte Entscheidung zu treffen, die schlimme Konsequenzen gehabt hätte. Es ist ihre eigene Geschichte, aber ich bin mir sicher, dass sie diese eines Tages selbst erzählen wird. Ich wäre fast durchgedreht und weinte mehr denn je zuvor in meinem Leben. Ich hatte keine Ahnung, wie ich mit der Situation umgehen sollte. Es fühlte sich an, als wenn ich ertrinken würde. Also tat ich dasselbe, was ich Ihnen geraten habe. Ich öffnete meine Bibel und sprach die Wahrheit des Wortes Gottes über meiner Tochter aus. Und ich las in Jesaja 44,3–5, dass Gott seinen Geist und seinen Segen über meine Tochter ausgießen wird. Sie wird aufstehen und sagen: „Ich gehöre zum Herrn." Jedes Mal, wenn ich in Gedanken in Panik ausbrechen wollte, sprach ich diese Wahrheit aus.

Anschließend rief ich eine Person an, die eine ähnliche Situation durchgemacht hatte. Sie erinnerte mich daran, dass Gott bei mir war. Ich legte den „Stützgurt" für mein Leben an, indem ich das Wort Gottes aussprach und mich von den ermutigenden Worten einer Freundin beruhigen ließ. Ich beschloss, an der Wahrheit festzuhalten und wusste, dass dies nur eine Phase war, die vorübergehen würde. Während ich mich weiterhin an die Hoffnung klammerte, bezwang ich meine außer Kontrolle geratenen Gefühle und befahl mir selbst, Gott anzubeten. Um es noch einmal zu betonen: Mir war nicht danach zumute! Aber ich wollte nicht zulassen, dass meine Gefühle mich nach unten zogen und mich in eine Lage brachten, von der ich mich nur schwer wieder erholen würde. Ich legte sozusagen meine „Schwimmflügel" an und wurde mutig und stark.

Wie steht es mit Ihnen? Stecken Sie in einer Situation, in der Ihre Gefühle die Kontrolle übernommen haben? An welchen Vers in der Bibel können Sie sich klammern?

Was Hoffnung in uns bewirkt

Wäre es nicht großartig, wenn es im Leben nur Höhen gäbe und keine Tiefen? Dass wir von einem Gipfel zum anderen springen, bis wir im Himmel sind? Wenn uns im Leben viel Gutes widerfährt, ist es einfach zu glauben, dass Gott an unserer Seite ist. Es ist leicht, Hoffnung zu haben, wenn wir oben auf dem Gipfel stehen. Aber die Wahrheit ist, zu jedem Berg gehört auch ein Tal. Und ich habe gelernt, dass oben auf dem Berg keine Früchte wachsen. Sie wachsen unten im Tal.

Der Mount Conness und der Cathedral Peak sind nur zwei der zahlreichen Berge, die zur Bergkette der Sierra Nevada Kaliforniens gehören. Die Aussicht von den Gipfeln ist atemberaubend, aber dort wachsen keine Früchte. Am Fuß dieser Gebirgskette liegt das kalifornische Längstal, das Central Valley. Es wird auch als der *Fruchtgarten Amerikas* bezeichnet, weil ein Drittel aller landwirtschaftlichen Produkte der USA dort wachsen.[7] Die Bewässerung erfolgt zum Großteil durch das Wasser, das von den umgebenden Bergen fließt.

Dazu ein kurzer Gedanke: Jesus hat sich selbst als „lebendiges Wasser" bezeichnet.[8] Vielleicht ist es dieses lebendige Wasser, das durch unsere Begegnungen mit ihm auf den Höhen des Lebens in die Täler fließt, das uns Kraft gibt und unseren Charakter festigt.

Die Früchte unseres Lebens – Liebe, Freude, Freundlichkeit, Sanftmut, Geduld – wachsen in den Tälern des Lebens. Im Römerbrief sagt uns Paulus:

„Wir danken Gott auch für die Leiden, die wir wegen unseres Glaubens auf uns nehmen müssen. Denn Leid macht geduldig. Geduld aber vertieft und festigt unseren Glauben, und das wiederum gibt uns Hoffnung."

Und weiter erinnert er uns:

„Und diese Hoffnung geht nicht ins Leere. Denn uns ist der Heilige Geist geschenkt, und durch ihn hat Gott unsere Herzen mit seiner Liebe erfüllt" (Römer 5,3–5).

Das ist genau der Grund, warum Paulus der Schiffsbesatzung und auch uns zuspricht, dass wir keine Angst haben sollen. Gott ist bei uns, und Stürme stärken nicht nur unseren Charakter, sondern auch unsere Hoffnung.

Jesus hat uns gesagt, dass wir Prüfungen, Kummer und Enttäuschungen erleben werden, bevor wir unser endgültiges, ewiges Ziel erreichen. Er hat aber auch gesagt, dass wir uns nicht entmutigen lassen sollen, denn er hat die Welt besiegt,[9] sodass uns all diese Dinge nicht vom Kurs abbringen können.

Einen Gipfel zu besteigen, ist eine tolle Erfahrung und ich hoffe, Sie haben in Ihrem Leben viele davon. Gleichzeitig wünsche ich Ihnen aber auch, dass Sie aus den Tälern Ihres Lebens gestärkt hervorgehen.

Hoffen, weil der Kampf bereits gewonnen ist

Ich mag Konfetti. Immer, wenn ich in einem Raum bin, in dem Konfettikanonen abgeschossen werden, muss ich lächeln. Wie kann man inmitten eines Konfettiregens nicht lachen? (Außer man ist derjenige, der hinterher alles wieder säubern muss.) Einer meiner Lieblingsverse in der Bibel lautet:

„Von ganzem Herzen danke ich Gott dafür, dass er uns überall im Triumphzug Christi mitführt“ (2.Korinther 2,14).

Darüber habe ich in einem anderen meiner Bücher Folgendes geschrieben:

„In diesem Vers bezog sich Paulus auf die Triumphzüge Cäsars, die dieser immer dann veranstaltete, wenn einer seiner römischen Generäle erfolgreich zurückkehrte. In diesem Triumphzug wurde dann getanzt, musiziert und gejubelt (und bestimmt gab es auch Konfetti!). Der siegreiche General fuhr, gefolgt von seiner Armee, in einem prächtigen Streitwagen, der von weißen Pferden gezogen wurde. Jeder durfte an den Feierlichkeiten teilnehmen, die Cäsar zu Ehren des Generals organisierte. Was für ein toller Anblick muss das gewesen sein!

Für Sie und mich gilt das Bild im übertragenen Sinne: Jesus ist unser siegreicher Eroberer. Sie und ich sind Teil seiner Armee. Und wir dürfen an seinem Sieg teilhaben. Er führt uns überall in seinem stets andauernden Triumphzug mit sich.“[10]

Wir müssen uns das mal vor Augen malen, wie wir in diesem Umzug des Triumphs mitgehen, bildlich, und eine jubelnde Menschenmenge uns den Weg bahnt. Sie und ich stecken vielleicht gerade mitten in einem schrecklichen Sturm, aber wir brauchen uns nicht mühselig durch eine Welt voller Elend hindurch zu quälen. So fühlt es sich vielleicht im Moment an, aber durch das, was Jesus mit seinem Tod und seiner Auferstehung für uns getan hat, laufen wir in nichts anderem als in einem Siegeszug!

Ich glaube nicht, dass der Vers aus dem 2. Korintherbrief bedeutet, dass wir noch *um den Sieg* kämpfen, sondern dass wir bereits *von einem Ort aus* kämpfen, an dem der Sieg bereits errungen wurde. Insofern dürfen wir uns in den dunkelsten Momenten, wenn wir uns gar nicht mehr vorstellen können, dass es gut für uns ausgehen wird, an die Hoffnung klammern, die wir in Christus haben. Sie bringt uns zurück an den Ort, an dem wir uns erinnern, dass der Sieg bereits errungen wurde. Und das wiederum hilft uns, dem Rat des Paulus an die Schiffsbesatzung zu folgen, nämlich unsere Angst abzulegen!

Durch das, was Jesus mit seinem Tod und seiner Auferstehung für uns getan hat, laufen wir in nichts anderem als in einem Siegeszug!

Jesus hat einen großen Preis dafür bezahlt, dass wir in diesem Siegeszug mitlaufen und ein Leben in Hoffnung führen können. Gottes Absicht ist es, dass wir mutig und stark werden, egal welcher Herausforderung wir begegnen. Er ist der Gott über die Stürme. Und er ist der Gott, der in den Tälern Früchte wachsen lässt. Verlieren Sie das nie aus den Augen!

Auch wenn es Menschen gibt, die Ihnen etwas anderes weismachen wollen, gehen Sie Ihren Weg weiter und werden Sie mutig und stark, indem Sie Ihre „Schwimmflügel" anlegen und die Hoffnung wachhalten.

6

Mut braucht eine Entscheidung

Versprich mir, dass du das Eine nie vergisst:
Du bist tapferer, als du glaubst,
stärker, als du scheinst,
und klüger, als du denkst.
· A. A. Milne ·

Fall sieben Mal hin, steh acht Mal wieder auf.
· nach Sprüche 24,16 ·

Vor einigen Jahren, als meine Tochter Paris das letzte Jahr an der Highschool verbrachte, beschloss sie, an Cross-Country-Läufen teilzunehmen. Jede Strecke ist ungefähr fünf Kilometer lang und führt über anspruchsvolle Pfade: über Hindernisse, die Hügel hinauf und durchs Gebüsch. Während sie lief, machte ich als Zuschauerin eine ganz andere Erfahrung, als ich es gewohnt war. Es gab keine Schiris, denen ich etwas zurufen konnte, keine Tribünen, wo man sich hinsetzen konnte, und keinen einzigen Ort, von dem aus man das ganze Rennen überblicken konnte. Anfangs war ich überzeugt, dass mir dabei langweilig würde. Da täuschte ich mich aber gewaltig! Bei einem dieser Geländerennen wurde Paris während des Laufens mit dem Ellbogen in den Magen geboxt, und ein anderes Mal musste sie sich übergeben, nachdem sie die Ziellinie überquert hatte. Und dann gab es noch das Rennen, bei dem sie weinend ins Ziel ankam.

„Ich muss Hilfe holen!“, keuchte sie und schnappte dabei nach Luft.

Mein Mutterherz geriet in Panik. Jetzt war es so weit. *Sie wird nie wieder mitlaufen*, dachte ich. Doch sie erklärte mir, was passiert war. Sie war auf einem ziemlich abgelegenen Pfad unterwegs und hat dort eine andere Läuferin liegen gesehen, die gestürzt war. Paris hielt an, um nach ihr zu sehen. Das Mädchen hatte sich den Kopf angeschlagen und bewegte sich nicht.

Als Paris sie fragte, ob alles in Ordnung sei, flüsterte das Mädchen: „Warum hältst du an? Du bist doch nicht in meinem Team.“

Bevor Paris etwas erwidern konnte, näherte sich eine weitere Läuferin, machte einen großen Satz über das verletzte Mädchen und lief einfach weiter. Paris war fassungslos, dass sie nicht stehen blieb. Sie wandte sich wieder dem Mädchen zu und sagte beruhigend zu ihr: „Es ist egal, in welchem Team wir laufen. Wir sind doch alle Läuferinnen.“ Dann half sie dem Mädchen auf und begleitete sie stützend den Hügel hinauf.

Kurz darauf wurden die beiden von Paris’ Trainer gesehen. Er lief ihnen entgegen, um zu sehen, was passiert war. Er befahl Paris, zur Ziellinie zu laufen und Hilfe zu holen, denn das Mädchen war ernsthaft verletzt. Paris lief also weiter, beendete ihren Lauf, berichtete mir, was geschehen war, und wir holten Hilfe. Schließlich kam ein Krankenwagen, um das Mädchen ins Krankenhaus zu transportieren.

Man weiß nie, was während eines Geländelaufs so alles passieren kann. Alle Läufer stehen gemeinsam am Start. Bereit für den Lauf, voller Hoffnung und mit dem Ziel vor Augen geht es los. Die Strecke ist kurvenreich, sie führt über Hügel, und die Hitze setzt ihnen zu. Gelegentlich müssen sie einen Schlag in den Magen in Kauf nehmen und vielleicht auch mal einem Läufer aufhelfen, der hingefallen ist. Auf der gesamten Strecke gibt es viele Herausforderungen, bevor die Ziellinie endlich erreicht wird.

So ein Geländelauf ist ein guter Vergleich für unser Leben. Wir treten an, sind voller Hoffnungen und Träume. Dann beginnt das Rennen und wir müssen die Kurven des Lebens, die vor uns liegen, meistern: Hitze, Herausforderungen, Verluste, Kummer, Mitläufer, die gefallen sind … Gelegentlich müssen wir auch einen Stoß in den Magen verkraften. Und während wir so auf das Ziel zulaufen, wird uns bewusst, dass unser Leben nicht ohne Schmerzen und ohne Risiko verläuft. Was tun wir dann? Geraten wir darüber vielleicht in Panik und beschließen, diese Strecke in Zukunft zu meiden?

Wir brauchen Mut.

Wir brauchen Mut. Diese eine Fähigkeit, die uns zwar wissen lässt, dass es da einen Feind gibt, der sich vielleicht mit uns anlegen möchte, die uns aber auch die Zuversicht gibt, dass der Geist Gottes in uns wohnt, der uns hilft, Ängste zu überwinden sowie mutig und tapfer zu sein.

Was Mut wirklich ausmacht

Viele von uns verbinden Mut und Tapferkeit mit großen gefährlichen Aktionen: eine Begegnung mit einem Feind auf dem Schlachtfeld zum Beispiel oder erstaunliche körperliche Leistungen, wie das Anheben eines Fahrzeugs, um ein darunterliegendes Unfallopfer zu bergen. Andere assoziieren Mut vielleicht mit einer spektakulären Aktion wie Fallschirmspringen oder das Besteigen des Mount Everest.

Natürlich erfordern solche Leistungen Mut, aber wir dürfen nicht vergessen, dass Tapferkeit nicht nur den beeindruckenden Aktionen einiger weniger Menschen vorbehalten ist. Wenn Gott Sie auffordert, mutig zu sein, dann meint er die alltäglichen, ganz gewöhnlichen Momente, in denen es auf Mut ankommt.

Wirklich Mut zu haben bedeutet, den Lauf zu beenden, auch wenn man auf dem letzten Platz ist. Oder der eigenen Tochter Paroli zu bieten, wenn sie mit einem Jungen ausgehen will, der zwar „cool", aber auch gefährlich für sie ist. Mutig zu sein heißt, mit Ihren Kindern ein ehrliches Gespräch über Ihre Vergangenheit zu führen, damit diese nicht dieselben Fehler machen. Und tapfer zu sein, bedeutet, einer Freundin zu vergeben, die Sie enttäuscht hat. Es bedeutet, den Ehemann auch mitten in einer finanziellen Krise zu lieben. Mutig sein könnte für Sie bedeuten, die Wahrheit zu sagen, um Hilfe zu bitten oder eine schwierige Person zu lieben. Vielleicht bedeutet es auch, sich für diesen einen Job zu bewerben, nicht zu jener Party zu gehen oder nicht mit diesem Kerl ins Bett zu gehen.

Mutig werden heißt, den ersten Schritt aus der Komfortzone zu wagen.

Mutig werden heißt, den ersten Schritt aus der Komfortzone zu wagen, was nicht einfach ist, weil es eben unbequem ist. Und wir lieben die Gemütlichkeit.

Diese wichtige Lektion lernte auch das Volk Israel, als es vierzig Jahre durch die Wüste wandern musste und darauf wartete, das verheißene Land zu betreten. Über die vielen Jahre hatten sich die Menschen mit dieser Situation arrangiert. Sie hatten sich daran gewöhnt, selbst wenn es ihnen in der Wüste nicht sonderlich gefiel. Doch dann forderte Gott sie auf, mutig und stark zu werden und das Land, das er für sie vorbereitet hatte, einzunehmen:

„Mein Diener Mose ist tot. Nun wirst du Israel führen! Befiehl dem Volk, sich für den Aufbruch fertig zu machen. Ihr werdet den Jordan überqueren und in das Land ziehen, das ich euch gebe" (Josua 1,2).

Ich kann mir vorstellen, dass diese Ankündigung gemischte Gefühle im Volk hervorrief: *Trauer*, weil sein furchtloser Anführer tot war. *Aufregung*, weil jetzt die Zeit gekommen war, das verheißene Land zu betreten. Und *Angst*, weil es sich nun neuen Herausforderungen gegenübersah. Die Israeliten wussten, dass das Land, das sie betreten würden, von Feinden besiedelt war, die sie umbringen wollten! Insofern hegten viele von ihnen angesichts des ihnen Bevorstehenden garantiert den Gedanken, dass die Wüste im Grunde genommen doch gar kein so schlechter Ort zum Leben war. Dort war es besser als in der Sklaverei Ägyptens, aus der sie geflohen waren. Doch jeder wusste: Die Wüste, die sie durchzogen, war nicht das verheißene Land.

Für uns gilt dasselbe. Auch für uns sieht Gott in seinem Plan vor, dass wir mutig von einer Kraft zur anderen und von einer Herrlichkeit zur nächsten durchs Leben gehen sollen – so wie das Volk Israel.[1]

Mut über den Sturm hinaus

Paulus hatte verstanden, was es heißt, einen Schritt nach vorn zu wagen und mutig zu werden. Zugegeben, wenn man sich mitten in einem Sturm befindet, ist das alles andere als bequem. Dann ist es mitunter leichter, sich zurückzuziehen, als den Schritt aus der eigenen Komfortzone der Angst heraus zu wagen. Doch während das Schiff dem Sturmwetter trotzte, spornte Paulus die Besatzung an, mutig und stark zu werden.

„Deshalb habt keine Angst! Ich vertraue Gott. Es wird sich erfüllen, was er mir gesagt hat“ (Apostelgeschichte 27,25).

Die Seeleute steckten mitten in einem tosenden Sturm und hatten keine Kontrolle mehr über das Schiff, aber sie konnten sich immer noch entscheiden, mutig zu sein. Und daran erinnerte Paulus die Seeleute auf dem Schiff – und damit erinnert er auch uns –, dass wir diese Entscheidung bewusst treffen müssen, falls wir das Ufer erreichen wollen. Unsere Umstände lassen sich nicht kontrollieren, aber genauso, wie wir unsere Gedanken kontrollieren können, können wir auch kontrollieren, wie wir an die Situation herangehen wollen.

Paulus sah dem Sturm nicht nur mutig ins Auge; das Entscheidende war, dass er in der Lage war, einen Blick darüber hinaus zu werfen. Das ist wahrer Mut! Doch diesen Mut haben wir nicht aus uns selbst heraus. Er entspringt aus unserem Vertrauen zu Gott und wird uns in Momenten der Angst vom Heiligen Geist geschenkt. Genau das hatte Paulus verstanden. Deshalb konnte er auch die anderen auf dem Schiff ermutigen und ihnen sagen, dass sie keine Angst haben brauchten: *„Ich vertraue Gott. Es wird sich erfüllen, was er mir gesagt hat.“* Mit anderen Worten: Es ging nicht nur darum, sicher das Ufer zu erreichen, sondern auch um den Auftrag, den Paulus an Land erfüllen sollte.

So auch bei uns: Der Mut, den wir in ganz gewöhnlichen Momenten beweisen, ist vielleicht nicht so glanzvoll wie der unserer Freunde, wenn sie Fallschirm springen. oder wie bei den

Helden, die einem Verbrecher gegenübertreten. Aber die Auswirkungen unseres Muts sind viel größer. Denn unser Maßstab ist der Mut, den Jesus im Garten Gethsemane bewiesen hat, als er sagte: „*Nicht was ich will, sondern was du willst, soll geschehen.*"[2] Er wusste, dass der Weg, der vor ihm lag, zwar am Ende siegreich sein würde, aber ihm war auch bewusst, dass ihm Schmerzen und Not dabei nicht erspart blieben. Insofern öffnet sein Mut uns die Tür, damit wir sehen können, was nach dem Sturm auf uns wartet.

Mutige Frauen in der Geschichte

Vor uns haben bereits viele Gläubige gelebt, die Stürme überwunden haben. Wenn beispielsweise die Israeliten von Freiheit sprachen, meinten sie damit unbekanntes Neuland. Für sie war damit nicht etwas Bedrohliches verbunden, sondern vielmehr eine Gelegenheit, durch die sie dem Herzen Gottes näherkommen würden. Und wenn wir nun in unserem Leben ihren geistlichen Fußstapfen folgen, kann das bedeuten, unser unbeschwertes Leben hinter uns zu lassen und alles dafür aufzuopfern, um denen, die nach uns kommen, ebenfalls den Weg in die Freiheit zu ebnen. Und sollte dabei die Angst versuchen, uns auf unserem Weg zu leiten, können wir ihr widerstehen. Denn wir wissen ja, dass es nun zu unseren Fähigkeiten gehören sollte, es sich nicht allzu gemütlich zu machen. Erinnern Sie sich immer wieder daran: Es sich im Leben bequem zu machen, gehört einfach nicht zur DNA des Stammbaums unserer geistlichen Vorfahren. Mut hingegen schon.

Die Bibel berichtet beispielsweise von einem Waisenkind namens Esther. Sie wurde Königin. Der Glaube ihres Onkels stellte sie vor eine Entscheidung, bei der es um Leben oder Tod ging. Sie musste sich zwischen ihrer eigenen Sicherheit und dem Fortbestand ihres Volkes entscheiden. Esther beschloss, mutig zu sein, und eine Nation wurde gerettet.

Für eine mutige Frau stellt Sicherheit ohnehin niemals einen Motivationsfaktor dar. Vielmehr wird eine mutige Frau bewegt von ihrem Herzen und allem, was sie darin bewegt. Und diesem Herzen zu folgen – allem, was Gott in uns hineingelegt hat –, erfordert es, auf vorübergehenden Komfort zu verzichten und das Verlangen nach ewiger Freiheit in sich zu tragen.

In der Bibel findet sich auch die Lebensgeschichte einer Jungfrau, deren ursprüngliche Pläne für ein einfaches Leben eine Wandlung erlebt haben, nachdem sie Gottes Pläne über ihre eigenen stellte, obwohl sie dadurch Schande und Demütigung auf sich nehmen musste. Doch die Entscheidung Marias, Gott in den Sturm zu folgen, war die Geburtsstunde für unsere Freiheit. Manchmal beginnt eine mutige Tat klein und unscheinbar, ehe sie sich zu etwas Größerem entwickelt, das die Leben vieler verändert.

> Eine mutige Frau bewegt von ihrem Herzen und allem, was sie darin bewegt.

Eine der bekanntesten Missionarinnen ihrer Zeit war beispielsweise eine Frau namens Thekla. Sie hörte zum ersten Mal das Evangelium, als Paulus während seiner ersten Missionsreise in Kleinasien war. Die frohe Botschaft über Jesus sprach sie so stark an, dass sie sogleich ihre Verlobung löste und sich vom Wohlstand ihrer Familie verabschiedete, um im Glauben Jesus nachzufolgen. Ihre Eltern waren über ihre Entscheidung so erzürnt, dass sie versuchten, sie vergewaltigen und verbrennen zu lassen und wilden Tieren zum Fraß vorzuwerfen. Doch auf wundersame Weise entkam sie all diesen Angriffen. Sie wurde mutig und stark und gab unerschrocken all den Komfort ihres gutbürgerlichen Lebens auf, um Gott als Missionarin in der Nähe von Antiochia zu dienen. Ihre Arbeit dort war geprägt von Einsatz und Hingabe.

Jahre später bezeichneten die beiden Kirchenväter Basil und Gregory ihren Dienst in Syrien als ein Zentrum der Lehre und der Heilung. Und 1906 entdeckten Archäologen in Ephesus ein Fresko von Thekla, auf dem sie sitzend neben Paulus dargestellt wird. Ein Hinweis dafür, dass ihre führende Rolle in der frühen Gemeinde überall bekannt war. Zwei Jahre später fanden deutsche Archäologen sogar Theklas Krankenhaus und gruben es aus. Es soll die Größe eines Fußballfeldes gehabt haben.[3]

Lassen Sie uns noch einen kurzen Blick auf das Leben einiger anderer mutiger Frauen werfen:

Harriet Tubman

1820 wurde Harriet Tubman in die Sklaverei hineingeboren und brutal misshandelt. Mit Ende 20 konnte sie jedoch nach Philadelphia entkommen. Dort hätte sie ein einfaches und bequemes Leben führen können, aber stattdessen kehrte sie immer wieder in den Süden zurück, um andere Menschen aus der Sklaverei zu befreien. Ihr Ziel war es nicht, ein wohlsituiertes und sicheres Leben zu führen. Vielmehr vertraute sie darauf, dass der sicherste Ort sich dort befand, wo sie ihre Hand in die Hand Gottes legte. Sie hatte nicht die Absicht, Geschichte zu schreiben, und trotzdem verhalf sie mehr als dreihundert Sklaven zur Flucht. Durch ihren Mut und ihre Entschlossenheit fanden andere den Weg in die Freiheit, und mit ihrer einfachen Überzeugung, dass das Maß jetzt voll war, weckte sie das Bewusstsein eines ganzen Landes.

Gladys Aylward

Gladys Aylward war eine ganz gewöhnliche Frau, die im Alter von 26 Jahren ihr bequemes Leben aufgab und nach China einwanderte. Sie setzte ihr Leben aufs Spiel, um Chinesen, die noch nie etwas von diesem Jesus gehört hatten, die Liebe Gottes zu zeigen. Sie war an der Gefängnisreform beteiligt, nahm Waisenkinder bei sich auf, beschützte junge Mädchen vor den qualvollen Methoden des Fußbindens und führte während des Einmarschs der Japaner im Jahr 1940 mehr als hundert Waisenkinder in die Freiheit.[4] Auch sie hatte beschlossen, mutig und stark zu sein.

Corrie ten Boom

Corrie ten Boom und ihre Familie lebten in Holland. Sie lebten ihren Glauben hingebungsvoll und waren in ihrer Gemeinde sehr engagiert. Während der Zeit der deutschen Besatzung und Judenverfolgung in den frühen 1940er-Jahren riskierte Corrie ihr Leben, um die Juden zu beschützen. Sie rettete am Ende über 800 von ihnen. Letztlich aber deportierte man sie und ihre Familie in ein Konzentrationslager, wo ihre Schwester ums Leben kam. Corrie war nur eine gewöhnliche Frau, die allerdings mutig, entschlossen und bereit war, angesichts von so viel Ungerechtigkeit ihr Leben für andere einzusetzen.

Wenn wir etwas von Frauen wie diesen hören oder etwas über sie lesen, bezeichnen wir sie in der Regel als Heldinnen. Das sind sie auch. Doch am Anfang waren sie ganz gewöhnliche Frauen wie Sie und ich. Nur jede von ihnen hat irgendwann die Entscheidung getroffen, die eigene Komfortzone zu verlassen und sich nicht von schwierigen Umständen einschränken oder gar erdrücken zu lassen. Sie kämpften alle gegen ihre Angst an und mussten mit Racheakten rechnen, doch sie blickten über ihre Umstände hinaus und hörten auf den Heiligen Geist, der sie unaufhörlich dazu aufforderte, den nächsten mutigen Schritt zu wagen.

Frauen wie Harriet Tubman, Gladys Aylward oder Corrie ten Boom ermutigen uns, dass auch wir mutig sein dürfen. Schließen Sie sich also nicht im Schneckenhaus Ihrer Komfortzone ein. Wussten Sie, dass selbst ein Sturm in gewisser Hinsicht zu einer Wohlfühlzone werden kann, nicht wahr? Haben Sie den Mut, herauszutreten und den ersten Schritt ins Ungewisse zu wagen!

Gott ist unsere persönliche Kraftquelle

Der Prophet Habakuk bezeichnet Gott als unsere ganz persönliche Quelle von Kraft. Er sagt, dass Gott ihn stark mache. Gemeint ist damit nicht nur irgendeine himmlische Stärke, sondern eine Kraft, die real und persönlich erfahrbar ist.

„Ja, Gott, der Herr, macht mich stark; er beflügelt meine Schritte, wie eine Gazelle kann ich über die Berge springen“ (Habakuk 3,19).

Im vergangenen Jahr habe ich diesen Vers immer wieder gelesen, um mich daran zu erinnern, dass ich stark sein möchte und gute Entscheidungen treffen kann, und dass ich in der Lage bin, einen Schritt nach dem anderen zu gehen.

Ich bin überzeugt, dass ich genau zu diesem Zeitpunkt der Menschheitsgeschichte auf diesen Planeten geschickt wurde, um einen bestimmten Plan Gottes auszuführen. Denn ich glaube fest daran, dass mein Leben nicht mir selbst gehört. Es gehört ihm. Und er wird mir in jedem Sturm helfen, weil er mich stark macht. Er wird meine Schritte beflügeln, sodass ich mitten in der Angst nicht stehen bleibe, sondern weitergehe. Was nichts anderes bedeutet, als dass ich nicht zulassen darf, mich auf dem Weg meiner göttlichen Bestimmung bis hin zum Ziel von irgendeinem Hindernis aufhalten zu lassen.

Denn Gott macht mich mutig und stark. Mich persönlich. Wie auch Sie.

Vielleicht mag Ihre Reise an Ihr Ufer bedeuten, dass Sie sich um Ihre älter werdenden Eltern oder um ein krankes Kind mit besonderen Bedürfnissen zu kümmern haben, oder dass Sie in Ihrer Ehe, die an einem seidenen Faden hängt, treu bleiben.

Vielleicht stehen Sie vor vielen medizinischen Tests, die zu absolvieren sind.

Vielleicht sehen Sie sich gigantischen finanziellen Herausforderungen gegenüber.

Vielleicht haben Sie Ihre Arbeitsstelle verloren.

Vielleicht ist Ihr Herz gebrochen.

Vielleicht mussten Sie einen geliebten Menschen loslassen.

Vielleicht geht es auch einfach darum, dass Sie gar nicht wissen, was der nächste Schritt in Ihrem Leben ist.

Deshalb brauchen wir Mut – Kraft in göttlichen Dimensionen. Und tatsächlich haben wir sogar noch etwas Besseres: Gott selbst ist unsere Kraft.

Neulich sprach ich mit einer jungen Frau, deren Mann einen Schlaganfall erlitten hat, und die selbst unter einer sehr schmerzhaften Krankheit leidet. Und eine andere junge Frau erzählte mir, dass ihre Eltern sich nach 25 Jahren Ehe scheiden lassen wollten. Sie war verstört und fühlte sich verloren. – Was auch immer Ihre Herausforderung sein mag, Gott ist Ihre ganz persönliche Kraft. Wenn Sie ihn und seine Kraft in Anspruch nehmen, dann wird er Ihre Schritte beflügeln.

Gott selbst ist unsere Kraft.

Nicht nur das! Sie werden sich außerdem in Ihren Problemen und Ihrem Leid persönlich weiterentwickeln. Und sollten Sie gerade mittendrin stecken, dann atmen Sie jetzt tief durch. Er ist Ihre Kraft.

Lassen Sie uns zuversichtlich bleiben, weil er uns zugesagt hat, dass er uns stark macht. Und er wird uns helfen, dass wir uns in unserem Verantwortungsbereich weiterentwickeln.

In der englischen Amplified Bibel wird das Wort *Berge* in der Bibelstelle von Habakuk mit *Schwierigkeiten, Leid* oder *Verantwortung* übersetzt. Dieses Bild gefällt mir. Das Wort *Verantwortung* klingt zwar vielleicht nicht gerade verlockend, aber irgendwie vermittelt es uns Hoffnung.

Vielleicht stehen Sie jeden Morgen auf und gehen immer wieder zur selben Arbeitsstelle, wo Sie immer wieder dasselbe tun.

Sie kümmern sich vielleicht jeden Tag um Ihre Kinder und fragen sich, ob Sie je wieder ein Gespräch mit Erwachsenen führen können.

Sie gehen vielleicht jeden Tag zu Ihrer Ausbildungsstelle und fragen sich, was danach kommt.

Sie wachen morgens auf und sehen jeden Tag denselben Mann neben sich liegen – und das seit 25 Jahren.

Vielleicht bezahlen Sie zum ersten Mal Ihre eigenen Rechnungen und fragen sich, ob es sich wirklich lohnt, erwachsen zu sein.

All diese vermeintlich nicht so besonderen Momente erfordern Ihre Verantwortung.

Im Leben wird von uns verlangt, dass wir konsequent, vertrauenswürdig und zuverlässig sind. Auch dazu brauchen wir Mut und Kraft. Und Gott wird uns überall dort begegnen, wo wir sind. Er wird uns helfen, dass wir uns weiterentwickeln, und zwar nicht nur in den großen Herausforderungen und im Leid, sondern auch in den alltäglichen, banalen, vielleicht sogar langweiligen Verantwortungsbereichen unseres Lebens. Er ist bei uns und er ist für uns. Was auch immer uns begegnen mag – seien es Probleme, Leid oder unsere alltägliche Verantwortung –, er macht uns stark.

Wenn ich in diesem Zusammenhang an die biblische Geschichte von Josua denke, dann fällt mir die Stelle ein, an der Gott Josua und uns zuruft:

„Ja, ich sage es noch einmal: Sei mutig und entschlossen! Lass dich nicht einschüchtern, und hab keine Angst! Denn ich, der Herr, dein Gott, bin bei dir, wohin du auch gehst“ (Josua 1,9).

Josua übernahm die Rolle, das Volk Israel zu führen, nachdem Mose gestorben war, auch wenn er selbst vielleicht daran zweifelte, dass er dafür geeignet sei. Doch nachdem Gott zu ihm gesprochen hatte, wusste er, dass er das Volk ins verheißene Land führen sollte.

Vielleicht zweifeln auch Sie an Ihren Fähigkeiten. Aber seien Sie sich sicher: Gott gibt Ihnen Kraft. Er ist bei Ihnen. Und das ist der Grund, warum wir mutig und stark werden können.

Egal wie unsere Umstände auch aussehen, durch unseren Mut wird Gott verherrlicht, weil wir ohne ihn diesen Mut gar nicht hätten. Ich weiß nicht, wie es Ihnen genau geht, aber so wie bei Josua gibt es auch in meinem Leben viele Situationen, in denen ich überzeugt bin, dass ich nicht das Zeug dazu habe, das ich eigentlich bräuchte, um sie zu meistern. Aber weil ich auf Gott hoffe und ihm vertraue, wird er mich stark machen, wenn ich den Schritt des Gehorsams gehe.

Noch mehr Gründe, warum Mut eine Entscheidung ist

Mit Gott an unserer Seite gibt es noch einige Gründe mehr, warum wir mutig sein können.

Erstens, weil ich weiß, wer ich bin. Ich bin die Tochter des Königs, der mich über alle Maßen liebt. Mein Vater ist der Gott über himmlische Armeen, Schöpfer des Universums, Liebhaber meiner Seele, und ich finde meine Identität, wenn ich mich auf ihn konzentriere. Dasselbe gilt auch für Sie.

Zweitens, wir können stark sein, weil wir wissen, dass der Himmel unser Zuhause ist. Als Nachfolger Jesu sind wir Bürger einer anderen Welt. Wir leben jetzt in einer Welt, die unser Einsatzgebiet ist, nicht aber unser Zuhause. Wir werden uns hier niemals vollständig wohlfühlen. Unsere Bestimmung ist auf die Ewigkeit ausgerichtet. Paulus schrieb uns in seinen Briefen, dass unsere Heimat im Himmel ist,[5] dass wir einen Platz in Gottes neuer Welt haben,[6] und dass wir „Botschafter Christi" sind.[7]

> Unsere Bestimmung ist auf die Ewigkeit ausgerichtet.

Als Botschafter leben wir in einer Welt, während wir eine andere repräsentieren. Unsere Aufgabe hier auf der Erde ist es demnach, anderen Menschen das Herz Gottes zu zeigen und seinen Auftrag zu erfüllen. Alle göttlichen Mittel, einschließlich einer himmlischen Armee, stehen uns zur Verfügung. Doch wir sind nicht aufgrund unseres eigenen Namens mutig, sondern weil wir um die volle Unterstützung dieser himmlischen Armee wissen dürfen, während wir in seinem Auftrag unterwegs sind.

Und drittens, wir dürfen auch aus dem folgenden Grund mutig sein:

„Wer Gott liebt, dem dient alles, was geschieht, zum Guten. Dies gilt für alle, die Gott nach seinem Plan und Willen zum neuen Leben erwählt hat. Wen Gott nämlich auserwählt hat, der ist nach seinem Willen auch dazu bestimmt, seinem Sohn ähnlich zu werden" (Römer 8,28–29).

Alles, was geschieht, dient zum Guten. Jede Welle. Jeder Sturm. Schlagen also die Stürme und Wellen krachend gegen Ihr Schiff, dann klammern Sie sich an diese Verheißung, dass Gott all diese Dinge zum Guten gebraucht, während er Sie in das Bild seines Sohnes umgestaltet.

Als Paulus sich mitten im Sturm befand, wusste er, dass Gott ihn und die Mannschaft ans Ufer bringen würde. Deswegen konnte er sagen: „Habt keine Angst!"

Werden Sie mutig! Sehen Sie nach vorn! Dieser Sturm wird nicht für immer wüten.

Wir entscheiden uns, mutig zu sein, weil wir um unsere Identität wissen

Paulus bezeichnet Gläubige in seinem Brief an die Gemeinde in Ephesus als „Gottes Werk". In der Neuen evangelistischen Übersetzung steht sogar „sein Meisterstück"[8]. Wir sind demnach ein Kunstwerk, sein Kunstwerk. Manchmal fühle ich mich allerdings gar nicht wie ein Meisterstück – aber ich bin es trotzdem. Auch Sie sind eins. Es ist allerdings so, dass Gott von der Rückseite her arbeitet, wie bei einem Knüpfteppich. Vielleicht kennen Sie den Vergleich schon, aber bitte lesen Sie trotzdem weiter.

Im Laufe der Jahre habe ich meiner Mutter immer wieder bei ihrer Knüpftätigkeit zugesehen. Mir ist aufgefallen, dass die Rückseite nicht die geringste Ähnlichkeit mit dem Motiv hat, das auf der Vorderseite entsteht. Die Rückseite sieht stets aus wie ein einziges Chaos, ohne dass man überhaupt ein Muster erkennen kann. Mit unserem Leben verhält sich es ähnlich.

Gott arbeitet von der Rückseite aus und er wird alle Fäden verwenden. Jene, die von unseren schlechten Entscheidungen stammen wie auch jene, die gut waren, und diejenigen, die der Feind einbringt. Wir können vielleicht kein Muster erkennen, nur ein wirres Chaos aus lauter Fäden, Knoten und Farben, die anscheinend alle nicht zusammenpassen. Aber Gott wird sie alle aufnehmen und uns in sein Meisterwerk verwandeln, weil wir ihn lieben und er uns erwählt hat.

Vielleicht gefällt Ihnen die Farbe eines Fadens nicht. Vielleicht ist da in Ihrem Teppich dieser dunkle Faden, der entstand, als Ihr Partner Sie verlassen hat oder als Sie Ihren Job verloren haben. Vielleicht steht er aber auch für die Zeit des Wartens, in der Sie keine Antwort gefunden haben. Natürlich sind Sie darüber verletzt und wütend, aber wenn Sie Gott ans Werk lassen, wird er dafür sorgen, dass Ihnen alles, was geschieht, *zum Guten* dient.

Vielleicht sagen Sie jetzt: „Ja, schon, aber wie geht das?“

Ehrlich gesagt, ich weiß es nicht.

Ich weiß nicht, wie er es anstellt, dass mein Herz schlägt.

Ich weiß nicht, wie er die Planeten in ihrer Umlaufbahn hält.

Denen, die Gott lieben, wird alles zum Guten dienen.

Ich weiß nicht, wie aus einem Samen ein Baum erwächst.

Ich weiß nicht, wie das Gehirn eines Menschen funktioniert.

Ich weiß es einfach nicht.

Aber ich weiß, dass denen, die Gott lieben, alles zum Guten dienen wird – denen, die sich ihm ganz überlassen. Das ist ein Geheimnis seiner Gnade. Für mich bedeutet das letztlich, dass ich mutig werden darf, weil ich weiß, dass Gott es wert ist, dass ich ihm vertraue. Da aber meine Sicht durch Raum und Zeit eingeschränkt ist, kann ich aus meiner Perspektive nur ein Chaos auf meinem Lebensteppich erkennen. Die Linse, durch die ich gucke, ist nur temporär, seine Sicht aber ist ewig.

Wenn ich mir vor Augen male, was Paulus in der Nachfolge Jesu alles durchgemacht hat, bin ich überwältigt. Viele seiner beeindruckenden Briefe schrieb er, während er im Gefängnis saß. Ich kann mir vorstellen, dass er gerade diese Fäden seines Lebensteppichs am wenigsten mochte. Garantiert war er frustriert und wollte raus aus diesen Mauern und etwas für Jesus tun. Doch er saß im Gefängnis fest. Allerdings sind aus heutiger Sicht die Briefe des Apostel Paulus gerade der Teil der Bibel, der am umfassendsten die christliche Theologie geprägt und dem Gemeindeleben einen Rahmen gegeben hat.

Paulus hat viel Leidvolles erlebt. Und doch hat er in seinem Brief an die Gemeinde in Korinth sein Leid im Verhältnis zum gesamten Leid in der Welt als „leicht zu ertragen" bezeichnet. Wissen Sie, was er „leicht zu ertragen" nannte?[9]

Betrogen zu werden.

Ausgepeitscht zu werden.

Mit Stangen geschlagen zu werden.

Schiffbruch zu erleben.

Von giftigen Schlangen gebissen zu werden.[10]

Ziemlich dunkle Fäden! Einmal betete er sogar, dass er nicht schwach werde und versage.[11] Sein Gebet wurde erhört. Deshalb kann er uns auch voller Zuversicht sagen: „Habt keine Angst!"

Wir können sehr viel von der Art und Weise lernen, wie Paulus Mut gezeigt und geglaubt hat, dass Gott ihn stark macht. Gott hat einen Plan für die Geschichte wie für Ihr ganz persönliches

Leben. Lassen Sie mich das noch einmal wiederholen: Gott hat einen göttlichen Plan für die Geschichte und einen göttlichen Plan für Ihr Leben. Manchmal haben wir einfach nur Schwierigkeiten, die andere Seite des Webteppichs zu erkennen, weil wir nur noch das Gewirr an Fäden sehen und keinen Überblick mehr haben. Werden Sie sich entscheiden, mutig zu sein und darauf vertrauen, dass er alle Fäden Ihres Lebens gebraucht, um Sie in das Bild Jesu zu verwandeln?

Gott hat einen göttlichen Plan für die Geschichte und einen göttlichen Plan für Ihr Leben.

Eins aber muss ich klarstellen: Es ist nicht gut, wenn schlimme Dinge passieren. Es ist nicht gut, wenn Menschen sich scheiden lassen, wenn jemand durch Betrug verletzt wird, ein Freund stirbt oder jemand die Diagnose Krebs bekommt. Dieser Vers, dass uns „alle Dinge zum Guten dienen“ ist kein Patentrezept, das wir vor Menschen zitieren sollten, die gerade mitten in der Misere stecken. Für uns selbst aber, wenn wir mitten im Leid stecken, sind es keine bloßen Worte, sondern Worte, die zu einer Gewissheit werden.

Ich weiß, es kann schwer sein zu glauben. Schließlich wissen wir um unsere Fehler und Schwächen. Wir kennen unser Versagen. Wie können da Tragödien und Fehler, die in unserem Leben passiert sind, zum Guten dienen? Und doch wissen wir, dass „wer Gott liebt, dem dient alles, was geschieht, zum Guten. Dies gilt für alle, die Gott nach seinem Plan und Willen zum neuen Leben erwählt hat“[12].

Wenn wir darauf warten müssen, dass uns alles zum Guten dient, werden wir schnell ungeduldig. Doch in den Versen vor diesem Versprechen versichert Paulus uns, dass Gottes Geist in uns wirkt und für uns eintritt:

„Denn der Geist vertritt uns im Gebet, so wie Gott es für alle möchte, die zu ihm gehören“ (Römer 8,27).

Wir müssen nur den Heiligen Geist hereinlassen und ihm erlauben, uns in unseren Schwächen zu helfen. Können wir das glauben? Dass er uns wirklich stark macht, auch wenn eine bestimmte Situation nicht so läuft, wie wir es uns gewünscht haben?

Als ich gegen den Krebs kämpfte, wusste ich, dass ich geheilt werden würde. Entweder durch die Weisheit der Ärzte, ein Wunder Gottes, oder ich würde im Himmel gesund werden, nach meinem Tod auf Erden. Gott sorgt dafür, dass uns alles zum Guten dient. Wir müssen nur mutig sein, wie auch immer unsere Umstände aussehen, weil Jesus unsere ewige Hoffnung ist und seine Geschichte mit uns in Ewigkeit gut ist.

Die Psalmen bezeugen gleich an mehreren Stellen, wie gut Gott ist, und dass er Gutes im Sinn hat.

„Gott, du bist gut! Wie viel Gutes hast du mir schon erwiesen!“ (Psalm 119,68).

„Dankt dem Herrn, denn er ist gut“ (Psalm 136,1).

Können wir uns auf der Grundlage dieser Wahrheit dafür entscheiden, Gott zu vertrauen, auch wenn wir ihn nicht verstehen? Letztlich lassen sich die Dinge von uns nur mit unserem vergänglichen Verstand erkennen. Wir haben nur eine temporäre Perspektive. Und manchmal bleiben wir einfach auf der Rückseite des Webteppichs stehen, aber unsere Geschichte wird über unseren letzten Atemzug hier auf Erden hinaus weitergeschrieben. Gott sieht Sie und weiß, wo Sie sind. Paulus erinnert uns daran:

„Wir alle aber stehen mit unverhülltem Gesicht vor Gott und spiegeln seine Herrlichkeit wider. Der Herr verändert uns durch seinen Geist, damit wir ihm immer ähnlicher werden und immer mehr Anteil an seiner Herrlichkeit bekommen“ (2. Korinther 3,18).

In dunklen, traurigen und oftmals auch grausamen Zeiten gab es immer Menschen, die Gott gebraucht hat, damit die Wahrheit und sein Name verkündet werden. Auch heute gibt es viel Dunkelheit. Und da Gott immer mit Menschen zusammenarbeitet, mit einem Volk, das seine Ziele voranbringen soll, können wir diese Menschen sein.

Lassen Sie uns also treu bleiben, auch in Zeiten des Sturms! Werden Sie mutig und stark, und lassen Sie uns Menschen sein, denen er vertrauen kann. Lassen Sie uns glauben, dass er am Webteppich unseres Lebens arbeitet, und dass uns alle Dinge zum Guten dienen, zu unserem Guten wie zu seinem. Denn mit jedem Faden werden wir weiter in sein Bild gestaltet, damit wir seinen Geist einer Gesellschaft bringen, die Jesus dringend braucht. Nicht Holly, sondern Jesus. Nicht Sie, sondern Jesus.

7

Anker im Sturm

Alles, was wir brauchen, ist ein sicherer Anker,
der uns vor dem Abdriften schützt,
wenn das Leben aus dem Ruder gerät.
· *Katie Kacvinsky* ·

Zufriedenheit ist nicht
die Erfüllung unserer Wünsche,
sondern die Vergegenwärtigung dessen,
was wir bereits haben.
· *unbekannter Autor* ·

In den Wochen nach dem Erdbeben 1994 hatten Philip und ich die Nase voll von all den Erdbewegungen. Wir erlebten Tausende kleiner Nachbeben. Dutzende von Menschen waren ums Leben gekommen, Straßen und Wohnhäuser in unserer Nähe waren eingestürzt und ein Sachschaden von mehr als 20 Milliarden Dollar war entstanden.[1]

Wir dachten: *Komm, lass uns umziehen! An einen anderen Ort, wo die Erde nicht bebt!* Denn bei jeder Erschütterung hatten wir erneut mit der Angst zu kämpfen. Wir dachten nur: *Schnell weg hier!*

Rückblickend gesehen ist es beschämend, zugeben zu müssen, dass wir tatsächlich verschiedene Städte besichtigt und nach einem Ort gesucht haben, von dem wir dachten, dass man dort gut eine Gemeinde bauen könnte. Wir haben aber niemandem davon erzählt. Wir wollten einfach nur raus aus dem Gebiet der erdbebengeplagten San-Andreas-Verwerfung.

Am Ende kamen Philip und ich wieder zur Vernunft. Wir blieben, wo wir waren. Im Nachhinein schüttelt es mich, wenn ich daran denke, was wir beinahe getan hätten. Nicht, dass es nicht auch andere tolle Orte gibt, an denen man eine Gemeinde gründen kann, doch das sind nicht die richtigen Orte für uns. Unsere Berufung liegt auf Los Angeles und dazu gehören eben auch die Erdbeben mit allem Drum und Dran.

Das Gefühl, weglaufen zu wollen, ist menschlich. Also sehr normal. Und als mich im vergangenen Jahr ein Sturm nach dem anderen traf, dachte ich immer wieder: *Gibt es irgendwo einen anderen Ort, an dem ich sein kann? Gibt es irgendwo einen sicheren Hafen, der quasi immun ist gegen Stürme?*

Der Fernsehprediger Dr. Robert Schuller wusste um dieses Gefühl und warnte davor, darauf zu reagieren und sich unklug zu verhalten:

„Die gefährlichste Sache der Welt ist, während einer „Brownout"-Phase[2] *eine unwiderrufliche, negative Entscheidung zu fällen. Verkaufen Sie nicht Ihr Grundstück, nur weil es keine Elektrizität im Gebäude gibt. Es ist nur ein Brownout, kein Burnout. […] Treffen Sie nie eine negative Entscheidung, wenn Sie sich gerade an einem Tiefpunkt befinden. Treffen Sie Ihre wichtigsten Entscheidungen niemals dann, wenn Ihre Laune im Keller ist."*[3]

Diese Worte von Dr. Schuller klangen mir in den Ohren, als die Erde nicht aufhörte zu beben, und forderten mich heraus. Mir wurde langsam bewusst, dass ein Erdbeben kein guter Zeitpunkt war, um größere lebensverändernde Weichenstellungen vorzunehmen. Ich verstehe zwar, dass man in der Situation das Gefühl verspürt, irgendetwas tun zu müssen, um die Situation zu retten. Doch wenn Sie unwiderrufliche Entscheidungen in einer Zeit treffen, in der gerade Ihre ganze Welt erschüttert wird, kann das viele neue Probleme mit sich bringen.

Beim Ankern neue Kraft finden

Als der Sturm um das Schiff tobte, auf dem sich der Apostel Paulus befand, wurde der Mannschaft klar, dass sie nicht einfach nur Gegenstände loswerden mussten. Sie mussten jetzt noch etwas anderes über Bord zu werfen, das ihnen helfen würde, ihren Fokus auf das Ufer gerichtet zu halten.

In der Bibel wird uns berichtet, dass die Mannschaft am Heck vier Anker auswarf. Dadurch sollte verhindert werden, dass der Schiffsbug sich drehte und auf ein Riff auflief. Die Mannschaft wartete also darauf, dass es hell wurde und sich eine günstige Gelegenheit ergab, um das Ufer zu erreichen.[4] Als dann das Ufer direkt vor dem Schiff lag, warf die Mannschaft die Anker aus.

„Da bekamen sie Angst, auf ein Küstenriff aufzulaufen. Sie warfen am Heck vier Anker aus und warteten sehnsüchtig darauf, dass es hell wurde“ (Apostelgeschichte 27,29).

Mit der Erschaffung des Menschen hat Gott uns die Fähigkeit gegeben, Entscheidungen zu treffen. Wir sind keine Marionetten, und Gott ist auch kein Tyrann, der uns seinen Willen aufzwingt. Wir dürfen selbst entscheiden. Doch jede Entscheidung, die wir treffen, hat auch Konsequenzen. Viele aber denken nicht ausreichend über die Langzeitkonsequenzen nach, wenn sie in einer Notlage eine Entscheidung treffen. Am liebsten wollen sie SOFORT dem Sturm entkommen! Aber wenn wir den Anker nicht werfen – und ihn auch nicht auf die richtige Art und Weise werfen –, geraten wir sogar in noch größere Schwierigkeiten und werden uns unter Umständen verirren. Wir sollten also keine schwerwiegenden Entscheidungen treffen, während der Sturm noch um uns tobt, vor allem deshalb, weil unsere Gefühle völlig verrücktspielen könnten. Insofern kostet es uns manchmal am meisten Mut, mit dem Anker in der Hand zu warten, bis dass es wieder heller wird, um ihn dann zu werfen.

Egal, in welchem Sturm Sie gerade stecken, ist es vielleicht jetzt an der Zeit, den Anker zu werfen und einfach mal abzuwarten? Wenn eine Welle nach der anderen gegen Ihr Schiff schlägt, wenn Sie immer wieder vor neue Herausforderungen gestellt werden und es so aussieht, als ob Sie den Halt verlieren, wenn Sie nach etwas suchen, das den Sturm abebben lässt, dann treffen Sie Entscheidungen, die Ihrem Leben Stabilität geben. Keine Ahnung, ob dies letztlich auch die Wellen zum Stoppen bringt, aber ich weiß, dass wir Maßnahmen ergreifen können, die uns helfen, unser Leben mitten im Sturm wieder ins Gleichgewicht zu bringen.

Ein Mann, der bei einer Ölfirma arbeitet, erzählte mir einmal, dass die Schiffe, die die Vorräte zu den Bohrinseln bringen, in einem Sturm so nah wie möglich an den Hafenplatz heranfahren müssen. Die Mannschaft wirft dann die Anker aus. Je höher die Wellen seien, erklärte er mir, desto mehr Anker würden sie werfen.

Ich weiß nicht, wie viele Anker Sie brauchen, aber für mich gibt es nach dem biblischen Beispiel vier, die ich nach bestem Wissen und Gewissen verwende, wenn es in meinem Leben stürmisch zugeht.

Anker Nr. 1: Unsere Identität

Wenn die Wellen tosen, dann rufen Sie sich ins Gedächtnis, wer Sie sind. In einem Sturm ist es von entscheidender Bedeutung, dass wir unsere wahre Identität kennen, die wir in Gott haben. Unser gesamtes Leben fußt darauf. Und irgendwann wird der Feind mit Anschuldigungen und Zweifeln über Sie herfallen. Sie können diese dann besiegen, wenn Sie wissen, wer Sie in Gottes Augen sind.

Als die Kolonisten der Amerikanischen Revolution mitten in ihrem Sturm steckten, wussten sie genau, wer sie waren. In der amerikanischen Unabhängigkeitserklärung von 1776 steht deshalb geschrieben:

„Wenn es im Zuge der Menschheitsentwicklung für ein Volk notwendig wird, die politischen Bande zu lösen, die es mit einem anderen Volke verknüpft hat, und unter den Mächten der Erde den selbstständigen und gleichberechtigten Rang einzunehmen, zu dem Naturrecht und göttliches Gesetz es berechtigen, so erfordert eine geziemende Rücksichtnahme auf die Meinung der Menschheit, dass es die Gründe darlegt, die es zu der Trennung veranlassen.

Folgende Wahrheiten erachten wir als selbstverständlich: dass alle Menschen gleich geschaffen sind; dass sie von ihrem Schöpfer mit gewissen unveräußerlichen Rechten ausgestattet sind; dass dazu Leben, Freiheit und das Streben nach Glück gehören."[5]

Die Kolonisten trennten sich von ihrer früheren Identität und erklärten, wer sie nun waren. Wer sind wir also und woher kommt unsere Identität? Wir bekommen sie weder durch unseren Führerschein noch durch unseren Reisepass. Darin steht höchstens, welche Klasse wir fahren dürfen und welche Länder wir bereist haben. Schulzeugnisse machen auch nicht unsere Identität aus. Viele erinnern sich noch heute an die Kommentare ihrer Lehrer, vor allem an die negativen.

Identität wird uns, Ihnen wie mir, durch unseren Schöpfer gegeben. Durch seine Augen bekommen wir ein wahres Bild darüber, wer wir sind. Wir sind …

- keine Opfer, sondern Sieger – tatsächlich sind wir sogar *„mehr als Überwinder"*[6].
- keine Verlierer, sondern Gewinner.[7]
- keine Untergebenen des Feindes, sondern wir haben Macht über ihn.[8]
- keine Gefangenen, sondern wir sind frei.[9]
- keine Sünder, sondern uns ist vergeben worden.[10]
- kein Zufallsprodukt unserer Eltern, sondern *„für einen Zeitpunkt wie diesen"*[11] an diesen Platz gestellt.

Als Tochter des Königs muss ich mich daran erinnern, dass ich eine Krone auf dem Haupt trage. Ich bin ein Mitglied des Königshauses. Nicht, um bedient zu werden, sondern um zu dienen. All das gehört zu meiner Identität. Und wenn ich mitten im Sturm stecke, muss ich mir das vor Augen halten und den Anker auswerfen, sonst werde ich mich verirren.

Wissen Sie, die Unabhängigkeitserklärung hat mich dazu inspiriert, eine eigene Erklärung über mich zu schreiben, eine Freiheitserklärung:

„Im Laufe meines Lebens ist es notwendig geworden, die Bande zu lösen, die mich an meine Vergangenheit gefesselt haben und die Vollmacht in Anspruch zu nehmen, zu der Gott mich berechtigt hat. Folgende Wahrheiten erachte ich als selbstverständlich: Ich bin nach dem Bild Gottes geschaffen und darf jederzeit unerschrocken vor ihn treten. Ich bin seine Tochter und besitze jedes Vorrecht, das

mit einer königlichen Mitgliedschaft einhergeht: Mir wurde vergeben, ich bin bedingungslos geliebt, ich bin frei von Schuld und Scham, ich bin geheilt und für ein zweckgerichtetes und segensreiches Leben bestimmt. Ich wurde ausgewählt, um einer verletzten Welt Leben und Freude zu bringen, und ich habe den Mut und die Kraft, diese Aufgabe auch zu erfüllen!"

Vor ein paar Jahren sprach ich mit einer Frau, die damals seit acht Jahren trockene Alkoholikerin war. Im weiteren Gespräch erfuhr ich, dass ihr Vater erst vor ein paar Monaten gestorben war, sie ein paar Wochen später ihre Verlobung löste und einen Tag davor eine gute Freundin beerdigt worden war. Sie wurde von einem Schicksalsschlag nach dem anderen getroffen. Mit Tränen in den Augen sah sie mich an und bekannte ganz offen: „Am liebsten würde ich wieder anfangen zu trinken."

Ich kann es wirklich verstehen, wenn man seinen Schmerz einfach nur betäuben will. Und das sagte ich ihr auch. Anschließend versicherte ich ihr aber, dass ich stolz auf sie war, weil sie zu mir gekommen war und mir von ihrer Not erzählt hatte. Ich betete für sie, umarmte sie, brachte sie mit einer anderen jungen Frau aus der Gemeinde zusammen und erinnerte sie daran, wer sie in Gottes Augen ist.

Heute ist sie dabei, allmählich den Anker ihrer eigenen Identität auszuwerfen und sich immer wieder vor Augen zu halten, dass sie eine wertgeschätzte Tochter des Königs ist. Der Kampf, der damals in ihrem Innern stattfand, war nicht zu übersehen. Sie kämpfte lange Zeit darum, zu glauben, dass sie wertvoll ist, und dass ihr Leben und ihre Entscheidungen von Bedeutung sind. Dieser Anker gibt ihr nun die Stabilität, die sie braucht, um mit ihrem Kummer fertigzuwerden. Sie ist mutig und stark geworden.

Im zweiten Kapitel haben wir bereits gesehen, dass wir die Macht haben, mit jeder Lüge zu brechen, wenn wir die Wahrheit des Wortes Gottes über unserem Leben aussprechen. Denn ändern sich unsere Gedanken, verändert sich auch unser Verhalten, und wir werden als starke Frauen durchs Leben gehen, so wie unser Schöpfer uns gemacht hat.

Denken Sie daran, wer Sie in ihm sind! Jesus hat gesagt, dass wir uns ohne Wurzeln, ohne einen Anker wieder von ihm abwenden werden, wenn (und er sagt hier „wenn" und nicht „falls"!) wir wegen unseres Glaubens in Schwierigkeiten geraten oder gar verfolgt werden.[12] Wir werden dann aufhören, Gott und seinen Plänen für unser Leben zu vertrauen.

Ich möchte nicht jemand sein, der sich von Gott abwendet. Deshalb kläre ich am besten gleich die Frage, wer ich bin und wem ich gehöre. Dasselbe wünsche ich auch Ihnen.

Anker Nr. 2:
Unsere Bestimmung

In einem tosenden Sturm können wir uns leicht verirren, wenn wir nicht verstehen, dass wir aus einem bestimmten Grund geschaffen wurden. Den Grund unseres Daseins zu kennen, hört sich an wie eine große Sache, aber in Wirklichkeit ist das gar nicht so kompliziert. Gott hat Sie und mich aus einem ganz bestimmten Grund geschaffen. Wir sind nicht hier, bloß um zu atmen. Wir wurden auch nicht infolge einer Bevölkerungsexplosion auf der Erde irgendwo zufällig verteilt. Nein. Wir sind Töchter des Königs, über alle Maßen geliebt und geschaffen, um Gottes Plan mit unserem Leben zu erfüllen.

Ich jedenfalls möchte nicht, dass am Ende meines Lebens nur über mich gesagt wird, ich habe alle meine Rechnungen pünktlich bezahlt, konnte die besten Erdnusssandwiches machen und war eine umsichtige Autofahrerin. Ich bin überzeugt, Gott hat mich ganz sicher aus einem anderen Grund hierhin gestellt!

Gottes Bestimmung für uns bleibt immer dieselbe. Während wir wachsen und reifer werden, wird sein Plan für uns zwar immer präziser, aber er ändert sich nicht. Manchmal jedoch, wenn wir uns mitten in einem Sturm befinden und unsere Welt von Dunkelheit und Chaos geprägt ist, fangen wir an, schlechte Entscheidungen zu treffen, die erkennen lassen, dass wir vergessen haben, warum wir hier sind.

Eine junge Frau, die ich vor ein paar Jahren kennengelernt habe, fühlte sich nach Los Angeles, speziell ins Filmgeschäft, berufen. Sie kam also in die Stadt, um an einer namhaften Schauspielschule Unterricht zu nehmen. Sie war begeistert von all den Möglichkeiten, die dort geboten wurden. Einmal hatte sie in der Schule Schwierigkeiten und zudem verbreitete eine Freundin ein paar schreckliche Dinge über sie. Plötzlich stand sie ganz alleine da. Und diese Wellen in ihrem Leben veranlassten sie, in einen Klub zu gehen und einen jungen Mann für sich zu finden. Sie traf auch einen Mann, mit dem sie den weiteren Abend verbrachte. Am Ende ging sie mit zu ihm in seine Wohnung und schlief mit ihm. Am nächsten Morgen warf er sie hinaus. Ein paar Monate später wurde bei ihr eine Geschlechtskrankheit festgestellt. In einer Nacht hatte sie für einen Moment lang vergessen, wer sie war und was ihr Ziel war. Sie hätte gut daran getan, den Anker ihrer Bestimmung auszuwerfen. Vielleicht wären ihre Schwierigkeiten in der Schule und ihre Einsamkeit dadurch nicht sofort verschwunden, aber es hätte sie sicher davon abgehalten, in den Klub zu gehen und Sex mit einem Fremden zu haben.

In Kapitel 4 haben wir bereits festgestellt, dass wir alle dieselbe allgemeine Bestimmung haben: Gott von ganzem Herzen zu lieben, ihn anzubeten und unseren Nächsten zu lieben wie uns selbst. Aber wie wir das im Einzelnen umsetzen, ist das, was Sie und mich einzigartig macht.

Ich möchte Ihnen das große Bild vor Augen malen: *Sie sind eine Königstochter, die geschaffen wurde, um Gott zu lieben und Menschen zu ihm zu führen.* Nur die Details sind ganz verschieden: Es ist egal, ob Sie eine Barista, Kassiererin, Grundschullehrerin, Schauspielerin, Musikerin, Firmenchefin, Anwältin, Studentin oder Pastorin sind. Sie können alleinstehend, ein Teenager, eine Mutter, eine Ehefrau, eine Schwester, eine Tochter, eine Freundin oder eine Hausfrau sein. Den Anker Ihrer Bestimmung auszuwerfen bedeutet, immer daran zu denken, dass Ihre Aufgabe dieselbe bleibt, egal wie hoch die Wellen schlagen.

Philip wusste schon als Teenager, dass er einmal vollzeitlich im Dienst für Gott arbeiten würde. Das war seine ganz persönliche Bestimmung. Und wie viele andere, hatte auch er bereits in jungen Jahren mit Herausforderungen und finanziellen Nöten zu kämpfen. Inmitten dieser Stürme suchte er nach Möglichkeiten, den Schmerz zu stillen. So vergeudete er in seinen Zwanzigern viele Jahre mit Drogen und Partys. Das Einzige, was er davon hatte, waren noch größere Sorgen und falsche Freunde. Irgendwann fand er jedoch den Mut und warf den Anker seiner Bestimmung aus. Er kehrte wieder auf den Weg zurück, für den er seit jeher geschaffen wurde.

Wir bleiben auf dem richtigen Weg, wenn wir den Anker der Bestimmung auswerfen. Er verhindert, dass wir vom Kurs abweichen, und er erinnert uns an eine Zukunft, die viele Möglichkeiten für uns bereithält. Anker bringen nicht den Sturm zur Ruhe.

Sie sorgen nur für Stabilität, solange weiterhin die Wellen an die Bordwand schlagen. Finden auch Sie den Mut, indem Sie sich daran erinnern, warum Sie hier sind. Werfen Sie diesen Anker aus und halten Sie sich daran fest!

Anker Nr. 3: Zufriedenheit

Zufriedenheit könnte man vielleicht definieren als ein „Ruhen in dem, was man hat und wer man ist". Heute mag man vielleicht nur noch selten jemanden finden, der wirklich zufrieden mit seiner Situation ist. Zufriedenheit bedeutet jedoch nicht, dass man niemals versucht, seine Umstände zu verbessern. Es bedeutet vielmehr, in einer Phase Frieden zu haben.

Ein Mangel an Zufriedenheit entspringt unserem *Wunsch* nach dem, was wir nicht haben. Die Schriftstellerin Lydia Brownback schrieb einmal:

„Wir sehnen uns nach Liebe, Schönheit und Bequemlichkeit. Wir sehnen uns nach Unabhängigkeit und nach einer friedlichen Umgebung. Wir sehnen uns nach Selbstwertgefühl. Wir sehnen uns nach dem sanften Rhythmus eines ausgeglichenen Lebens – ein bisschen hiervon, ein bisschen davon, aber nicht zu viel von allem. Wir sind unglücklich, weil wir angefangen haben, diese Dinge zu erwarten, unglücklich mit unserem Leben in einer Gesellschaft, die sich mehr als alles andere für die persönlichen Rechte, Autonomie und Wohlstand einsetzt."[13]

Wir haben angefangen zu erwarten, zu jeder Zeit alles haben zu können.

Die Bibel weiß sehr viel über Zufriedenheit zu sagen – über das Ruhen in dem, was wir haben, wer wir sind und wohin wir gehen. Jesus sagte einmal:

„Darum sage ich euch: Macht euch keine Sorgen um euren Lebensunterhalt, um Essen, Trinken und Kleidung. Leben bedeutet mehr als Essen und Trinken, und der Mensch ist wichtiger als seine Kleidung“ (Matthäus 6,25).

In diesem Zusammenhang sprach er hauptsächlich zu ganz gewöhnlichen Menschen und zu den Leuten am Rand der Gesellschaft. Er wollte sie ermutigen, sich nicht mit denen zu vergleichen, die anscheinend alles haben. Insofern erklärt Jesus mit diesem Vers und den folgenden, dass Sorgen unnötig und zwecklos sind. Um sein Argument noch zu unterstreichen, lenkt er unsere Aufmerksamkeit auf die Vögel. Sie säen nichts, sie ernten nichts, sie sammeln auch keine Vorräte und doch versorgt Gott sie. Es gibt keinen Millionär auf der Welt, der es sich je leisten könnte, auch nur einen einzigen Tag alle Vögel zu versorgen, aber Gott hört nie auf, ihnen Nahrung zu verschaffen. Wir sind ihm viel wichtiger als die Vögel. Gott kümmert sich um sie wie auch um uns.[14] Und was machen wir? Wir frönen der Angst und sorgen uns um unser Essen, Trinken und unsere Kleidung. Dabei versorgen wir mit diesen Dingen nur unser *Leben* und unseren *Körper*. Zwei Dinge, die an sich doch viel wichtiger sind als Essen, Trinken und Kleidung. Jesus aber versichert uns, dass Gott sowohl für das eine als auch für das andere sorgen kann.[15]

Im Grunde genommen sagt Jesus also hier: „Seid zufrieden.“ Uns fällt das leichter, wenn das Leben gut zu uns ist, wenn wir keinen Sturm durchleben, wenn wir alles haben, was wir brauchen, wenn jeder uns mag und alles so läuft, wie wir es uns wünschen. Aber erinnern Sie sich doch mal an die seltenen Zeiten, als Sie alles hatten, was Sie brauchten, als jeder Sie mochte und alles so lief, wie Sie es sich wünschten. Wie oft kam das tatsächlich vor? Die wirkliche Herausforderung liegt darin, den Anker der Zufriedenheit dann auszuwerfen, wenn der Sturm tobt.

Die wirkliche Herausforderung liegt darin, den Anker der Zufriedenheit dann auszuwerfen, wenn der Sturm tobt.

Nur wie geht das?

Nun, Zufriedenheit beginnt mit Dankbarkeit. Paulus fordert uns auf, zu jeder Zeit dankbar zu sein[16] – nicht *für* alles, sondern *in* allen Dingen. Ich habe Gott nicht für Philips Krebserkrankung gedankt, aber ich habe ihn inmitten dieser Situation angebetet. Oft geschah das unter Tränen. Manchmal kniete ich sogar. Ab und zu war ich dabei richtig frustriert. Die Anbetung aber half mir, wieder Mut zu finden und den Anker der Zufriedenheit auszuwerfen. Für den Kummer, den ich im letzten Jahr erlebt habe, war ich nicht dankbar, und doch tat ich mein Bestes, Gott auch in diesen Momenten zu loben und zu preisen.

Zufriedenheit beginnt mit Dankbarkeit, aber wirkliche Zufriedenheit ist da, wo Gott ist. Wenn wir uns mitten im Sturm befinden, können wir kämpfen, wie wir wollen, und hundert Prozent geben, damit wir da wieder herauskommen. Wir können aber auch Gott in unsere Situation einladen. Und ich habe da Folgendes herausgefunden: Setze ich meine Sehnsucht nach der Gegenwart und Weisheit Gottes an die erste Stelle, dann werden auch meine anderen Sehnsüchte gestillt, und die Zufriedenheit rückt näher. Im vergangenen Jahr lief ich sehr oft durch den Garten hinter unserem Haus und betete Gott an. Ich hatte keine Ahnung, wie ich all die Kämpfe überstehen sollte, die vor mir lagen. Alles, was mir einfiel, war, ihn zu bitten,

Zufriedenheit beginnt mit Dankbarkeit, aber wirkliche Zufriedenheit ist da, wo Gott ist.

bei mir zu sein. Die Umstände haben sich nicht sofort verändert. Die Stürme tobten immer noch. Aber ich gab einfach nur mein Bestes. Ich warf den Anker der Zufriedenheit aus.

Und es gab viele Dinge, für die ich dankbar sein konnte. Ich habe gehört, dass die, die ein Dach über dem Kopf und eine Mahlzeit auf dem Tisch stehen haben, reicher sind als über 90 Prozent der Weltbevölkerung.

Haben Sie ein Dach über dem Kopf?

Haben Sie heute etwas gegessen?

Dann lassen Sie uns an diesem ganz einfachen Punkt anfangen und dafür dankbar sein. Denn sind wir jetzt in diesem Moment dankbar, kann uns das helfen, auch in Krisenzeiten zufrieden zu sein.

Natürlich hoffte und sehnte ich mich während der unbarmherzigen Stürme im letzten Jahr, dass alles endlich ein Ende hatte. Aber wenn ich meinen Fokus nur auf die Hoffnung gerichtet hätte, dass ab morgen alles besser sein könnte, dann hätte ich den Blick für all das Gute verpasst, das ich an diesem Tag geschenkt bekam.

Unser Leben besteht aus dem Heute, nicht aus dem Morgen. Worüber freuen Sie sich heute? Jetzt in diesem Augenblick? Mitten in Ihrem Sturm? Über eine gute Freundin? Einen frisch gebackenen Schokoladenkeks? Sonnenschein? Kaffee? Der Apostel Paulus drückte seine Freude folgendermaßen aus:

„Schließlich habe ich gelernt, in jeder Lebenslage zurechtzukommen. Ob ich nun wenig oder viel habe, beides ist mir durchaus vertraut, und so kann ich mit beidem fertigwerden: Ich kann satt sein und hungern; ich kann Mangel leiden und Überfluss haben. Alles kann ich durch Christus, der mir Kraft und Stärke gibt“ (Philipper 4,11–13).

Hier spricht derselbe Mann, der im Gefängnis leiden musste, der geschlagen wurde und Schiffbruch erlitt, und er erklärt, wie er gelernt hat, in jeder Situation zufrieden zu sein. Egal, ob er viel besaß oder wenig, ob sein Leben so lief, wie er es sich wünschte oder nicht. Er hatte herausgefunden, wie er trotzdem zufrieden sein konnte. Und wenn er das gelernt hat, dann können wir das auch.

Paulus teilte uns sogar, kurz bevor er diese Worte sprach, ein Geheimnis mit, wie Zufriedenheit überhaupt möglich ist: Er nannte uns nämlich die Dinge, mit denen er sich in Gedanken beschäftigte, und er forderte jeden, der nach Zufriedenheit suchte, heraus, dasselbe zu tun.

„*Schließlich meine lieben Brüder und Schwestern, orientiert euch an dem, was wahrhaftig, gut und gerecht, was redlich und liebenswert ist und einen guten Ruf hat, an dem was auch bei euren Mitmenschen als Tugend gilt und Lob verdient. Haltet an der Botschaft fest, die ihr von mir gehört und angenommen habt. Richtet euch nach dem, was ich euch gelehrt habe, und lebt nach meinem Vorbild. Dann wird Gott bei euch sein und euch seinen Frieden schenken*“ (Philipper 4,8–9).

Paulus empfiehlt uns, worüber wir nachdenken sollten. Zufriedenheit entsteht durch Dankbarkeit und durch die Kontrolle über unsere Gedanken. Bewahren Sie diesen Gedanken gut für sich auf! Wollen wir den Anker der Zufriedenheit auswerfen, müssen wir über das Gute nachdenken, nicht über das Schlechte. Und das bedeutet Arbeit. Harte Arbeit.

Im vergangenen Jahr gab es Zeiten, in denen ich immer wieder neu über die verletzenden Worte einer anderen Person nachgedacht habe, und dann durchlebte ich jedes Mal den Schmerz noch einmal. Ich habe mir die Worte immer wieder ins Gedächtnis gerufen, und es dauerte nicht lange, bis ich mich deswegen wieder niedergeschlagen und verletzt fühlte. Dieser Fokus auf meine Gedanken grub sich ein wie eine Furche in mein Leben, aus der ich nicht wieder herauskommen konnte. Mich kostete es eine Menge Disziplin, meine Gedanken in eine andere Richtung zu lenken und über schöne und liebenswerte Dinge nachzudenken. Und ganz allmählich stellte sich dann die Zufriedenheit ein.

Anker Nr.4: Die Gemeinde als Zuhause

Ich liebe die Gemeinde, das Haus Gottes. Ich finde, dieser Ort sollte der kreativste, dynamischste, liebevollste und großartigste Ort der Welt sein. Gott findet das auch. Zwar ist die Gemeinde voll mit unvollkommenen Menschen, die alle unterwegs zum Ziel sind, aber dieser Ort der Gemeinschaft sollte die erste Stelle sein, an die wir uns wenden, wenn wir vom Sturm getroffen werden. Denn die Gemeinde ist das Mittel, das Gott benutzt, um sein Reich der Liebe auf der Erde aufzubauen. Paulus nannte die *„Gemeinde des lebendigen Gottes"* den *„tragenden Pfeiler und das Fundament der Wahrheit"*[17].

Vielleicht sind Sie im Haus Gottes verurteilt und kritisiert worden, anstatt dass Sie bedingungslose Liebe erlebt haben. Falls dem so ist, dann tut mir das leid. Im Foyer unserer Gemeinde hing jahrelang ein Banner, auf dem stand geschrieben „Willkommen zu Hause". Wir wollten wirklich, dass unsere Gemeinde ein Ort ist, zu dem die Verlorenen, Verirrten und Verletzten hinkommen und Hilfe finden. Ein Zuhause, wo Sie sich erholen können und neue Kraft finden.

In den Jahren, in denen ich in der Gemeindeleitung war, habe ich festgestellt, dass Menschen, die sich in einem Sturm befinden, eher der Gemeinde fernbleiben, als dass sie sie aufsuchen. Vielleicht ist es ihnen peinlich, dass sie solche Schwierigkeiten erleben, was ich traurig finde, weil wir schließlich alle hin und wieder schwere Zeiten durchmachen müssen. Die Gemeinde als Haus Gottes sollte die erste Anlaufstelle für die Menschen sein, die verletzt sind. Meine Freundin Bobbie Houston sagte einmal über Gemeinde:

„Mit Gemeinde ist definitiv nicht das Gebäude gemeint, aber wenn wir (Menschen aus Fleisch und Blut) uns in diesem Gebäude versammeln, dann wird es plötzlich zum ‚Haus Gottes'. Wenn wir dann nach Hause gehen und die Lichter ausgehen, ist es wieder nur ein Gebäude. […] Dieses Haus kann ein herrlicher, wundervoller und überwältigender Ort sein. Dort können wir Gottes Segen empfangen, durch den seine Ziele in jedem einzelnen Leben erfüllt werden. Dieses Haus kann in der Welt einen Unterschied machen. […]

So viele Gemeinden und Christen bleiben hinter ihrem Potenzial zurück, weil sie es zulassen, dass die Beziehungen untereinander nur oberflächlich bleiben. Ihnen ist nicht bewusst, dass sie in Wirklichkeit eine Familie sind … und dass Gott sie gemacht hat, damit sie zusammen leben.“[18]

Wenn Sie also im Leben weiterkommen wollen, sorgen Sie dafür, dass Ihre Wurzeln im Haus Gottes liegen.

Die Wahrheit ist, alle Gläubigen teilen die Verantwortung, sich in ihrer örtlichen Kirche zu versammeln und sich dort persönlich einzubringen, damit die Gemeinde wachsen und gedeihen kann. So steht es in der Bibel. Wenn Sie also im Leben weiterkommen wollen, sorgen Sie dafür, dass Ihre Wurzeln im Haus Gottes liegen.[19]

Gehen Sie nicht nur als Besucher dorthin. Bleiben Sie dort. Werfen Sie Ihren Anker aus. Sie werden dort Unterstützung, Anweisungen, Trost und Gemeinschaft finden, während Sie durch den Sturm navigieren.

Wir sollten sogar im Haus Gottes wohnen, so wie es der Psalmist ausdrückt. Was aber bedeutet dieses „Wohnen"? Nun, damit ist gemeint, dass wir unser Leben im Haus Gottes verbringen. Wenn wir Teil der Familie Gottes sind, dann kreuzen wir nicht nur zu den Gottesdiensten auf und verschwinden danach wieder, so wie wir uns in unserer Familie auch nicht nur zu den Mahlzeiten blicken lassen.

Bei uns zu Hause, in der Familie Wagner, tauchten manche Familienmitglieder durchaus erst dann auf, wenn es Essen gab. Aber jeder hat auch auf seine Weise dazu beigetragen, dass der Laden lief. Jeder von uns hat eine Aufgabe, mit der er dazu beiträgt, dass wir ein tolles Zuhause haben. (Manche Familienmitglieder erledigen ihre Aufgabe schneller als andere.) Wir verbringen Zeit miteinander. Wir sprechen zusammen. Mein Mann und ich haben den Kindern bei den Hausaufgaben geholfen. Wir haben gemeinsam den Abwasch erledigt und uns mit dem Staubsaugen abgewechselt. Wir umarmen uns. Wir lachen. Wir weinen. Wir singen. Wir arbeiten. Wir bitten den anderen um Hilfe. Wir geben unsere Fehler zu. All diese Dinge finden in unserem Zuhause statt. Ich denke, dasselbe sollte auch im Haus Gottes geschehen.

Suchen Sie sich also einen Bereich im Leben Ihrer Gemeinde, in dem Sie mithelfen wollen. Wenn Sie ein ganzes Lied ohne schiefe Töne singen können (was bei mir nie der Fall ist), dann überlegen Sie, ob Sie vielleicht dem Anbetungsteam beitreten wollen. Oder wenn Sie ein nettes Lächeln haben, wie wäre es, wenn Sie dann die Leute vor dem Gottesdienst an der Tür begrüßten und willkommen hießen? Wenn Sie Kinder lieben, helfen Sie mit im Kindergottesdienst. Wie sieht es aus mit Ihren PC-Kenntnissen? Können Sie mit Computern umgehen? Vielleicht wird im Büro noch Hilfe gebraucht. Oder wie wäre es, einem diakonisch arbeitenden Team beizutreten und dabei zu helfen, die Straßen sauber zu halten oder ältere Leute zu besuchen? Oder können Sie vielleicht einen jungen Menschen finanziell unterstützen, damit dieser am Sommerlager teilnehmen kann? Finden Sie irgendeinen Bereich, und geben Sie das, was Sie können. All diese Dinge sind gemeint, wenn es heißt, gemeinsam im Haus Gottes zu wohnen.

Seien Sie voll da, wenn die Türen geöffnet werden. Lassen Sie den Gottesdienst nicht einfach an sich vorbeirauschen. Lächeln Sie die Leute an! Vielleicht sagt der Pastor heute etwas, das Sie besonders anspricht. Also seien Sie bereit, sich Notizen zu machen! Sie wissen schon, wirklich Notizen machen und nicht nur auf dem Handy die neuesten Instagram-Posts überfliegen! Machen Sie die Gemeinde nicht zu einem Ort, an dem Sie nur eine Stunde am Sonntag verbringen. Machen Sie sie zu einem Ort, an dem Sie wohnen. Sie sollte ein Ort sein, an dem echte Menschen mit ihrem echten Leben und ihren echten Problemen echte Hilfe erhalten können, während alle gemeinsam einen echten Gott anbeten.

Erinnern Sie sich noch an die Geschichte von dem deprimierten Mädchen, die ich Ihnen erzählt habe? Das Mädchen, das zu dem Klub ging und am Ende Sex mit einem Fremden hatte? Obwohl sie definitiv Probleme hatte, ihre Schwierigkeiten zu bewältigen, warf sie diesen vierten Anker aus. Sie suchte das Haus Gottes auf und begann, sich mit den Menschen dort zu beschäftigen.

Sie gesellte sich zu einer kleinen Gruppe von Frauen, von denen sie geliebt wurde, und sie bekam Hilfe, als sie infolge ihres Verhaltens mit gesundheitlichen Problemen zu kämpfen hatte. Sie stand während der Anbetungszeit immer in vorderster Reihe und weinte oft, während Gottes Geist sie heilte. Während der Predigt machte sie sich Notizen. Sie machte die Gemeinde zu einem Ort, an dem sie wohnte. Irgendwann wurde sie selbst diejenige, die jungen Mädchen half, Herausforderungen zu meistern.

Philip und ich haben im Laufe der Jahre viele Briefe von Menschen erhalten, die während einer Krise zu uns in die *Oasis Church* gekommen sind. Diese Briefe waren zwar ausdrücklich an uns gerichtet, aber darin erwähnt waren die Menschen unserer Gemeinde, mit denen sie sich zusammengeschlossen und die ihnen geholfen hatten, sicher ans Ufer zu kommen.

Lieber Philip, liebe Holly,
eine Freundin hat mich in eure Gemeinde eingeladen, und ich beschloss, ihre Einladung anzunehmen. Ich vermute mal, dass sie erkannt hatte, in welchem Chaos sich mein Leben befand! Ich war überzeugt, dass die Scheidung von meinem Mann die einzige Alternative für mich war. Unsere Ehe war wirklich eine Katastrophe. Aber wir beide kamen in die Gemeinde – mit gebrochenen Herzen. Wir lernten allmählich, wie wir unsere Situation meistern konnten. Wir haben neue Freunde gewonnen, nicht nur für jetzt, sondern auch für die Zukunft. Wir haben gelernt, wie wir eine gesunde Ehe aufbauen können. Danke für das, was ihr jeden Tag in diese Gemeinde investiert. … Danke, dass ihr diese Gemeinde zu einem Ort macht, zu dem verletzte Menschen hinkommen und Hilfe finden können.

Lieber Philip, liebe Holly,
als ich in eure Gemeinde kam, war mein Leben ein einziges Durcheinander, obwohl ich das nicht zugeben wollte. Ich hatte innerlich mit Problemen zu kämpfen, die durch den sexuellen Missbrauch in meiner Kindheit verursacht worden waren. Viele Bereiche in meinem Leben waren deshalb nicht schön. Als ich zum ersten Mal in die Gemeinde kam, fühlte ich mich wie zu Hause – so zu Hause, wie ich es zuvor nie irgendwo erlebt hatte. Es dauerte eine Weile, bis ich verstand, dass Gott mich bedingungslos liebt, aber in eurer Gemeinde fühlte ich mich von Anfang an geliebt und umsorgt. Ich begann eine Beziehung mit Jesus, die für mich mehr als nur eine Religion ist; sie hat mein Leben verändert. Ich traf Menschen, die mich anscheinend wirklich mochten. So wurde ich frei, um an meinen inneren Problemen zu arbeiten. Danke für eure Liebe, danke, dass ihr mir seine Liebe gezeigt habt. Ich bin so dankbar für diese Gemeinde und für die Menschen, die ich heute als meine Familie bezeichne.

Falls Sie mitten im Sturm stecken, sorgen Sie dafür, dass Sie Ihren Anker im Haus Gottes setzen. Sie werden sich weiterentwickeln, Freunde finden, die Ihnen helfen, das Ufer zu erreichen und dem Gott begegnen, der Stürme stillen kann.

Ist es für Sie an der Zeit, Ihre Anker auszuwerfen? Lassen Sie uns nicht vergessen, dass das eigentliche Ziel von Paulus' Reise in Apostelgeschichte 27 die Ankunft in Rom war. Auch Ihr Leben hat ein Ziel. Ich weiß nicht welches, aber Sie wissen es. Die Männer auf dem Schiff hatten damals mitten im tosenden Sturm vergessen, wohin sie eigentlich wollten. Sie wandten ihre Augen vom Ziel ab und konzentrierten sich auf die Wellen. Wäre Paulus nicht mit an Bord gewesen und hätte gute Entscheidungen getroffen, wären sie vielleicht verloren gegangen.

Möglicherweise kommen die Wellen immer wieder von Neuem auf Sie zu, aber lassen Sie sich nicht von ihnen ablenken. Folgen Sie den Anweisungen von Paulus und werden Sie mutig und stark, indem Sie Ihre vier Anker auswerfen. Sie werden Ihnen im aufgewühlten Meer Halt und Stabilität geben.

Was geht jetzt in Ihnen vor? Erscheint es Ihnen unmöglich, die Anker auszuwerfen, besonders dann, wenn Sie eine Welle nach der anderen trifft?

Warum nehmen Sie sich jetzt nicht einen Augenblick Zeit? Holen Sie tief Luft und bitten Sie Gott, dass er Ihnen hilft, die Anker auszuwerfen!

Sie werden diese Zeit überstehen. Sie sind nicht allein.

Werden Sie mutig und stark, liebe Freundin und Gefährtin im Sturm! Fangen Sie heute mit zwei Ankern an: Erinnern Sie sich daran, wer Sie sind und warum Sie hier sind. Und lassen Sie sich dabei nicht vom Feind verwirren. Dazu sind Sie in Gottes Augen zu kostbar.

8

Geben Sie nicht auf!

Gott ist in ihrer Mitte und beschützt sie schon früh
am Morgen;
nie wird sie zerstört.

· *Psalm 46,6* ·

In schwierigen Zeiten haben Sie vielleicht das Gefühl,
dass Ihre Probleme niemals ein Ende nehmen.
Aber das stimmt nicht. Jeder Berg hat einen Gipfel.
Jedes Problem ist nur von begrenzter Dauer.
Die Frage ist, wer wird zuerst klein beigeben,
die Enttäuschung oder Sie?

· *Dr. Robert H. Schuller* ·

Sie werden aufgeben wollen. Tun Sie das nicht.

· *unbekannt* ·

Als mein Sohn sieben Jahre alt war, fingen wir beide mit Karate an. Einer der Gründe, warum ich das tat, war, dass ich für mich eine Aufgabe suchte, die ich anfangen und zu Ende bringen konnte. Als Herausforderung nahm ich mir vor, es vom weißen Gürtel bis zum schwarzen zu schaffen. Vielleicht wäre es einfacher gewesen, stricken zu lernen und einen Pullover zu Ende zu bringen. Ach ja, richtig, das habe ich ganz vergessen, ich *habe* schon einmal angefangen, einen Pullover zu stricken. Aber ich habe ihn nicht fertig bekommen. Also fing ich mit Karate an und erschien beim ersten Training mit meinem neuen weißen Kampfanzug und einem neuen weißen Gürtel. Ich hatte mich gut informiert, die Broschüren durchgeblättert, und wusste, dass mir das alles sehr viel Spaß machen würde. Ich habe mir sogar den Film *Karate Kid* angesehen – das Original, das viel besser ist als sein Remake –, und ich wollte auch unbedingt den tollen Tritt aus der Kampfszene am Ende des Films erlernen. Erinnern Sie sich daran? (Wenn Sie nach 1985 geboren sind, werden Sie nicht mitreden können.) Ich wusste, es würde nicht lange dauern, bis ich meine Familie mit meinen unglaublichen Fähigkeiten in Erstaunen versetzen würde.

Allerdings lernten wir diesen tollen Tritt nicht am ersten Tag. Auch nicht am 40. Tag. Monatelang übten wir nur, wie man richtig fällt. *Im Ernst? Dafür zahlte ich jeden Monat 85 Dollar?* Ich verbrachte Stunden damit, zu lernen, wie man fällt – nach vorne, auf den Rücken und zur Seite. Hinfallen. Aufstehen. Hinfallen. Aufstehen. Hinfallen. Aufstehen.

Langweilig!

Ich wollte schon aufhören.

Aber nach diesem Muster hatte ich jahrelang gelebt. Sobald ein Vorhaben auch nur ein wenig stumpfsinnig oder langweilig wurde, gab ich auf. Irgendwie fühlte ich mich auch dazu berechtigt. Denn aus welchem Grund sollte ich mich mit etwas Langweiligem zufriedengeben? Also sah ich mich für gewöhnlich einfach nach etwas anderem um, was spannender war.

Aber dieses Mal nicht. Ich gab nicht auf, weil ich ständig den schwarzen Gürtel, der an der Wand hing, vor Augen hatte. Ich hoffte, ihn eines Tages tragen zu dürfen.

Nach ein paar Jahren Karatetraining wurde es dann sehr umständlich, meine Arbeit, die Familie und das Training unter einen Hut zu bekommen. An diesem Punkt hätte ich beinahe aufgegeben.

Und drei Jahre nachdem ich mit Karate angefangen hatte, bekam ich langsam zu spüren, warum Karate ein Kontaktsport ist. Denn zu dieser Zeit begannen wir mit den Kampftechniken, und ich bekam mehr blaue Flecken und gebrochene Zehen, als ich es mir anfangs vorgestellt hatte. Vielleicht war mein Ziel ja doch zu ehrgeizig gewesen? Was hatte ich mir überhaupt dabei gedacht?

Viereinhalb Jahre später stand ich vor der Prüfung zum schwarzen Gürtel. Und diese Prüfung war eine der härtesten körperlichen Herausforderungen, denen ich mich jemals gestellt habe. In den ersten drei Stunden demonstrierte ich alle Bewegungen und komplizierte Kampfabläufe. Obwohl ich davon bereits völlig erschöpft war, stellte die Jury mir immer wieder neue Aufgaben. Und als ich schließlich das Gefühl hatte, mich nicht mehr auf den Beinen halten zu können, sagte mein Lehrer zu mir: „Holly, zieh deine Schutzausrüstung an. Jetzt geht es zum Kampf."

Wie bitte? Ich hatte überhaupt keine Kraft mehr, um noch kämpfen zu können. Meine Arme und Beine zitterten. Mein Kopf war leer und ich hatte das Gefühl, mich gleich übergeben zu müssen. Hinzu kam, dass mir immer wieder der Gedanke durch den Kopf ging: *Sie werden mich garantiert zusammenschlagen.* (Natürlich sprach ich das nicht laut aus. Schließlich wollte ich nicht wie ein kompletter Loser dastehen.) Doch ich legte meine Schutzausrüstung an und betrat die Mitte der Matte, um für den zweiten

Grad im schwarzen Gürtel zu kämpfen. Ich musste nicht gewinnen. Ich musste nur gegen meinen Gegner kämpfen. Das war mein Glück, denn zu diesem Zeitpunkt war ich zu nichts anderem mehr in der Lage, als mich mühsam aufrecht zu halten. Der erste Schlag traf mich und ich blockte ihn ab. Auch den zweiten konnte ich abblocken. Meine Muskeln bewegten sich, bevor mein Gehirn sich überhaupt einschalten konnte. Ein paar Schläge musste ich einstecken (okay, es waren viele), und ich landete mehrmals auf dem Boden, aber mein Gedächtnis in Sachen Muskelbewegungen kam mir viele Male zu Hilfe.

Als ich danach dann den schwarzen Gürtel, meinen schwarzen Gürtel, ausgehändigt bekam, war ich so dankbar, dass ich die ganze Sache durchgezogen und nicht aufgegeben habe, obwohl mir wirklich oft danach zumute gewesen war! Seitdem werde ich offiziell als gefährlich eingestuft. Aber für mich zählt: Ich habe etwas angefangen und es zu Ende gebracht. Juhu!

Ich habe gehört, manche Sportler behaupten, Erschöpfung verbessere ihre Leistung, weil der Verstand dann auf Instinkt umschalte. Durch ihre instinktgetriebene Energieleistung erreichen sie mehr, als wenn sie die Dinge intellektuell angehen würden. Und wenn diese Art von Training seine Wirkung zeigt, führt es sie ans Ziel.

Sportler können uns eine Menge über Standhaftigkeit im Sturm beibringen. Denn Dinge, die uns in Fleisch und Blut übergegangen sind, weil wir sie bewusst in unser Leben eingebaut oder gar trainiert haben, nämlich unsere Denkweise und unsere Gewohnheiten, können dazu beitragen, uns ans Ufer zu bringen. All die Schritte, von denen in den vorigen Kapiteln bereits die Rede war, helfen uns, einen Sturm durchzustehen: Vorsicht bei dem, was wir denken und mit welchen Leuten wir uns umgeben, unnötigen Ballast loswerden und die Anker auswerfen. Verzeihen Sie, wenn das nun etwas kitschig klingen mag, aber diese Dinge sind der Wind in Ihren Segeln, wenn Sie versucht sind aufzugeben.

Es ist nachvollziehbar, dass wir in Schwierigkeiten mit dem Gedanken spielen, das Handtuch zu werfen. Schließlich will man einfach nur, dass die Herausforderung oder der Schmerz ein Ende nimmt. Das verstehe ich. Und manchmal, wenn wir von den Wellen getroffen werden, werden wir müde. Und Müdigkeit führt dazu, dass wir ans Aufgeben denken. Wir wollen dann nicht mehr weiter vorwärtsgehen oder wir sind einfach nicht mehr an unserer Aufgabe interessiert.

> Manchmal, wenn wir von den Wellen getroffen werden, werden wir müde.

Im letzten Jahr, als ich von einer Welle nach der anderen getroffen wurde, habe ich mich oft gefragt, ob es das wert ist (das Ziel zu erreichen und auf Kurs zu bleiben). Denn mitten im Sturm fällt es uns ja schwer zu glauben, dass Gott irgendetwas Gutes daraus entstehen lässt. Stattdessen fragen wir uns eher, ob es *wirklich* eine Rolle spielt, wenn wir aufgeben.

Ja, es spielt eine Rolle! Denn das ist der Moment, in dem Sie mutig und stark werden und weitermachen müssen. Ein anderes Wort für *aufgeben* ist *kapitulieren*, eine Niederlage eingestehen. Nun, ich mag vielleicht wie eine Besiegte aussehen, ich mag mich vielleicht auch wie eine Besiegte fühlen, aber ich werde gewiss keine Niederlage eingestehen. Den Wunsch zu verspüren, aufzugeben, ist nicht schlimm. Letztlich hält uns nur das tatsächliche Aufgeben davon ab, den Hafen unserer Bestimmung zu erreichen. Daher stellt sich die Frage: Können Sie weitermachen? Können Sie das zu Ende führen, was Sie begonnen haben?

Bleiben Sie im Boot

Die Seeleute auf dem Schiff dachten ans Aufgeben. Sie hatten genug von den Wellen. Sie waren die dunklen Nächte leid. Sie hatten Angst. Sie bezweifelten, dass sie es schaffen würden. Sie hatten zwar die Anweisung erhalten, die Anker auszuwerfen, was sie dann auch vom Heck des Schiffes aus taten, aber unter dem Vorwand, sie müssten auch vom Bug aus die Anker werfen, wollten sich einige Seeleute heimlich davonstehlen und mit den Rettungsbooten fliehen. Paulus entging das nicht. Er ging zum Hauptmann, um ihm den folgenden Hinweis zu geben:

„*Wenn die Besatzung nicht auf dem Schiff bleibt, sind wir alle verloren*" (Apostelgeschichte 27,31).

Paulus teilte den Wachen auf dem Schiff mit: „Ihr werdet alle sterben, wenn die Mannschaft nicht an Bord bleibt." Im Grunde genommen sagte er ihnen: „Gebt nicht auf." Mitten im Sturm, wenn das Schiff in Gefahr ist, wird jeder Seemann mit seinen Fähigkeiten gebraucht, und trotzdem versuchten diese Männer, nur ihr eigenes Leben zu retten. Sie dachten noch nicht einmal über die anderen auf dem Schiff nach. Paulus hatte ihnen zwar schon vorher gesagt, dass sie alle gerettet würden, aber jetzt zweifelten sie daran und wollten einfach nur weg. Ich bin mir nicht sicher, wie sie darauf kamen, dass ein noch kleineres Boot sicherer wäre, aber oft ist es so, dass wir in einem Sturm nicht mehr klar denken können. Wir wollen einfach nur weg. Wir denken dann nicht an die Konsequenzen, die eine Entscheidung für uns oder andere hat. Wir wollen einfach nur raus aus dem Sturm. Aber wie Paulus uns schon gezeigt hat, wirkt sich die Entscheidung, dass wir aufgeben und das Schiff verlassen, nicht nur auf uns aus, sondern auch auf jeden, der sich in unserer Nähe befindet.

Wenn Sie mitten in einem Sturm Ihren Ehepartner verlassen, wird das Auswirkungen haben auf Ihre Kinder und Enkelkinder. Was sind die Konsequenzen, wenn Sie Ihren Arbeitsplatz verlassen? Sie fühlen sich vielleicht frei, aber was ist mit den anderen? Würden Sie ihnen dadurch nicht noch mehr Arbeit aufbürden? Ein gutes Timing macht viel aus.

Wie steht es mit Ihrer Gemeinde? Jede Gemeinde erlebt Stürme. Wenn es so weit ist, steigen Sie nicht aus. Vielleicht beeinflusst Ihr Verhalten junge Gläubige, die noch erst erfahren müssen, was Treue bedeutet. Oder stecken Sie mitten in einem Projekt, das Gott Ihnen anvertraut hat? Ist das Handling schwer geworden und Sie wollen am liebsten aufgeben? Wer wäre davon betroffen und welche Auswirkungen hätte es auf diese Personen? Lassen Sie uns zu den Frauen gehören, denen man vertrauen kann, dass sie auch im Sturm ihre Sache durchziehen, und die sich nicht für den Rückzug entscheiden.

Was Frauen tun können, die dem Sturm trotzen

In einem Wörterbuch fand ich eine Definition für das Wort *aufgeben:* „etwas abbrechen, obwohl der Sinn im Weitermachen besteht." Wie Sportler, die trotz Schmerzen immer weitertrainieren, damit sie eine Chance auf eine Medaille haben, so dürfen auch wir gewisse Handlungen nicht unterlassen, wenn wir das Ufer erreichen wollen.

Zum Glück haben wir Vorbilder, die uns zeigen, wie wir auch in Stürmen durchhalten können. Wo wären wir heute, wenn einige ganz erstaunliche Menschen in der Geschichte aufgegeben hätten, weil die Herausforderungen zu groß für sie waren?

Susan B. Anthony beispielsweise wurde nur aus dem Grund verspottet und verfolgt, weil sie daran glaubte, jeder Mensch sollte mit Würde behandelt werden. Sie wurde mit Waffen bedroht und stand mehrfach einem grausamen Mob gegenüber. Im Jahr 1856 erhängten die Stadtbewohner von Syracuse in New York ein Abbild von ihr und schleiften es anschließend durch die Straßen. Trotzdem blieb Susan 1863 unbeirrt Mitbegründerin eines nationalen Frauenbündnisses (*Women's Loyal National League*), um den 13. Zusatzartikel zur Verfassung der Vereinigten Staaten (*The Thirteenth Amendment*) zu unterstützen und eine Petition einzureichen, damit die Sklaverei verboten wurde. Zwei Jahre später wurde dieses Gesetz umgesetzt.

Danach setzte sie sich beim 14. und 15. Zusatzartikel für die Rechte der Afroamerikaner sowie für die uneingeschränkte Staatsbürgerschaft dieser Frauen ein, einschließlich deren Wahlrecht. Ich bin sicher, sie war enttäuscht, als die Rechte, die in diesen Zusatzartikeln garantiert wurden, nicht für Frauen galten, aber sie gab nicht auf. Während überall um sie herum ein heulender Sturm tobte, verließ sie nicht das Schiff. Sie hielt trotz all dieser Widrigkeiten durch. Mit Sicherheit gab es Zeiten, in denen sie ermüdete, aber ich bin ebenso sicher, dass sie wusste, das Ziel war immer wichtiger als ihre momentanen Unannehmlichkeiten.

Susan starb 1906. Erst vierzehn Jahre später, 1920, erhielten Frauen in den USA das Wahlrecht.[1] Sie hat nie gesehen, dass ihr Traum Wirklichkeit wurde. Trotzdem hat sie für die amerikanischen Frauen durchgehalten.

Können Sie weitermachen in dem Wissen, dass es nicht nur Menschen gibt, die verletzt wären, wenn Sie aufgeben, sondern auch Menschen, die von Ihrer Entschlossenheit, nicht aufzugeben, profitieren würden? Können Sie erkennen, was sich alles an

Enttäuschung und Schmerz im Falle des Aufgebens verbirgt und dann weitermachen?

Eine andere Heldin war gerade mal fünf Jahre alt, als sie durch eine Krankheit teilweise erblindete und wenig später ihre Mutter verlor. Nachdem dann noch ihr Vater sie verließ, lebte sie in einem Waisenhaus. Dieses junge Mädchen stand vor enormen Wellen; der Sturm erschien ihr wahrscheinlich unbezwingbar. Aber sie ließ es nicht zu, am Boden liegen zu bleiben. Nach einer Operation, bei der ihr Augenlicht teilweise wiederhergestellt wurde, gewährte man ihr eine Probezeit als Haushälterin, was jedoch erfolglos verlief. Anschließend wurde ihr bewusst, dass sie wohl die besten Chancen haben würde, wenn sie eine Ausbildung machte. Ein Besucher des Waisenhauses hörte von ihrem unstillbaren Verlangen nach einer Ausbildung und ihrem Wunsch, zur Schule zu gehen. Er veranlasste, dass sie im *Perkins Institution*, einer Blindenschule in Boston, aufgenommen wurde. Trotz all dem Schweren, das sie erlebt hatte, war sie nun begeistert und lernte dank Blindenschrift allmählich zu lesen.

Als Klassenbeste machte sie ihren Abschluss und zog 1887 nach Alabama, wo sie als Lehrerin und Betreuerin eines taubstummen Kindes arbeitete. Das Kind war Helen Keller, und die Frau, die trotz aller Schwierigkeiten durchhielt, war Anne Sullivan. Aufgrund ihrer Kreativität, Disziplin, Ausdauer und Geduld war sie in der Lage, einen Zugang zu Helen zu finden und sie zu unterrichten. Dank dieser unermüdlichen Beharrlichkeit und allen Widrigkeiten zum Trotz besuchte ihre Schülerin Helen schließlich das Radcliffe College und machte dort ihren Abschluss mit Auszeichnung.

Als Helens Lehrerin leistete Anne Pionierarbeit, was Ausbildungsmethoden für Menschen mit Behinderung betrifft. Sie engagierte sich für mehr Möglichkeiten für blinde Menschen. Und aufgrund von Annes erfolgreichem Unterricht wurde Helens Leben eine Inspiration für viele.[2]

Hätten diese Frauen aufgegeben und das Schiff verlassen, wäre die Weltgeschichte anders verlaufen. Sie waren nur gewöhnliche Frauen, die sich weigerten, aufzugeben. Auch dann, als es schwer wurde, und obwohl sie das gewünschte Ergebnis ihrer Bemühungen nicht unbedingt sehen konnten.

Was hat Gott Ihnen anvertraut? Egal was es ist, ohne Stürme wird es nicht auskommen – vielleicht ist es einer, vielleicht sind es aber auch zwei oder zehn.

Sind Sie Studentin an der Universität? Geben Sie nicht auf, wenn Sie vielleicht noch fünf Aufgaben erledigen müssen und Ihre Kommilitonin ihren Teil nicht erfüllt.

Hören Sie nicht auf, Ihr Bestes zu geben, wenn Sie bei einer Beförderung übersehen wurden und sich fragen, ob überhaupt jemand Ihre Qualitäten erkennt.

Geben Sie nicht auf, wenn Sie sich entschieden haben, gesund zu leben. Auch dann nicht, wenn jeder Muskel schmerzt, Sie wirklich nur diese eine Kugel Eis essen möchten oder Ihr Fitnesspartner wieder angefangen hat, Junkfood zu essen.

Bleiben Sie standhaft, wenn Sie sich entschieden haben, sexuell rein zu leben. Auch dann, wenn Ihre Mitmenschen Ihnen ständig vorhalten, wie altmodisch und realitätsfremd Sie sind. Verlassen Sie Ihren Ehepartner nicht, auch wenn der Drang noch so groß ist.

Hören Sie nicht auf, nach Gott zu suchen, auch wenn Ihre Gebete für einen an Krebs erkrankten und geliebten Menschen in seiner Beerdigung endeten anstatt in einem Wunder, sodass Sie jetzt Ihren Glauben infrage stellen.

Geben Sie sich selbst nicht auf. Hören Sie nicht auf die leise Stimme des Feindes und lassen Sie sich nicht Ihr Selbstvertrauen rauben. Verlieren Sie nicht die Freude.

Wer weiß, welche Belohnung auf Sie wartet, wenn Sie fest entschlossen sind, nicht aufzugeben? Ein Abschluss an der Uni? Ein gesunder Körper? Eine starke Familie? Ein fest entschlossener Glaube? Eines jedenfalls ist sicher: Wenn Sie aufgeben, werden Sie nie erfahren, was Sie hätten erreichen können.

Nicht aufzugeben benötigt Entschlossenheit

Die Bibel beschreibt im Buch Ruth eine großartige Geschichte. Eine Frau namens Noomi ist mit Elimelech verheiratet. Die beiden haben zwei Söhne. Sie leben als Israeliten in dem Land Moab, wo die Menschen den Gott Israels nicht kennen. Beide Söhne heiraten moabitische Frauen: Ruth und Orpa. Irgendwann sterben alle Männer in der Familie. Noomi beschließt, in das Land ihrer Väter, in ihre Heimatstadt Bethlehem zurückzukehren. Damals gehörte man als kinderlose Witwe zur niedrigsten Klasse der Gesellschaft und war somit stark benachteiligt. Witwen lebten fast ausschließlich von der Unterstützung ihrer Mitmenschen. Da Noomi in Moab keine Familie und auch niemand anderen hat, der ihr helfen kann, ist sie verzweifelt.

Während sie sich für die Reise vorbereitet, bittet sie ihre Schwiegertöchter, in Moab zu bleiben, wo ihnen das Leben zumindest vertraut ist, aber beide lehnen ab: „Nein, wir kommen mit dir." Also machen sie sich auf die knapp 50 Kilometer lange Reise. Sie trauern nicht nur um ihre verstorbenen Männer, sondern müssen sich jetzt auch noch als wehrlose Witwen auf eine gefährliche Reise begeben. Nur wenige Frauen würden es wagen, diese Reise ohne männliche Begleitung anzutreten. Die Straßen sind nicht gepflastert und für Banditen sind die Frauen eine leichte Beute. Auch stehen diese vor der Herausforderung, den Jordan und einen 600 Meter hohen Berg zu überqueren.[3] Irgendwann bittet Noomi die jungen Frauen, zurück nach Moab zu gehen. Orpa willigt ein. Die Reise, die vor ihnen liegt, erscheint einfach zu schwer (Unbekanntes erscheint uns immer schwer.). Aber Ruth will nicht umkehren. In der Bibel steht, dass Noomi schweigt, als sie Ruths Entschlossenheit sieht, mit ihr zu gehen.[4]

Nicht aufzugeben erfordert Entschlossenheit, und diese Entschlossenheit kann man sehen. Sie ist nicht nur ein Gefühl, das man empfindet, sondern ist offensichtlich.

Ich glaube, Entschlossenheit ist das, was uns heute in so vielen Situationen fehlt.

Die Entschlossenheit, etwas zu Ende zu bringen.

Die Entschlossenheit, Gott so lange zu suchen, bis er sich finden lässt.

Die Entschlossenheit, weiter an unserer Ehe zu arbeiten.

Die Entschlossenheit, sich weiterhin um eine Stelle zu bewerben.

Die Entschlossenheit, ein gesundes Leben zu führen.

Ich habe festgestellt, Gott bittet uns nie darum, etwas Schweres zu tun. Er bittet uns immer, das Unmögliche zu tun!

> Gott bittet uns nie darum, etwas Schweres zu tun. Er bittet uns immer, das Unmögliche zu tun!

Denken Sie einmal darüber nach!

Als hundertjährige Frau ein Baby zu bekommen, ist nicht schwer – es ist unmöglich!

Aber mit Gott wurde es in Saras Leben möglich. Das Rote Meer mit einem Stab zu teilen, war nicht schwer – es war unmöglich. Aber mit Gott wurde es möglich.

Eine Menge von mehr als fünftausend Menschen mit ein paar Fischen und Broten satt zu bekommen, war nicht schwer – es war unmöglich. Aber mit Gott wurde es möglich.

Sie glauben vielleicht, dass es unmöglich ist, die Bruchstücke einer zerbrochenen Beziehung wieder zu kitten, aber mit Gott ist es möglich. Ihr Studium zu beenden, wo Sie doch gleichzeitig noch einen Job und eine Familie haben, erscheint Ihnen vielleicht unmöglich, aber mit Gott ist es möglich. Die Entschlossenheit weiterzumachen und Gott zu vertrauen, machen es möglich, und für Entschlossenheit braucht man Ausdauer. Jakobus erklärt das folgendermaßen:

„Liebe Brüder und Schwestern! Betrachtet es als Grund zur Freude, wenn euer Glaube immer wieder hart auf die Probe gestellt wird. Denn durch solche Bewährungsproben wird euer Glaube fest und unerschütterlich. Bis zuletzt sollt ihr so unerschütterlich festbleiben, damit ihr in jeder Beziehung zu reifen Christen werdet und niemand euch etwas vorwerfen kann oder etwas an euch zu bemängeln hat“ (Jakobus 1,2–4).

Das ist das letztliche Ziel, nicht wahr? Dass wir *reif* und *vollkommen* werden. Reife entsteht nicht durch das, was wir wissen, sondern durch das Maß unserer Ausdauer. Gott geht es darum, dass wir unterwegs sind. Was er in Ihnen tut, ist genauso wichtig, wie das, was er durch Sie tun wird. Geben Sie nicht auf, während er noch an Ihnen arbeitet!

Ausdauer ist der Schlüssel, und ich habe festgestellt, dass wir sie meist nur dann brauchen, wenn es darauf ankommt. Ich brauche beispielsweise nie Ausdauer, wenn ich eine Massage bekomme, eine Maniküre machen lasse oder während ich einen

Latte macchiato mit Triple Shot genieße. Nur durch Herausforderungen und Prüfungen werden wir wirklich verändert.

Die Jünger Jesu beispielsweise lernten, mutig zu werden, als sie einen stürmischen See überquerten. Diese Geschichte ist eine meiner Lieblingsgeschichten in der Bibel. Sie folgt direkt nach der Speisung der mehr als fünftausend Menschen, die Jesus und die Jünger mit ein paar Fischsandwichen versorgt hatten. Erinnern Sie sich an diese Geschichte? Ein Junge hatte Jesus sein Mittagessen gegeben, und Jesus tat das, was nur er tun konnte. Er vermehrte es, sodass eine große Menschenmenge satt davon wurde. Die Jünger waren bestimmt ganz aus dem Häuschen! Schließlich war das ein ziemliches Wunder. Solch ein Dienst mit Jesus machte richtig Spaß! Kurz danach forderte Jesus die Jünger auf, in ein Boot zu steigen und schon einmal vorauszufahren. Er wollte sie dann auf der anderen Seite des Sees wieder treffen.[5]

> Nur durch Herausforderungen und Prüfungen werden wir wirklich verändert.

Die Jünger saßen also jetzt im Boot und ruderten zur anderen Seite hinüber. Ich stelle mir vor, dass sie am Anfang noch ganz aufgeregt über das Wunder sprachen, das sie gerade miterlebt hatten. Vielleicht wetteiferten sie auch ein wenig.

„Ich hatte am Ende mehr Fische in meinem Korb als du."

„Ich habe immer gewusst, dass Jesus so etwas einmal tun würde!"

Ein freundlicher Wettstreit und ein wenig Geblödel, so stelle ich mir die Situation auf dem Schiff vor. Doch dann lesen wir in der Bibel, dass in der Mitte des Sees der Wind stärker wurde und die Jünger Schwierigkeiten mit dem Rudern bekamen.[6] Während die Wellen gegen ihr Boot schlugen, dachten sie wahrscheinlich: *Was tun wir überhaupt hier? Das ist anstrengend. Es hat Spaß gemacht, die Menschen satt zu machen, und das war auch ganz einfach. Am besten ist, wir drehen wieder um und fahren zurück!* Sie wussten ja nicht, dass auf der anderen Seite, in Genezareth, noch andere Menschen ein Wunder brauchten.

Auch wir wissen nicht immer, was vor uns liegt, und wir werden es auch nie erfahren, wenn wir in unserer momentanen Situation nicht durchhalten. Ich bin sicher, dass die Jünger müde wurden, und sicherlich hatten sie auch Angst. Der Wind und die Wellen schlugen schließlich gegen ihr Boot.

Jesus, der nicht immer ein Boot benutzt (Erinnern Sie sich?), begann übers Wasser zu laufen. Er ging an den Ort, von dem er gesagt hatte, dass er sie dort treffen wollte: zur anderen Seite des Sees. In der Bibel steht, dass Jesus sah, wie die Jünger mit dem Rudern kämpften, und doch heißt es: *„Er war schon beinahe an ihnen vorüber, …"*[7]

Wie bitte?

Er wollte einfach an ihnen vorbeigehen?

Warum?

Ich weiß es nicht. Vielleicht, weil er es ihnen aufgetragen hatte, zur anderen Seite zu fahren, und er wusste, dass sie dazu auch in der Lage waren. Wenn wir das sechste Kapitel im Markusevangelium zu Ende lesen, stellen wir fest, dass die Jünger vor Entsetzen schrien, als sie ihn sahen. Nun, eigentlich wussten sie zunächst gar nicht, wer er überhaupt war. Tatsächlich? Wie viele Menschen kannten sie wohl, die auf dem Wasser gehen konnten? Aber als ihnen dann doch klar wurde, dass es Jesus war, riefen sie seinen Namen. Daraufhin beruhigte er Wind wie Wellen und stieg zu ihnen ins Boot.

Wie die Jünger, so musste auch ich lernen, mitten im Sturm mutig und stark zu werden. Vor zehn Jahren ruderte ich in meinem kleinen Boot, als ich plötzlich die Diagnose Brustkrebs bekam. Ich dachte: *He, am anderen Ufer hat es mir besser gefallen. Dort, wo es nicht die unzähligen Arztbesuche, die Schmerzen, die Operation und die ganzen Behandlungen gab.* Ähnliche „Ufer-Gedanken“ hatte ich auch, als ich im vergangenen Jahr die vielen Stürme erlebte. Aber der Weg mit Gott führt immer nach vorn, nie nach hinten.

Der Weg mit Gott führt immer nach vorn, nie nach hinten.

Jedes Mal, wenn ich mir meine Vergangenheit zurückwünsche, wenn ich in Erinnerungen schwelge oder mich an sentimentale Bindungen klammere, dann erinnere ich mich heute daran, dass Gott mir alles gegeben hat, was ich brauche, um ans andere Ufer zu kommen. Und ich denke daran, wie er oftmals, als ich seinen Namen gerufen habe, zu mir ins Boot gestiegen ist und den Wind und die Wellen in meinem Herzen beruhigt hat. Und er wird auch zu Ihnen ins Boot steigen. Wer mitten im Sturm mutig und stark werden will, braucht Entschlossenheit. Bitte geben Sie nicht auf!

Als der Apostel Paulus im Gefängnis auf seine Hinrichtung wartete, schrieb er einen letzten kraftvollen Brief an seinen Schützling Timotheus. In diesem Brief gab er ihm einige weise Ratschläge, die die Gemeinde, das Leben und die Zukunft betrafen. Und er warf noch einen letzten Blick über die eigene Schulter, als er sein Leben mit den Worten zusammenfasste:

„Doch ich habe mit vollem Einsatz gekämpft; jetzt ist das Ziel erreicht, und ich bin im Glauben treu geblieben“ (2.Timotheus 4,7).

Paulus war ein großartiger Mensch! Ganze Städte kamen durch ihn zum Glauben und er brachte das Evangelium auch auf den europäischen Kontinent. Das Geheimnis seiner Größe lag jedoch, auch wenn er ein kluger Mann war, nicht in seinem Wissen. Auch lag es weder an seinem Aussehen, seiner Redegewandtheit noch an seinem Talent. Paulus war außergewöhnlich, weil er nicht aufgab, egal welche Umstände ihn heimgesucht haben.

Nach seiner Bekehrung in Damaskus waren die Leute Paulus gegenüber feindselig gesinnt; sie verachteten und verspotteten ihn. Er hätte ruhig sagen können: „Hier gibt es keine Liebe. Ich werfe jetzt das Handtuch." Aber das tat er nicht. Und dann zweifelten die Christen an seiner Bekehrung, und die Juden versuchten, ihn zu töten. Doch er gab nicht auf. Paulus wurde später mehr als einmal ins Gefängnis geworfen. Er gab nicht auf.

Mit seinem „Ja" zu Jesus hatte er sich ihm ganz und gar verpflichtet. Vor seiner Bekehrung hatte er noch die Christen verfolgt und getötet, doch wie einem jeden von uns wurde auch ihm viel vergeben. Er wusste, was seine Berufung war: Er sollte das Evangelium den Heiden bringen, und egal, was ihm dabei in den Weg kam, er hielt durch. Er hielt seine Augen auf Jesus gerichtet und gab nicht auf.

Er erduldete sogar die Brutalität einer Menschenmenge, die ihn steinigte, für tot hielt und liegen ließ. Und wie reagierte er darauf? Er stand auf und ging zurück in die Stadt, in der sich genau die Menschen aufhielten, die ihn töten wollten.[8] Selbst als er sich tatsächlich in einem Sturm befand und den Schiffbruch erlitt, mit dem wir uns hier in diesem Buch beschäftigen, gab er immer noch nicht auf. Paulus gab den Seeleuten Anweisung, auf dem Schiff zu bleiben. Ja, der Sturm tobte, und, ja, sie wollten das Schiff verlassen. Aber ihre Idee, mit dem kleinen Rettungsboot zu fliehen, war überhaupt kein guter Plan – so wie die meisten Fluchtpläne.

Paulus hätte eine Menge Gelegenheiten gehabt, aufzugeben und zu behaupten, dass sein Leben einfach zu schwer war. Aber er tat es nicht.

Auch für uns wird es viele Gelegenheiten geben, das Handtuch zu werfen. Das dürfen wir nicht, egal wie steinig der Weg auch sein mag oder wie hoch die Wellen sind! Treffen Sie die Entscheidung, sich ganz Gott hinzugeben. Er hat Ihnen eine Berufung anvertraut. Geben Sie diese nicht auf.

Sie sind nicht allein

Bitte denken Sie in einem Sturm immer daran, dass Sie von all den sogenannten „Helden des Glaubens" umgeben sind, die uns vorausgegangen sind. Der Schreiber des Hebräerbriefes formulierte das folgendermaßen:

„Da wir nun so viele Zeugen des Glaubens um uns haben, lasst uns alles ablegen, was uns in dem Wettkampf behindert, den wir begonnen haben –auch die Sünde, die uns immer wieder fesseln will. Mit zäher Ausdauer wollen wir auch noch das letzte Stück bis zum Ziel durchhalten. Dabei wollen wir nicht nach links oder rechts schauen, sondern allein auf Jesus. Er hat uns den Glauben geschenkt und wird ihn bewahren, bis wir am Ziel sind. Weil große Freude auf ihn wartete, erduldete Jesus den verachteten Tod am Kreuz. Jetzt hat er als Sieger den Platz an der rechten Seite Gottes eingenommen" (Hebräer 12,1–2).

Denken Sie daran, dass alle himmlischen Heerscharen Sie anfeuern, während Sie mutig und stark werden. Sie müssen durchhalten. Sie dürfen nicht zulassen, dass dieser Sturm Sie ertränkt. Eine ganze nächste Generation hat es nötig, dass Sie Ihren Stab an sie weiterreichen. Sie braucht in ein paar Jahren Ihre Weisheit, die Sie durch die Bewältigung Ihres Sturms gewinnen.

Vielleicht ist es sogar egoistisch von uns, wenn wir in harten Zeiten einfach aufgeben wollen. Oder klingt das in Ihren Ohren zu übertrieben? Ich glaube einfach, dass es Menschen gibt, denen wir helfen sollten. Denn es gibt viele Menschen, die es noch nicht ans Ufer geschafft haben, die sich noch auf der anderen Seite des Sturms befinden. Und das ist auch ein Grund, warum wir nicht aufgeben dürfen. Es geht nicht nur um uns. Und das zu erkennen, gehört mit zu der Reife, von der Jakobus gesprochen hat. Das ist es, was auch Paulus verstanden hat. Auf Sie kommt es an! Darauf, dass Sie mutig und stark werden.

Gideon beispielsweise war ein Mann, den Gott in einer Zeit großer Schwierigkeiten zum Anführer und Richter über das Volk Israel erwählte. Gideon war ängstlich und unsicher, und er zweifelte an seiner Fähigkeit, das Volk leiten zu können. Aber ein Engel Gottes versicherte ihm, dass Gott bei ihm sei.

Einmal sollten Gideon und seine kleine Armee von dreihundert Mann gegen ihre Feinde, die Midianiter, kämpfen. In der Bibel wird uns berichtet, dass sie mitten im Kampf zwar völlig erschöpft waren, aber immer noch ihre Feinde verfolgten.[9] Sie hatten sie in die Flucht geschlagen, und nun waren sie in alle Richtungen geflohen. Gideons Armee hatte keine andere Wahl, als sie zu verfolgen, damit sie sie gefangen nehmen konnten, und die Midianiter waren bereits sehr müde und hungrig. Der Sieg lag also in greifbarer Nähe. Und Gideons Männer waren bereit, die Feinde aus der Stadt zu vertreiben und ihren Auftrag zu Ende zu führen.

Philip und ich waren vor einigen Jahren in Jerusalem. Die Altstadt ist von einer Mauer umgeben. Sieben Tore führen in die

Stadt, durch einige Tore liefen wir hindurch. Ich erfuhr, dass in jeder israelitischen Stadt, die von riesigen Mauern umgeben war, in den Toren Kämpfe stattgefunden haben, bei denen durch einen Sieg oftmals darüber entschieden wurde, wer zukünftig das Land beeinflussen würde.

Paulus hatte beschlossen, so lange durchzuhalten, bis er das Ufer erreicht hatte, und er ermutigte auch andere dazu. Ähnlich war es bei Gideon. Er kämpfte bis an die Tore der Stadt, wo der Kampf entschieden wurde. Können Sie das auch? Können Sie jeden Kampf durchstehen, jedem Sturm standhalten, der Sie außer Gefecht setzen will?

Der Prophet Jesaja ermutigt uns, wenn er sagt, dass Gott diejenigen mit Mut und Kraft ausrüstet, die *„die Feinde aus der Stadt vertreiben"*[10]. Sie dürfen sicher sein, wenn Sie am wenigsten Kraft haben, dann taucht Gott auf.

Also ziehen Sie den Kampf durch! Halten Sie durch im Sturm! Die Belohnungen, wenn Sie nicht aufgeben, werden riesengroß sein.

Sie werden an Kraft gewinnen. Sie werden das Ufer erreichen. Und Menschen in Ihrem Umfeld werden durch Sie ermutigt sein und sich vielleicht zum Besseren verändern.

Werden Sie mutig und stark und seien Sie entschlossen, nicht aufzugeben. Hören Sie nicht auf, dem zu vertrauen, der jeden Sturm stillen kann.

9

Werden Sie stärker

Du wirst nie wissen, wie stark du bist,
außer du hast keine andere Wahl, als stark zu sein.
· Bob Marley ·

Jeder Mensch erlebt in seinem Leben einmal
den besonderen Augenblick,
wenn ihm jemand im übertragenen Sinn auf die Schulter
tippt und ihm die Chance bietet,
etwas ganz Besonderes zu leisten, etwas, was nur ihn
betrifft und seinen Talenten entspricht.
Wie tragisch wäre es, wenn er auf diesen Moment nicht
vorbereitet oder nicht dafür geschult wäre
und er die Aufgabe verpassen würde, die ihm die größte
Stunde seines Lebens bescheren könnte.
· Winston Churchill ·

Ich kannte eine Frau, die ernsthaft abnehmen wollte. Sie musste gut 50 Kilo verlieren, was natürlich nicht mal eben so funktioniert. Sie war auf einem guten Weg, bis es bei ihrer Arbeit plötzlich Probleme gab, die sie sehr belasteten. Die Mitarbeiter im

Büro wurden neu zugeteilt und niemand wusste, ob er oder sie am nächsten Tag noch eine Stelle haben würde. Auch ihre Arbeitsplatzbeschreibung änderte sich. Es war also kein Wunder, dass sie sich wie ein Spielball fühlte, der hin und her geworfen wird. Immer öfter dachte sie: *Momentan passiert einfach zu viel. Das wirft mich echt aus der Bahn. Ich glaube, jetzt brauche ich erst einmal eine Pizza.* Schließlich unterbrach sie ihre Diät, nahm die Kilos, die sie verloren hatte, wieder zu (plus noch ein paar zusätzliche neue auf) und war entmutigter als je zuvor.

Eine andere Frau erlebte in ihrer Ehe stürmische Zeiten. Sie und ihr Mann schienen sich auseinanderzuleben. Sie hatte Angst. Er war beruflich immer öfter eingespannt und sie hatten keine Zeit mehr füreinander. Sie aß weniger, hatte keine Energie mehr für den Alltag und ihre Laune wurde immer schlechter. So war sie noch weniger in der Lage, in ihre Ehe zu investieren.

Dann war da noch die Frau, die gerade ihre Mutter verloren hatte. Die beiden hatten ein sehr enges Verhältnis, aber das war nun für immer vorbei. Ihre Traurigkeit überschattete jeden Bereich ihres Lebens. Bald war sie zu nichts anderem mehr in der Lage, als im Dunkeln auf dem Sofa zu sitzen. Sie wusch sich nicht mehr und aß nichts mehr. Sie war in tiefe Trauer eingehüllt, die schließlich in Depressionen endete.

Stürme wie diese sind sehr schwerwiegend, und mir ist bewusst, dass sie sehr schmerzhaft sind. Inmitten eines Sturms, besonders wenn vergangene Verletzungen wieder an die Oberfläche treten, wollen wir uns oft am liebsten die Bettdecke über den Kopf ziehen und nie wieder aufstehen. Aus eigener Erfahrung und aus dem, was andere mir von sich erzählt haben, weiß ich, dass wir aber stark werden *müssen*, wenn wir Stürme überstehen wollen. So steht denn auch in der Bibel:

„Wenn du in der Not schwach und mutlos bist, dann bist du es auch sonst!" (Sprüche 24,10).

In unserem Leben begegnen wir vielen Nöten. Deshalb müssen wir zusehen, dass wir bei Kräften bleiben, um gut über diese Runden zu kommen. Lassen Sie uns also herausfinden, wie wir „Kraftübungen" für uns zu einer Routine werden lassen können.

Leben Sie kraftvoll!

Die Schiffsbesatzung von Paulus war müde. Sie hatten bereits tagelang gegen den Sturm gekämpft. Sie hatten nicht mehr viel zu essen und auch der Schlaf war garantiert zu kurz gekommen. Und falls sie seekrank geworden sind, war essen vermutlich das Letzte, wonach ihnen jetzt zumute war! Aber Paulus wusste, dass sie genau das brauchten. Denn würden sie jetzt auch noch ihre Kraft verlieren, wären sie noch schlimmer dran. Deshalb ermutigte er sie, sich einen Moment Zeit zu nehmen und ihrem Körper Energie zuzuführen. Vor ihnen lagen große Herausforderungen: Sie mussten an Land schwimmen. Dafür brauchte ihr Körper Kraft, damit sie es schafften.

Eine Erinnerung auch für uns: In Stürmen müssen wir unseren Körper mit allem Lebensnotwendigen versorgen, damit er funktionieren kann. Zu den ganz praktischen Dingen, die wir in unserem Alltag und in Krisenzeiten tun können, gehört nun mal, dass wir für die nötige Kraft sorgen, um sie zu meistern. Wir brauchen wirklich physische Kraft für die Herausforderungen, die vor uns liegen. Ich für meinen Teil fing daher nach meiner Krebsdiagnose an, Sprüche 31,17 wörtlich zu nehmen:

„Unermüdlich und voller Tatkraft [körperliche, mentale, geistliche für die von Gott gegebene Aufgabe] ist sie bei der Arbeit; was getan werden muss, das packt sie an!“

Und ich beherzigte den Rat von Paulus:

„Wenn ihr überleben wollt, müsst ihr jetzt etwas essen!“ (Apostelgeschichte 27,34).

Von Gott kommt Kraft. Er ist unsere Stärke. Und doch ist die Kraft, die in diesem Vers beschrieben wird, eine Kraft, die *wir* selbst bilden können. *„Unermüdlich ist sie.“* Diese Kraft, die notwendig ist, um Stürme zu überstehen, kommt nicht wie in einer Wolke auf uns herab oder durch eine Wunderpille, die wir einnehmen, in uns hinein (obwohl ich mir das manchmal wünsche). Sie wächst vielmehr in uns, wenn wir ein bestimmtes Verhalten an den Tag legen. Wenn wir das tun wollen, was Gott von uns will, und eine Situation bewältigen wollen, egal, wie schwer sie ist, dann brauchen wir dazu drei Arten von Kraft: körperliche, mentale und geistliche Kraft.

Von Gott kommt Kraft.
Er ist unsere Stärke.

Wussten Sie übrigens, dass Kraft sich nur durch Widerstand aufbaut, nämlich wenn wir beispielsweise wie ein Baum zulassen, dass der Wind uns zwar beugt, aber nicht zerbricht. Ein anderes Bild ist unser Bizeps. Vielleicht ist Ihr Armmuskel besonders kräftig, doch das geschah nicht von allein, oder weil ein anderer für Sie Gewichte gestemmt hat. Insofern sollten wir auch für die Kraft, die in Stürmen benötigt wird, von der vermeintlichen Zuschauerbank aufstehen und selbst etwas dafür tun, dass wir Kraft entwickeln. Und wir können da ganz einfach mit dem anfangen, was Paulus geraten hat und uns erst einmal etwas zu essen besorgen, damit wir zu neuer Kraft finden.

Die Kraft aus Ihrem Körper

In einem Sturm hören manche Menschen – so wie auch die Seeleute bei Paulus auf dem Schiff – auf zu essen. Aber das sollten sie nicht. Andere wiederum fangen an, die falschen Dinge zu essen (äh ...!). Ich jedenfalls kann es mir nicht vorstellen, so gestresst zu sein, dass ich gar nichts mehr esse. Wenn ich angespannt bin, brauche ich Kohlehydrate! Weder Salat noch gegrilltes Gemüse, sondern Pommes, Brot, Eis, Schokolade und Pizza. Mir läuft jetzt schon das Wasser im Mund zusammen! Selbst wenn es total chaotisch zugeht, finde ich immer Zeit, mir etwas in den Mund zu stecken!

Selbstverständlich müssen wir essen und dafür sorgen, dass unser Körper stark und gesund bleibt. Allerdings bedeutet das, dass wir ihm die *richtige* Nahrung zuführen müssen. Nachdem ich die Krebsdiagnose erhalten hatte, beschloss ich, künftig gesund leben zu wollen. Nichts weckt so sehr den Wunsch nach einem gesunden Lebensstil wie eine Krebsdiagnose! Ich musste meinen Körper gut und gesund kräftigen, wenn ich in diesem Sturm das Ufer erreichen wollte. Also las ich Dutzende von Gesundheitsratgebern, und ich veränderte einige Dinge in meinem Leben, um mich in Form zu bringen. Ich veränderte sowohl mein Essverhalten wie auch meine Schlaf- und Sportgewohnheiten. Mir war vollkommen klar, wenn ich wieder gesund werden wollte, musste ich dafür mehr tun, als nur täglich einen Salat essen. Ich musste ein paar ganz drastische Veränderungen durchführen. Zum Beispiel einige Dinge aus meiner Speisekammer entfernen – wie raffinierten Zucker, Weizenmehl und manche Lebensmittel, die

Konservierungsstoffe enthalten. Sie taten meinem Körper nicht gut. (Mein Mann fand das übrigens gar nicht so gut.) Doch ich legte zunächst gedanklich den Schalter um und setzte all diese Dinge in die Tat um. Das bedeutete letztendlich, ich musste

- plötzlich in Reformhäusern einkaufen gehen,
- mit Bioprodukten kochen,
- lernen, wie man Gemüse entsaftet,
- Gerstengras trinken,
- über 40 Vitamine am Tag zu mir nehmen,
- stapelweise Gesundheitsratgeber lesen,
- regelmäßig Sport treiben.

Jahrelang war mir das überhaupt nicht so bewusst, dass ich sogar quasi dazu verpflichtet bin, so gesund wie möglich zu leben. Unser Körper wird nämlich in der Bibel beschrieben als ein Tempel des Heiligen Geistes. Wir sollten diesen ehren, was bedeutet, dass wir nicht einfach achtlos mit ihm umgehen dürfen.[1] Und ich spürte, wie andere hinter mir standen und auf mich zählten, dass ich diesen Krebssturm überwinden sollte – nicht nur meine Familie und Freunde, sondern auch Menschen, die Jesus und seine in uns wirkende Kraft noch nicht kennen. Das bedeutet, ich musste mich um diesen Körper kümmern, der mir geschenkt wurde, damit ich kräftig und stark aus diesem Sturm hervorgehen konnte.

Rückblickend wurde mir schlagartig bewusst, dass ich jahrelang meinen Körper missbraucht habe. Ich aß, was ich wollte, hörte auf, Sport zu treiben und schlief nicht ausreichend genug. Ich dachte, er würde das schon wegstecken und kompensieren. Und jahrelang war das auch der Fall. Zwar hörte ich bei verschiedenen Anlässen immer wieder mal etwas über gesunde Ernährung und die Bedeutung von Sport, aber ich habe das, was ich da gelernt habe, nie wirklich angewandt.

Es schien so aufwendig zu sein.

Und teuer.

Und irgendwie unbequem.

Nun ja.

Eine Krebsbehandlung ist aufwendig.

Und teurer.

Und definitiv auch sehr unbequem.

Und so fasste ich mir ein Herz und war bereit zu lernen, was ich tun musste, um gesund zu werden und zu bleiben.

Nun zu Ihnen. Lassen Sie mich Ihnen zwei Fragen stellen: Kümmern Sie sich um den Körper, der Ihnen anvertraut wurde? Tun Sie ihm Gutes? Wir haben einen Körper bekommen, der uns durch alle Phasen und Stürme unseres Lebens bringen soll. Wir haben uns um ihn zu kümmern und ihm unser Bestes zu geben, damit er stark bleibt.

Als ich gegen den Krebs kämpfte, wurde mir klar, dass ich eine Verantwortung habe und meinen Teil dazu beitragen muss, dass ich gesund bleibe und meinen Körper stärke. Und als ich las, was Paulus den Korinthern schrieb, fühlte ich mich von seinen Worten herausgefordert und ermutigt, etwas zu verändern:

„Ihr kennt das doch: Von allen Läufern, die im Stadion zum Wettlauf starten, gewinnt nur einer den Siegeskranz. Lauft so, dass ihr ihn gewinnt! Wer im Wettkampf siegen will, setzt dafür alles ein. Ein Athlet verzichtet auf vieles, um zu gewinnen. Und wie schnell ist sein Siegeskranz verwelkt! Wir dagegen kämpfen um einen unvergänglichen Preis. Ich weiß genau, wofür ich kämpfe. Ich laufe nicht irgendeinem ungewissen Ziel entgegen. Wenn ich kämpfe, geht mein Schlag nicht ins Leere. Ich gebe alles für diesen Sieg und hole das Letzte aus meinem Körper heraus. Er muss sich meinem

Willen fügen. Denn ich will nicht andere zum Kampf des Glaubens auffordern und selbst untauglich sein" (1. Korinther 9,24–27).

Paulus verglich sich mit den Läufern und Athleten der Isthmischen Spiele, den Wettkämpfen im antiken Griechenland, die bei den Menschen in Korinth wohlbekannt waren. Wer bei diesen Spielen mitmachte, musste eine strenge Diät halten und hart trainieren. Die Athleten disziplinierten ihren Körper und gaben alles, damit sie den Preis gewannen. Dieser Preis war allerdings vergänglich; es war ein Kranz aus Kiefernzweigen, den nur einer gewinnen konnte.

Doch Christsein ist kein Rennen, bei dem es nur einen Gewinner gibt. Paulus ermutigt jeden von uns, den Sieg einzuholen. Wir alle können gewinnen. Sie und ich leben und laufen ein Rennen, bei dem wir nicht einen vergänglichen Preis gewinnen, sondern damit wir am Ende Jesus sagen hören: „Das hast du gut gemacht." Sollten wir uns also nicht *noch mehr* in Selbstkontrolle üben anstatt zuzulassen, dass unser Körper unserem Verstand sagt, was wir tun sollen? Sollte nicht eher unser Verstand unserem Körper sagen, was wir essen, wie wir ausruhen und wann wir uns bewegen sollen? Jeder von uns will sein Rennen kraftvoll beenden, aber das geht nur, wenn wir bewusst handeln. Egal, in welchem Sturm Sie stecken oder welche Schwierigkeiten einmal auf Sie zukommen werden, Sie werden Kraft brauchen, um sie zu meistern.

Ich selbst habe das erst begriffen, als bei mir Krebs diagnostiziert wurde. Da begann ich, regelmäßig Sport zu treiben. Aber ich muss ergänzen, dass ich mich nie danach *fühle*. Ich weiß, manche Menschen lieben es, Sport zu treiben. Ich tue es nur, weil ich mich verpflichtet habe, Kraft aufzubauen. Ich verbringe also nicht mehrere Stunden im Fitnessstudio, es sind nur ungefähr 45 Minuten. Ich habe sogar ein gutes Online-Programm entdeckt, bei dem ich mir verschiedene Übungen aussuchen kann, die ich überall auf der Welt – egal, ob zu Hause oder in einem Hotel – durchführen kann.

Außerdem änderte ich meine Schlafgewohnheiten. Ich lernte, dass unser Immunsystem um Mitternacht, wenn wir schlafen, sich am besten regenerieren kann, also tue ich mein Bestes, um spätestens gegen 23 Uhr im Bett zu liegen. Manchmal klappt das nicht so, wie ich will, weil das Leben eben ab und zu verrücktspielt, aber zumindest habe ich es mir zum Ziel gesetzt.

Seitdem ich gelernt habe, was Gesundheit wirklich bedeutet, bemühe ich mich, so gut es mir eben möglich ist, mich um meinen Körper zu kümmern, den Gott mir anvertraut hat. Dr. Myron Wentz, einer der Ärzte, der mir half, wieder Kraft zu gewinnen, formulierte das so:

„Wirkliche Gesundheit hat nichts damit zu tun, wie Sie sich morgens beim Aufwachen fühlen. Es geht auch nicht um gute Blutwerte, ein zufriedenstellendes Röntgenbild oder einen positiven Untersuchungsbericht Ihres Arztes. Wahre Gesundheit basiert nicht darauf, welche körperliche Statur Sie haben oder ob Sie in der Lage sind, an einem Triathlon teilzunehmen.

Wahre Gesundheit bedeutet, dass Sie mit den Verhältnissen, die Ihnen gegeben wurden und mit der Situation, in der Sie leben, im bestmöglichen Zustand leben. Wahre Gesundheit ist nicht die Abwesenheit von Krankheiten. Es geht vielmehr darum, dass wir unseren Körper auf eine Weise stärken, dass er so optimal, wie es ihm möglich ist, funktionieren kann.

Wenn ich an optimale Gesundheit denke, dann denke ich an Energie und Kondition. Ich denke an Flexibilität, Kraft und Ausdauer.

Optimale Gesundheit bedeutet, Reserven zu haben, damit man mit den unerwarteten Belastungen des Alltags fertigwird. [...]

Gute Gesundheit kann und darf man nicht für selbstverständlich halten. Man sollte sie an jedem Tag seines Lebens mit größter Sorgfalt und Aufmerksamkeit schützen. Das ist die wirkungsvollste Methode, degenerative Krankheiten zu vermeiden und somit aktiv und lebensfroh ein maximales Alter zu erreichen. Nur wenn Sie sich eine gute Gesundheit erhalten, können Sie das tun, was Sie tun wollen und was Sie für sich und die Menschen, die Ihnen lieb sind, tun müssen.“[2]

In Amerika sterben weniger Menschen an ansteckenden Krankheiten als an degenerativen Erkrankungen. Es kommt darauf an, was wir unserem Körper zuführen und wie wir mit schädlichen Umwelteinflüssen umgehen. Der Direktor des öffentlichen Gesundheitsdienstes der USA sagte bereits vor 20 Jahren: „*Das, was wir essen, kann das Risiko für einige Haupttodesursachen der Amerikaner beeinflussen, das sind insbesondere koronare Herzerkrankungen, Schlaganfälle, Arteriosklerose (Gefäßverkalkung), Diabetes und manche Krebsarten. Diese Krankheitsbilder sind für mehr als zwei Drittel aller Todesfälle in den USA verantwortlich.*“[3]

Wie geht es Ihnen jetzt? Können Sie mir folgen? Sind Sie bereit, mutig und stark zu werden und den körperlichen, kraftbildenden Prozess in Angriff zu nehmen?

Von all den Informationen kann man sich auch erst einmal überwältigt fühlen. Ich habe mehrere Wochen in einer Klinik für ganzheitliche Medizin verbracht, in der ich einiges über Stress und schädliche Umwelteinflüsse gelernt habe. Es gab dort eine Patientin, bei der eine beidseitige Brustamputation durchgeführt worden war, und die vor nicht langer Zeit erfahren hat, dass der Krebs sich nun in ihre Lungen ausgebreitet hatte. Sie erklärte mir, dass sie nach West Virginia umziehen würde, weil dort die Luft weniger verschmutzt sei. Sie wollte sich in einem kleinen Ort niederlassen und dort ihre Ukulele spielen. Das ist kein Witz! Ich dachte: *Vielleicht sollte ich auch nach West Virginia ziehen und Ukulele spielen. Dort wäre es sicherlich viel entspannter als in Los Angeles!*

Als ich wieder zurück in mein Zimmer ging, überlegte ich, wie ich Philip den Umzug beibringen könnte. Dann kam meine Freundin Bobbie zu Besuch. Sie sah sofort, dass etwas mit mir nicht stimmte. Ich erzählte ihr, dass wir nach West Virginia umziehen mussten, weil dort die Luft sauberer war und es weniger Stress geben würde. Sie lachte. Dann nahm sie mein Gesicht in die Hände, sah mir in die Augen und erinnerte mich daran, dass derselbe Gott, der mich nach Los Angeles gerufen hatte, sich auch in Los Angeles um mich kümmern würde. Sie sagte, ich solle mir das mal ganz schnell aus dem Kopf schlagen. Eine Berufung ist immer ortsgebunden! Aber wieder einmal geriet ich in Versuchung, den Platz zu verlassen, an den Gott mich gestellt hatte, damit ich dort lebe und arbeite. Ich bin mir ziemlich sicher, dass Philip von der ganzen Sache mit West Virginia nicht begeistert gewesen wäre (schließlich gibt es dort keine namhaften Profisportmannschaften).

Ein weiterer Grund, warum wir in einem Sturm Kraft brauchen, ist die Tatsache, dass wir nach der Erschöpfung depressiv werden können. Um eine Krise überstehen zu können, brauchen wir neben der körperlichen auch mentale, also seelische Kraft. Ich kenne eine Menge Leute, die angefangen haben, Antidepressiva einzunehmen. Diese Medikamente beeinflussen das allgemeine Wohlergehen, doch sie lösen nicht alle Probleme. Und oft gibt es ganz praktische, greifbare Dinge, die wir tun müssen.

Körperliche Bewegung ist entscheidend, wenn wir ein Leben lang gesund bleiben wollen. Es ist wichtig, dass wir sie in Zeiten, in denen es uns schlecht geht, nicht vernachlässigen. Forscher an verschiedenen Universitäten (Duke, Harvard und Stanford) haben wiederholt herausgefunden, dass Sport ein starkes Mittel ist gegen Ängste (die in einem Sturm normal sind) und Depressionen (ebenfalls ein üblicher Nebeneffekt). Das Team an der Duke Universität fand beispielsweise heraus, dass es Erwachsenen, die an starken Depressionen litten und jeden Tag Sport trieben (eine halbe Stunde Aerobic sowie jeweils 15 Minuten ein Warm-up und ein Cool-down) nach vier Monaten genauso gut ging wie denen, die ein bestimmtes Medikament einnahmen. Bei einer Nachuntersuchung nach sechs Monaten stellte sich heraus, dass die Wahrscheinlichkeit, teilweise oder ganz gesund zu werden bei den sportlich aktiven Patienten höher war als bei denen, die Medikamente einnahmen. Gleichzeitig war die Wahrscheinlichkeit, dass diese Personen einen Rückfall bekommen könnten, mit 8 gegenüber 38 Prozent bedeutend geringer.[4]

Damit will ich nicht sagen, dass Sie stimmungsaufhellende Medikamente und Antidepressiva nicht mehr nehmen sollten, wenn dies auf ärztlichen Rat hin erforderlich sein sollte. Ich möchte Ihnen nur vorschlagen, in Krisenzeiten daran zu arbeiten, Ihren Körper fit zu halten und stark zu machen. Denn ein regelmäßiges Training trägt viel dazu bei, dass Sie das Ufer erreichen werden.

Ich trainiere nicht, weil ich einen Wettkampf im Bodybuilding gewinnen will (das wird sowieso nie passieren), sondern weil ich versuche, Muskeln aufzubauen, mein Herz zu stärken und meinen Körperfettanteil im vernünftigen Rahmen zu halten. Aufgrund meiner Skoliose leide ich oft unter Rückenschmerzen. Ich habe aber herausgefunden, dass mein Rücken stärker wird und weniger wehtut, wenn ich meine Bauchmuskeln trainiere. Wissen Sie, wie ich das mache? Ich führe Hunderte von Bauchpressen, Beinhebeübungen und Sit-ups durch. Hat mir das jemals Spaß gemacht? Nein! Aber ich mache es trotzdem, weil ich weiß, dass ich stark sein muss, um alle Aufgaben, die mir anvertraut sind, gut zu bewältigen. Ich bin dann auch in der Lage, weil es mir körperlich gut geht, die Lügen des Feindes besser abzuwehren, die in schweren Zeiten heftig und unaufhörlich auf mich einprasseln.

Außerdem habe ich festgestellt, dass ich mich einfach besser fühle, wenn ich mich um meinen Körper kümmere. Fühle ich mich gut, treffe ich einfach bessere Entscheidungen, als wenn ich körperlich schwach bin. Bin ich aber erschöpft, scheint der Sturm so gewaltig und das Ufer so weit weg zu sein, dass mich selbst kleinste Kleinigkeiten komplett umhauen.

In unserem Leben müssen wir viel leisten und einige heftige Krisen überwinden. Lassen Sie uns deshalb darauf achten, stark zu sein! Es ist egal, ob Sie 18 oder 78 sind, Sie können jetzt damit anfangen, sich körperlich zu betätigen. Sie werden spürbar merken, dass Sie dann imstande sind, die Stürme besser meistern zu können.

Wer allerdings körperlich fit bleiben will, der darf nicht vergessen, sich auch auszuruhen. Wussten Sie, dass sich Muskeln tatsächlich in der Ruhephase entwickeln? Wir trainieren einen Muskel, lassen ihn ruhen und trainieren ihn dann wieder. Unser Körper benötigt Ruhe, damit er sich wieder erholen kann. In stürmischen Zeiten passiert es leicht, dass wir hart arbeiten und vergessen, uns auszuruhen. Aber wenn wir es an Land schaffen wollen, müssen wir Pausen einlegen! Gott arbeitete sechs Tage lang hart und ruhte sich anschließend aus. Er will, dass wir dasselbe tun (und aus diesem Grund gehört die Einhaltung des Sabbats mit in die Zehn Gebote).

Als ich gegen meine Krebserkrankung kämpfte, wusste ich um eine Frau, die gerade an ihrem Arbeitsplatz einen Sturm erlebte. Sie nahm sich ein paar Tage frei, aber während dieser Zeit tat sie nichts, wodurch sich ihre Seele erholen konnte. Als sie dann wieder zurück zur Arbeit ging, war sie genauso erschöpft wie vorher.

Wenn wir uns ausruhen, sollten wir darauf achten, nicht nur unsere körperlichen, sondern auch unsere seelischen Kräfte wieder aufzutanken.

Wie können Sie sich am besten ausruhen? Finden Sie es heraus! Manche lesen gern, andere gehen spazieren, trinken mit einer Freundin einen Kaffee, schlafen, beten, singen Anbetungslieder, sehen sich einen Film an, gehen zum Essen aus. Es ist völlig egal, wie Sie ausruhen. Sorgen Sie einfach dafür, dass es in Krisenzeiten diese Momente gibt, in denen Sie körperlich, seelisch, mental und geistlich zur Ruhe kommen.

Wir wissen, unser Leben findet nicht ohne Stress statt. Täglich erleben wir anstrengende Situationen, die sich nicht immer sofort auflösen. Es kommt daher auch darauf an, wie wir mit anhaltendem Stress umgehen.

Während meiner zweiwöchigen Krebsbehandlung im Krankenhaus untersuchte einer der Ärzte, wie hoch mein Stresslevel war. Vor der Untersuchung fragte er mich, wie gestresst ich mich fühlte. Meine Antwort lautete, dass es mir gerade sehr gut ging. Er schloss mich an ein Gerät an und begann mit der Untersuchung.

Das Ergebnis schockierte mich. Der Arzt teilte mir mit, dass mein Stresslevel so hoch war, als würde ich vor einem brüllenden Löwen stehen und ihm ins Gesicht starren.

Was mich schockierte war, dass ich nichts davon merkte. Ganz offensichtlich musste ich also wohl noch üben, Stress zu erkennen und damit umzugehen!

Wie geht es Ihnen also wirklich? Vergessen Sie nicht, dass es Zeit braucht, Kraft zu entwickeln, egal auf welchem Gebiet das ist. Das kann frustrierend sein, denn wir leben in einer schnelllebigen Gesellschaft. Alles geht praktisch sofort: Fast Food, Amazon-Lieferungen, E-Mails, Handys, Reisen. Es gibt sogar Drive-in-Apotheken und Drive-thru-Starbucks! Wir wollen bestimmen können, wann wir etwas haben wollen, und wir wollen es meist *sofort*! Das Entwickeln von echter Kraft und Stärke braucht aber Zeit. Holen Sie also tief Luft. Machen Sie anschließend den ersten Schritt in Richtung Krafttraining und hören Sie auf Paulus: Essen Sie etwas, sorgen Sie für Bewegung und ruhen Sie sich anschließend aus.

Die Kraft Ihres Geistes

Körperliche Kraft ist nur eine der Kräfte, die wir entwickeln müssen, die geistige ist eine andere. Es ist jetzt also an der Zeit, unseren Verstand arbeiten zu lassen. Erinnern Sie sich noch daran, dass die Frau in Sprüche 31 mit dem hebräischen Wort *chayil* beschrieben wird? Das bedeutet, eine Frau mit Heldenmut. Die Kraft, die in *chayil* steckt, wird aus drei Bereichen gewonnen: Menschen, finanzielle Mittel und andere Hilfsmittel. Insofern ist die Frau in Sprüche 31 tüchtig, weil sie genau weiß, wie man Beziehungen zu anderen Menschen aufbaut. Sie ist tüchtig, weil sie weiß, wie man sein Geld vermehrt und wie man es weise ausgibt (der zweite Teil fällt uns nicht immer leicht, nicht wahr?). Und sie ist tüchtig, weil sie sich mit den richtigen Mitteln ausstattet. Sie lernt gerne: Sie liest Bücher, vermehrt ihr Wissen und nimmt dadurch geistig an Kraft zu. Sie ist ein Vorbild für uns.

Lassen Sie uns Frauen sein, die sich nicht nur Realityshows im Fernsehen ansehen; lassen Sie uns Frauen sein, die sich nicht nur mehr Informationen und Fertigkeiten aneignen, sondern die auch neue Sichtweisen auf die Welt, auf Problemlösungen, auf das Leben und auf die Menschen haben.

Vor einigen Jahren beschloss ich, noch einmal zur Schule zu gehen, um einen Master in Theologie zu erwerben. Vielleicht werde ich dann schon 103 Jahre alt sein, bis ich das endlich schaffe, dachte ich zuerst. Aber ich habe damit begonnen und ich lese sehr dicke Lehrbücher. Ich muss Hausarbeiten schreiben, in denen ich Dinge über Gott, die hypostatische Einheit (*Die was?*) und die biblische Weltanschauung erkläre. Ich weiß nicht, wohin mich all diese Studien führen werden; ich wollte nur einfach damit anfangen. Doch ich habe schon jetzt an mir festgestellt, dass meine geistige Stärke zugenommen und mein Denken sich erweitert hat, was wiederum zur Folge hat, dass ich in Krisenzeiten kreativere Einfälle habe und weiträumiger denke.

Vielleicht liegt Ihnen Schule nicht. Kein Problem. Dann finden Sie einen anderen Weg, um Ihren Geist zu stärken. Vielleicht lesen Sie mal ein Buch von jemandem, mit dessen Ansichten Sie überhaupt nicht übereinstimmen, oder Sie lernen einen Menschen aus einer anderen Kultur kennen. Sie könnten auch ein anderes Land bereisen oder einen Schriftsteller-, Unternehmer- oder Kunstkurs besuchen. Die Liste der Möglichkeiten, den eigenen Horizont zu erweitern, ist endlos.

Geistige Stärke hört aber nicht an diesem Punkt auf. Zu ihr gehört nämlich noch eine andere Ebene: unsere Emotionen und wie gut wir sie in Krisenzeiten im Griff haben.

Haben Sie die Kontrolle über Ihre Gefühle oder werden Sie von ihnen kontrolliert? Können Sie Ihre Wut beherrschen? Ihre

Worte? Wächst bei Ihnen der Mut oder schlägt die Angst in Ihnen Wurzeln? Haben Sie mit Eifersucht zu kämpfen? Oder können Sie ruhig sein, weil Sie Ihre Sicherheit aus dem schöpfen, was Gott über Sie sagt? Wofür entscheiden Sie sich?

Liebe oder Hass?

Frieden oder Chaos?

Freude oder Kummer?

Demut oder Stolz?

Eine der größten Herausforderungen in schwierigen Zeiten ist der Umgang mit unseren Gefühlen. Sie gehört zur Selbstbeherrschung, die wiederum Teil unserer geistigen Stärke ist. In Krisenzeiten legen wir oft zu wenig Wert darauf, uns zu beherrschen, weil alles andere bereits so schwer ist.

Zu meiner geistigen Stärke gehören oft meine Worte. Es gibt Momente, da brauche ich die Kraft, meinen Mund zu öffnen und Worte der Weisheit zu sprechen, weil es Menschen gibt, die nicht in der Lage sind, sich selbst zu verteidigen. Aber es gibt auch Zeiten, da muss ich meinen Stolz hinunterschlucken, Selbstbeherrschung üben und Gott um die Kraft bitten, meinen Mund halten zu können. Mich nicht zu verteidigen. Mich nicht zu rechtfertigen. Meine Meinung für mich zu behalten. Stillschweigen zu bewahren. (Oh weh!)

Wir können uns beherrschen, weil der Heilige Geist in uns wohnt.

Glücklicherweise ist die Selbstbeherrschung auch eine Frucht des Heiligen Geistes.[5] Das bedeutet, wir können uns beherrschen, weil der Heilige Geist in uns wohnt. Wir müssen diese Frucht nur anwenden.

Ich selbst kann mich da an einen Tag erinnern, als ich nach einigen herausfordernden Erlebnissen nach Hause kam. Bei der

Arbeit hatte ich mit einer bestimmten Person eine Auseinandersetzung gehabt und danach eine schwierige Situation mit einer Freundin gemeistert. Als ich dann meinen Sohn von der Schule abholte, reichte eine kleine, respektlose Bemerkung von ihm, dass ich aus der Haut fuhr. Meine Reaktion war übertrieben! Ja, er brauchte in dem Moment Korrektur, aber ich übte diese nicht über meine mentale Stärke der Selbstbeherrschung aus. Ich reagierte heftig, anstatt angemessen mit dieser besonderen Situation umzugehen. Und damit verursachte ich nur noch mehr Probleme, mehr Verletzungen und mehr Stress.

Gefühle sind ein unglaubliches Geschenk, und doch stelle ich fest, dass wir meist von ihnen kontrolliert werden, anstatt sie zu beherrschen. Wir tun so viele Dinge, weil wir uns „danach fühlen" oder eben „nicht danach fühlen". Und das kann uns in ernsthafte Schwierigkeiten bringen und mitunter einen Sturm in die Länge ziehen. Bauen wir jedoch unsere mentale Stärke weiter auf und passen sie der Situation an, kann uns das auf jedes Problem vorbereiten, das sich uns in den Weg stellt.

Die Kraft des Glaubens

Letzten Endes dürfen wir nicht die Kraft des Geistes vergessen! Um sie geht es in diesem gesamten Buch. Deshalb hoffe ich, dass Sie den Prozess, diese Art von Stärke aufzubauen, bereits begonnen haben. Über die Kraft des Geistes schrieb der Apostel Petrus, dass Gott uns alles gegeben hat, was wir für ein Leben brauchen, das ihm gefällt, und er fordert uns heraus:

„Deshalb setzt alles daran, Gott zu vertrauen, und zeigt das durch ein vorbildliches Leben. Jeder soll sehen, dass ihr Gott kennt. Diese Erkenntnis Gottes zeigt sich in eurer Selbstbeherrschung.

Selbstbeherrschung erfordert Ausdauer, und aus der wiederum erwächst wahre Liebe zu Gott. Wer Gott liebt, wird auch seine Brüder und Schwestern lieben, und schließlich werden alle Menschen diese Liebe zu spüren bekommen.

Wenn ihr diesen Weg geht und dabei weiter vorankommt, wird euer Glaube nicht leer und wirkungslos bleiben, sondern ihr werdet unseren Herrn Jesus Christus immer besser kennenlernen" (2. Petrus 1,5–8).

Diese Beschreibung von geistlicher Kraft liebe ich. Sie wirkt dadurch weniger geheimnisvoll und eher praktisch. Geistliche Stärke geht aus *Selbstbeherrschung, Ausdauer, wahrer Liebe zu Gott, Liebe zu den Brüdern und Schwestern und zu allen Menschen* hervor. Wenn Sie sich in einer Krise befinden, können Sie dann mutig und stark werden und an diesen Dingen arbeiten? In der englischen Bibelübersetzung der Message-Bible steht anstelle von „*wahrer Liebe zu Gott*" „*ehrfürchtiges Staunen*". Diese Übersetzung gefällt mir persönlich besser. In meiner schrecklichen Zeit letztes Jahr merkte ich nämlich, dass ich zynisch und bitter wurde. Ich musste mich regelmäßig disziplinieren, über irgendetwas staunen zu können. Ein Baby. Einen Sonnenuntergang. Den Mond. Irgendetwas.

Wie sieht es bei Ihnen mit dem Staunen aus? Und Ihrer Beziehung zu Gott? Ist sie echt? Wird sie reifer? Lassen Sie zu, dass Gottes Heiliger Geist Gutes in Ihrem Leben hervorbringt? Selbstbeherrschung? Ausdauer? Wahre Liebe? Liebe zu den Geschwistern? Liebe zu allen Menschen? Lesen Sie in der Bibel? Verbringen Sie Zeit im Gebet?

Der Apostel Paulus schrieb, dass wir „*unaufhörlich beten*"[6] sollen. Ist das nur eine fromme Phrase oder beten wir tatsächlich ununterbrochen? Will ich geistlich wachsen, dann muss ich beten. Natürlich gibt es eine bestimmte Zeit am Tag, in der ich bete, aber ich kann auch im Laufe des Tages beten, beispielsweise wenn ich Auto fahre (mit offenen Augen natürlich). Oder ich bete in meinem Herzen, wenn mir ein schwieriges Gespräch bevorsteht oder auch am Ende des Tages. Und Jakobus ermutigte uns sogar zu beten, wenn wir glücklich oder krank sind oder wenn wir einen Fehler gemacht haben.[7]

Die Jünger haben Jesus drei Jahre lang beobachtet. Sie hatten gesehen, dass er in jeder Lage betete, und sie verstanden, dass er Kraft durch Gebet verliehen bekam. Vielleicht richteten sie deshalb die Bitte an ihn: *„Herr, lehre uns beten."*[8] Sie hätten so vieles von ihm erbitten können, doch sie wollten ausgerechnet, dass er ihnen *das Beten* beibrachte. So auch wir: Wenn wir inmitten unseren Schwierigkeiten geistlich an Stärke zunehmen wollen, dann müssen wir beten.

Ich hoffe, Sie nehmen mir das jetzt nicht übel. Ich weiß, dass man sich schnell persönlich angegriffen fühlen kann, wenn man gesagt bekommt, was man essen, wann man schlafen, und dass man mehr lesen und beten soll. Sie haben das hoffentlich nicht als Kritik aufgefasst, sondern als Ermutigung, an Ihrer körperlichen, geistigen und geistlichen Stärke zu arbeiten. Auch ich arbeite daran.

Gemeinsam können wir es schaffen, mutig und stark zu werden, um die Stürme des Lebens zu meistern.

10

Auf der anderen Seite

Aber alle, die ihre Hoffnung auf den Herrn setzen, bekommen neue Kraft.

· *Jesaja 40,31* ·

Geh so weit du sehen kannst.
Wenn du dort angekommen bist,
kannst du noch weiter sehen.

· *B. J. Marshall* ·

Sehen Sie sich gerne Filme an? Ich schon, aber bevor ich ins Kino gehe, frage ich meistens die Leute, die den Film schon gesehen haben: „Gibt es ein Happy End oder ergibt das Ende wenigstens einen Sinn?“ Mir ist egal, wie viele Höhen und Tiefen, emotionale Momente oder gefährliche Abenteuer im Film vorkommen, solange das Ende sinnvoll ist!

Das Ende ist immer wichtig.

Haben Sie die Fernsehserie *Lost* gesehen? Sie war so interessant, mit großartigen Charakteren besetzt, verrückten Abenteuern, einer unheimlichen Gruppe, genannt *die Anderen*, geheimnisvollem Rauch, versteckten Gebäuden, einem Geheimcode – und dann die letzte Episode, das schlechteste Serienende, das es wohl jemals gab! Im Ernst, das war so enttäuschend. Jemand, der an der Produktion der Serie mitgearbeitet hatte, erzählte mir, woran das lag. Sie hatten nicht erwartet, dass die Serie jemals so lang werden würde, deshalb hatten sie sich keine Gedanken über ein zufriedenstellendes Ende gemacht.

Anders als die Drehbuchautoren von *Lost* hat Gott immer ein Ende bzw. Ziel im Hinterkopf, wenn er etwas beginnt. Vielleicht sieht es anders aus, als Sie es sich vorgestellt haben, aber am Ende wird es besser sein, als Sie es sich jemals erträumt hätten! Da ich nun aber immer gerne weiß, wie etwas endet, werde ich Ihnen ein Ende verraten, das ich kenne:

„Denn ich allein weiß, was ich mit euch vorhabe: Ich, der Herr, werde euch Frieden schenken und euch aus dem Leid befreien. Ich gebe euch wieder Zukunft und Hoffnung“ (Jeremia 29,11).

Diese Worte richteten sich an die Juden, die sich im Exil in Babylonien befanden, nachdem sie von König Nebukadnezar gezwungen worden waren, Jerusalem zu verlassen. Sie lebten weit weg von zu Hause und von allem, was ihnen vertraut war. Es mag so ausgesehen haben, als ob all ihre Hoffnungen und Träume zerschlagen waren. Vielleicht fragten sie sich sogar, ob Gott sie vergessen hatte. Mitten in ihrer Angst versicherte Gott ihnen aber, dass er über sie nachdachte. Wie herrlich ist es, dass der Gott des Universums mitten in unserem Schmerz an uns denkt. Er weiß, wer wir sind und wo wir sind.

Wie herrlich ist es, dass der Gott des Universums mitten in unserem Schmerz an uns denkt.

Er denkt aber nicht nur an uns, sondern seine Gedanken über uns sind auch gut. Er hat Gedanken des Friedens über uns. Er hat sich nicht von uns abgewandt. Er will uns eine Zukunft geben, die voller Hoffnung ist. In einer anderen Übersetzung heißt es, dass er uns *„das Ende, des wir warten"*[1] geben wird. Das sind gute Nachrichten. Gott ist ewig, und deshalb gehört zu dem Ende, auf das wir warten, der Himmel. Aber das bedeutet auch, dass diese Phase, dieser Sturm, in dem wir jetzt stehen, sicher ein Ende haben wird.

Und das ist gut zu wissen. Denn manchmal passiert es uns, wenn wir uns mitten in einem Sturm befinden, dass wir uns auf die großen Wellen konzentrieren und dabei vergessen, dass Gott immer noch regiert. Er ist immer noch Gott und er hält eine Zukunft und eine Hoffnung für Sie und mich bereit. Mitten im Sturm dürfen wir also mutig und stark werden, wenn wir uns diese Wahrheit vor Augen halten und zulassen, dass sie unsere Gedanken wie auch unsere Haltung in Dankbarkeit verwandelt.

Lernen, dankbar zu sein

Als der Sturm immer noch erbittert gegen das Schiff tobte und wütete, beschloss Paulus, etwas zu tun, was den meisten Menschen fremd vorkommen mag: Paulus brachte nämlich seine Dankbarkeit zum Ausdruck. Nachdem er gerade der Schiffsbesatzung etwas zu essen gegeben hatte, damit sie wieder zu Kräften kommen konnte, fing er an, Gott zu preisen. Er war überzeugt, dass dieser Sturm nicht das Ende seiner Geschichte war, die Gott mit ihm schreiben wollte. Und er ermutigte auch die Seeleute dazu, indem er sie daran erinnerte, dass Gott immer noch Gott war. Die Wellen wüteten zwar heftig, aber Gott hatte sie nicht vergessen. Sie mussten ihre Augen nur von ihrer Umgebung abwenden und auf Gott richten, der größer und mächtiger und stärker ist als alles, was der Sturm ihnen anhaben konnte. Und nachdem Paulus all das tat, fiel es ihm nicht schwer, Gott seinen Dank zu bringen.

„Paulus … dankte Gott laut und vernehmlich“ (Apostelgeschichte 27,35).

Manchmal können wir uns in einer Krise zu sehr darauf konzentrieren zu überleben (und Überleben ist eine gute Sache) bzw. zu funktionieren, aber lassen Sie uns nicht vergessen, unsere Augen auf Gott zu richten, der den Wind und die Wellen stillen kann. Er hat einen guten Plan für uns, der uns Heilung und Frieden bringt. Er hat gute Gedanken über uns und er hält eine verheißungsvolle Zukunft für uns bereit. Und er hat beschlossen, diese guten Nachrichten auch anderen Menschen zu bringen, damit ihnen geholfen wird und auch sie sicher ans Ufer kommen. Sind das nicht großartige Neuigkeiten, für die wir dankbar sein können?

Gott ist bei Ihnen

Ich habe einige wenige Schwächen. Nun ja, eigentlich mehr als nur einige wenige. Aber eine Schwäche ist, dass ich dazu neige, zu viel aus eigener Kraft schaffen zu wollen. In einem der vorigen Kapitel habe ich bereits erwähnt, dass es wichtig ist, alles in unserer Macht Stehende zu tun, damit wir stärker werden und den Sturm überstehen können. Aber wir dürfen nicht vergessen, dass es letztlich Gottes Kraft ist, die uns auf die andere Seite ans Ufer bringt. Manchmal allerdings versuche ich, genau herauszufinden, wie alles mal enden wird. Geht es Ihnen auch so? Das ist im Grunde genommen aber nicht unsere Aufgabe. Unsere

Aufgabe ist vielmehr, Gott zu vertrauen und ihm zu gehorchen. Es gibt ein englisches Lied, das wir früher immer in der Sonntagsschule gesungen haben: „*Trust and obey, for there's no other way to be happy in Jesus, but to trust and obey*" (Vertrau und gehorche, denn es gibt keinen anderen Weg, in Jesus glücklich zu sein, als ihm zu vertrauen und zu gehorchen). Ich brauche nicht herauszufinden, wie alles einmal werden soll. Ich kann beruhigt vorwärtsgehen und aufhören, das Universum am Laufen halten zu wollen. Ich darf mich einfach entscheiden, Gott zu vertrauen.

Nachdem Mose gestorben war, wurde Josua zum Anführer des Volkes Israel. Davor war er Moses' Assistent, und ich bin mir sicher, dass er sich wahrscheinlich nicht geeignet fühlte, in Moses' Fußstapfen zu treten. Schließlich war Mose eine ganz erstaunliche Persönlichkeit gewesen. Er hatte das Rote Meer geteilt und dazu nur seinen Stab verwendet; er hatte Gott um Nahrung gebeten, und da schickte dieser ihnen jeden Tag Manna vom Himmel; er hatte sogar von Angesicht zu Angesicht mit Gott gesprochen. Angesichts dieses Vergleichs wäre es nur allzu verständlich gewesen, wenn Josua sich von seiner neuen Rolle eingeschüchtert gefühlt hätte. Doch aus diesem Grund erinnerte Gott ihn daran, dass er bei ihm sein wird, so wie er auch bei Mose gewesen war.[2] Damit ließ er Josua wissen, dass Mose das alles nur tun konnte, weil er, Gott, bei ihm war. Mose hatte gehorcht und Gott selbst hatte die Wunder vollbracht.

Gott verspricht auch Ihnen und mir, dass er bei uns ist.

Gott verspricht auch Ihnen und mir, dass er bei uns ist, egal mit welcher Situation wir konfrontiert werden. Wir dürfen ihm vertrauen. Oft aber müssen wir erst unserer eigenen Unfähigkeit gegenüberstehen, ehe wir merken, dass wir ihn brauchen. Das sind dann die Situationen, in denen deutlich wird, dass es ohne ihn keinen Schritt weitergeht.

Ich stelle mir vor, dass Josua sehr nervös war, als er das Volk ins verheißene Land führte, besonders weil Jericho, die erste Stadt, die sie einnehmen sollten, scheinbar unbesiegbar und von hohen Mauern umgeben war. Gott aber trug den Israeliten auf, sie auf unkonventionelle und offensichtlich auch verrückte Art und Weise anzugreifen.

„In der Antike wurden im Krieg die Städte entweder im Sturm erobert oder sie wurden belagert. Sie wurden so lange umzingelt, bis sich die Menschen vor Hunger ergaben. Die Angreifer versuchten, die Steinmauer entweder durch Feuerangriffe zu schwächen oder sie zu untertunneln, oder sie häuften einfach einen Berg von Erde auf, der ihnen dann als Rampe diente. Alle diese Angriffsmethoden zogen sich über Wochen und Monate hin, und die angreifende Armee erlitt dabei normalerweise schwere Verluste.“[3]

Aber das war nicht der Plan für Jericho. Gott trug Josua einfach auf, das Volk anzuweisen, sechs Tage lang stillschweigend um die Mauern von Jericho zu marschieren. Am siebten Tag, nachdem sie sieben Runden gelaufen waren, sollten sie die Mauern niederbrüllen. Brüllen!

An Josuas Stelle hätte ich gedacht: *Äh, das ist sonderbar. Hast du noch einen anderen Plan auf Lager, Gott?* Obwohl diese Art, eine Stadt zu besiegen, verrückt zu sein schien, befolgte Josua Gottes Anweisungen aufs Wort. Sechs Tage lang marschierte das Volk. Am siebten Tag marschierten sie sieben Mal um Jericho herum und beim siebten Mal brüllten und schrien, johlten und kreischten sie. Die gewaltigen Mauern stürzten ein. Israel errang mühelos den Sieg.

Was hatte Gott getan?

Er hatte die Situation so eingefädelt, dass nur ihm am Ende die Ehre zuteilwurde. Kein Mensch konnte sich den Fall der Mauern als Verdienst anrechnen. Dieser Sieg war ein Geschenk Gottes. Und so arbeitet Gott: Wir geraten immer wieder in Situationen, wo wir seine Macht verzweifelt brauchen, und dann zeigt er uns seine Größe! Das sind die Umstände, in denen sein Name gepriesen wird.

> Wir geraten immer wieder in Situationen, wo wir seine Macht verzweifelt brauchen, und dann zeigt er uns seine Größe!

Wollen wir den Sturm nicht nur überleben, sondern auch gestärkt auf der anderen Seite am Ufer ankommen, dürfen wir nicht vergessen, dass Gott uns nie verlassen wird. Und wenn wir fest darauf vertrauen, dass er uns in seiner Hand hält, finden wir neuen Mut. Ich mag die folgenden Worte des Propheten Jesaja, der das wunderschön ausdrückt:

„Begreift ihr denn nicht? Oder habt ihr es nie gehört? Der Herr ist der ewige Gott. Er ist der Schöpfer der Erde… auch die entferntesten Länder hat er gemacht. Er wird weder müde noch kraftlos. Seine Weisheit ist unendlich tief. Den Erschöpften gibt er neue Kraft, und die Schwachen macht er stark. Selbst junge Menschen ermüden und werden kraftlos, starke Männer stolpern und brechen zusammen. Aber alle, die ihre Hoffnung auf den Herrn setzen, bekommen neue Kraft. Sie sind wie Adler, denen mächtige Schwingen wachsen. Sie gehen und werden nicht müde, sie laufen und sind nicht erschöpft“ (Jesaja 40,28–31).

Das Bild des Adlers mit seinen mächtigen Schwingen ist wunderschön und beeindruckend. Mein Mann sammelt alles über Adler. Neulich erzählte er mir eine Geschichte von einer bestimmten

Adlerart, bei der in einer gewissen Lebensphase eine warzenähnliche Geschwulst auf dem Schnabel wachsen kann. Nachdem das passiert ist, verändert sich das Leben dieses Greifvogels. Normalerweise kann ein gesunder Adler seine Beute aus großer Entfernung erkennen und dann mit mehr als 160 km/h auf sie herabstürzen und sie mit erstaunlicher Präzision fangen. Aber der Adler mit der Geschwulst macht einen Sturzflug auf seine Beute und greift daneben. Er verliert langsam seine räumliche Wahrnehmung und damit die Fähigkeit, erfolgreich jagen zu können. Er wird infolgedessen schwach und verliert an Kraft. Beim Landeanflug verliert er das Gleichgewicht und stolpert, bis er zum Stehen kommt.

Der Verlust seiner Fertigkeiten scheint ihn zu verwirren. Er macht sogar einen etwas depressiven Eindruck. Schon bald darauf verliert er seine wunderschönen Federn. Er zieht sich in die Dunkelheit einer Höhle zurück und wird immer schwächer.

Doch dann geschieht etwas sehr Interessantes. Es ist, als ob der Adler einen Selbstmord plant. Entweder will er sich wirklich selbst umbringen oder ihm wird bewusst, dass er bald sterben wird. Jedenfalls scheint er zu dem Schluss zu kommen, dass er noch ein letztes Mal fliegen möchte. Vielleicht denkt er zurück an die Zeiten, als er hoch über den Wolken kreiste und noch der König der Lüfte war. Jedenfalls tritt er aus seiner Höhle heraus, wirft einen Blick gen Himmel und beginnt, mit seinen müden Flügeln zu schlagen. Er hebt ab und fliegt schnurstracks nach oben. Höher und höher bis er die Wolken durchbricht.

Je höher er fliegt, desto mehr verändert sich der Luftdruck in der Atmosphäre. Und irgendwann platzt unter dem Druck die Geschwulst auf seinem Schnabel auf. Im selben Moment wird er erfüllt von neuer Kraft und Stärke und sein Gleichgewicht kehrt wieder zurück. Seine räumliche Wahrnehmung ist wieder da. Er ist wieder er selbst. Er kann wieder genauso präzise seine Beute jagen und gewinnt wie früher immer mehr Kraft.

Diese Geschichte mag stimmen oder nicht, aber die Bibel ist wahr. Und Jesaja erklärte uns, dass wir wie ein Adler auffahren werden, wenn wir Gott vertrauen und daran denken, dass er auf dem Thron sitzt.

Wenn wir unsere Augen und unsere Hoffnung auf den Gott des Universums richten, erfahren wir neue Kraft. Und Dinge, die uns ursprünglich zerstören wollten, werden nun selbst zerstört, während wir unseren Blick zu ihm nach oben richten.

Wenn wir unsere Augen und unsere Hoffnung auf den Gott des Universums richten, erfahren wir neue Kraft.

Sollten Sie also gerade mitten in einem Sturm stecken, dann wenden Sie Ihren Blick nicht von Gott ab. Wir können leicht die Fassung verlieren oder uns von den Wellen ablenken lassen, aber vergessen Sie nie, wer sich um Sie kümmert. Schöpfen Sie neuen Mut, indem Sie Ihren Blick auf Gott richten.

Anbetung gibt uns Zuversicht

Haben Sie in letzter Zeit in der Bibel gelesen? Nicht nur darüber nachgedacht, wie wichtig sie ist, sondern tatsächlich in Gottes Wort gelesen? Haben Sie sich Zeit genommen, Gott anzubeten, und zwar nicht nur am Sonntagmorgen im Gottesdienst?

Manche sagen: „Ich weiß, wie wichtig Anbetung ist." Aber ich frage Sie: „Haben Sie ihn angebetet?" – Anbetung hat nämlich nichts damit zu tun, beim Singen den richtigen Ton treffen zu müssen (zum Glück für manchen von uns!). Man muss noch nicht einmal unbedingt singen. Singen gehört natürlich auch dazu, aber im Kern geht es nur darum, dass wir erklären, wer Gott ist. Er ist unser Gott, unser Beschützer, unser Tröster, unser Heiler, unser Friede, unser Versorger. Und in der Anbetung Gottes nehmen wir unser Problem auf einmal aus seiner Perspektive wahr, sodass auf einmal die mächtigen Stürme in unserem Leben überschaubar werden!

Letztes Jahr habe ich oft mein Handy, auf dem eine Playlist mit Anbetungsliedern gespeichert ist, mit in den Garten genommen. Im Garten drehte ich dann die Musik auf und sang lauthals mit. Ich tat das, was Paulus mitten im Sturm tat: Ich rief Gott meinen Dank für seine Gegenwart, seine Liebe und seine Treue zu. Ich wusste zwar noch nicht, wie manche Dinge ausgehen würden; ich wusste nur, ich hatte seine Gegenwart nötig.

Unsere Gottesdienste beginnen mit einer Zeit der musikalischen Anbetung. Wir haben dafür ein tolles Team und eine Band, die die Gemeinde in die Anbetung leitet. Diese Zeit soll dazu dienen, dem Gott, der uns liebt, unsere Dankbarkeit auszudrücken. Ich liebe diese Momente. Trotzdem gab es in den letzten Jahren immer wieder Zeiten, in denen ich nicht zum Gottesdienst gehen wollte (Das klingt nicht gerade gut für eine Pastorin, nicht wahr?). Ich wollte nicht, dass andere ihre Augen auf mich richteten. Ich wollte allein sein – und doch war ich die Leiterin. Meine Aufgabe bestand darin, die Aufmerksamkeit der Leute auf Jesus zu lenken, was einschloss, vorne im Gemeindesaal zu stehen und Gott mit voller Hingabe anzubeten. Dabei liefen mir manches Mal die Tränen übers Gesicht, denn je mehr ich ihn anbetete, desto freier wurde ich. Und je länger, desto zuversichtlicher, dass ich mit Gott an meiner Seite jede Herausforderung meistern würde. Und mir wurde bewusst: Ich kann mir Sorgen machen oder ich kann anbeten. Beides zusammen geht aber nicht.

In Apostelgeschichte 16 lesen wir, dass die römischen Soldaten Paulus und Silas wegen ihres Glaubens auspeitschten. Sie schlugen sie so heftig, dass sie sie beinahe töteten. Blutend und unter starken Schmerzen landeten Paulus und Silas schließlich im Gefängnis. Und dort begannen sie, inmitten dieser grauenvollen Situation Gott zu preisen. Sie sangen Lieder für ihn.

Ich glaube nicht, dass sie das bewusst geplant hatten. Paulus hatte nicht zu Silas gesagt: „Sieh mal, wir werden jetzt einfach zu Gott singen und ihn preisen und dann wird er ein Erdbeben schicken und uns befreien." Nein. Ich stelle mir das so vor, dass Paulus sich mit gebrochener und schmerzverzerrter Stimme an Silas wandte und ihn fragte: „Silas, wie geht es dir?" Und ich kann förmlich hören, wie Silas stöhnte und Paulus dann sagte: „Weißt du was, Silas, Gottes Gegenwart ist die einzige Möglichkeit, diesen Ort zu einem besseren zu machen. Wir brauchen ihn."

Sie erinnerten sich gegenseitig daran, wer über die Situation regierte. Und als sie ihn lobten und dem König der Könige ihre Dankbarkeit ausdrückten, trat er in Erscheinung. Etwas, das er in solchen Momenten immer tut.

Noch eine kleine Randbemerkung: In der Bibel steht, dass die anderen Gefangenen dem Gesang von Paulus und Silas zuhörten. Diese Männer, die selbst unter Schmerzen litten, wünschten sich wahrscheinlich dasselbe, was Paulus und Silas hatten. Wir wissen, dass es dem Gefängniswärter so erging. Doch auch für unsere Situation trifft das zu. Überall um uns herum sind Menschen, die verletzt sind. Sie beobachten uns, hören uns zu und brauchen das, was wir haben. Laden wir Gottes Gegenwart zu uns ein? Preisen wir ihn in unseren Gefängniszellen?

In dem Film *Selma* gibt es eine Szene, in der Martin Luther King jr. mit seinem Freund Ralph Abernathy im Gefängnis sitzt.

King spricht über die Hindernisse und Gefahren, in die er die Menschen um ihn herum gebracht hat. Er ist besorgt und müde, und er fragt sich, ob es das wirklich wert ist, für ein Wahlrecht zu kämpfen, wo doch so viele aus seinem Volk weder lesen noch schreiben können und in Armut leben. Als King seinem Freund seine Sorgen anvertraut, zitiert Abernathy eine Stelle aus dem Matthäusevangelium: „*Seht euch die Vögel an! Sie säen nichts, sie ernten nichts und sammeln auch keine Vorräte. Euer Vater im Himmel versorgt sie. Meint ihr nicht, dass ihr ihm viel wichtiger seid?*"[4] Ralph wusste keine Antwort auf Kings Fragen, deshalb erinnerte er ihn einfach daran, dass sie Gott ihren Weg anvertrauen durften.

Sie werden nicht auf alle Fragen eine Antwort bekommen, aber Sie dürfen trotzdem in der Gewissheit zur Ruhe kommen, dass Gott Sie nicht verlassen hat und dass er Sie führen wird. Vielleicht hat Ihre Firma gerade Konkurs angemeldet und Sie wissen jetzt nicht, was die Zukunft bringen wird. Werden Sie den Mut finden – wenn auch vielleicht nur ganz leise –, sich selbst das Versprechen Gottes aufzusagen, dass er Sie nie verlassen oder im Stich lassen wird?

Vertrauen Sie Gott – von jetzt an

Eines Tages war Jesus stundenlang damit beschäftigt, Menschen zu lehren und zu heilen. Es war ein voller Tag. Jesus muss müde gewesen sein und sich darauf gefreut haben, sich bald ausruhen zu können. An diesem Abend stiegen er und seine Jünger in ihr Boot, um ans andere Ufer des Sees zu fahren. Nachdem Jesus einen Platz auf dem Boot gefunden hatte, legte er sich schlafen.

Das andere Ufer war fast vier Kilometer weit entfernt. Unter den Jüngern waren erfahrene Fischer, die hier schon seit Jahren ihre Netze auswarfen. Sie waren am Ufer des Sees aufgewachsen, es war der Spielplatz ihrer Jugend. Sie kannten jede Biegung, jede Strömung und jede Tücke des Wassers. Sie wussten geschickt mit dem Ruder und den Segeln umzugehen. Jesus war bei ihnen in guten Händen, er konnte das Segeln getrost ihnen überlassen.[5] Jedenfalls dachten sie das.

Während sie den See überquerten, zog plötzlich und unerwartet ein Sturm in der Stärke eines Hurrikans auf. Natürlich waren die Jünger überrascht. Als Seeleute wussten sie, wie das Wasser und der Himmel vor einem Sturm aussahen. Sie hätten das Ufer nie verlassen, wenn sie mit solch einer Sturmfront gerechnet hätten. Deshalb waren sie überrascht, als die Wellen sich auftürmten und gegen ihr Boot schlugen, sodass es zu sinken drohte. Sie hatten Angst.

Und mitten im Sturm lag Jesus bei ihnen im Boot und schlief!

Die Jünger waren bis auf die Haut durchnässt und den tobenden Wellen ausgeliefert. Der Sturm versetzte sie so sehr in Schrecken, dass sie Jesus weckten. Das taten sie nicht etwa vorsichtig, indem sie ihn nur antippten und leicht an der Schulter rüttelten. Das Wort *wecken*, das an dieser Stelle verwendet wird, wird in der Bibel oft auch im Zusammenhang mit der Auferweckung der Toten gebraucht. Es ist also ein kraftvolles Wecken! Sie zogen ihn mit einem Ruck nach oben und riefen: „He, Jesus, sind wir dir denn ganz egal? Wir kommen um!"

Jesus wischte sich gerade noch den Schlaf aus den Augen, bevor er die Situation in die Hand nahm. Er drohte dem Wind und den Wellen und sagte: *„‚Sei still und schweig!' Da legte sich der Sturm, und es wurde ganz still."*[6] Ein Wort von ihm genügte und der Wind und die Wellen gehorchten seinem Willen.

Anschließend wandte er sich an seine Kameraden, seine Jünger. Er fragte sie, warum sie sich fürchteten und wollte wissen, warum sie so wenig Glauben besaßen. Er meinte nicht einen theoretischen oder einen leeren Glauben. Glaube hat immer einen Bezug. Er ist mit irgendetwas oder -jemand verbunden. Wir beispielsweise glauben an den Piloten, wenn wir in ein Flugzeug steigen. Oder wir schenken der Bank Glauben, wenn wir dort unser Geld einzahlen.

Jesus fragte seine Jünger, warum sie zu ihm kein Vertrauen hatten. Er forderte sie heraus: „Warum hattet ihr solche Angst? Warum habt ihr keinen Glauben? Warum konntet ihr mir nicht vertrauen – noch nicht einmal *mir*?“

Er stellt Ihnen und mir dieselbe Frage. Auch wenn Jesus mit an Bord ist, verläuft unsere Reise nicht unbedingt ohne Schwierigkeiten. Was uns allerdings versprochen wurde, ist seine Gegenwart mitten im Sturm. Er sitzt bei uns im Boot und er ist die Ruhe selbst. Er schlief nicht, weil ihm alles egal war; er schlief, weil der Sturm für ihn keine große Sache war. Jedenfalls nicht, wenn man ihn aus der Gesamtperspektive betrachtet. Derselbe Gott, der Sie auf die andere Seite des Sees ruft, verfällt nicht auf halber Strecke in Panik. Vielleicht ist das bei Ihnen so. Bei mir war es jedenfalls so. Aber bei Gott selbst ist das anders. Gottes Absicht hat sich nicht geändert – weder für Sie noch für mich. Uns wurden eine Zukunft und eine Hoffnung versprochen. Dieser Sturm ändert daran nichts. Jesus ist der Herr über die gesamte Strecke, die wir zurücklegen müssen, und er ist auch der Herr über den jetzigen Moment.

Derselbe Gott, der Sie auf die andere Seite des Sees ruft, verfällt nicht auf halber Strecke in Panik.

Unsere größte Versuchung in einem Sturm ist, dass wir unser Vertrauen auf etwas anderes setzen als auf Gott. Wir sollten mittendrin also nicht den Kopf verlieren und glauben, ein weiterer

Joint, ein Drink, eine Portion Pommes oder ein One-Night-Stand könnten uns aus der Situation heraushelfen. Erinnern Sie sich, wer auf dem Thron sitzt und mit Ihnen an Bord ist!

In einem Sturm, der um Sie wütet, kann Gott zwei Dinge tun: Entweder er stillt ihn oder er beruhigt Sie inmitten der tosenden Wellen. Gott hat hier das Sagen. Vergessen Sie das nie!

Gott ist bei Ihnen, egal wie Ihre Situation auch ist

In der Bibel werden wir immer wieder daran erinnert: Gott kann uns durch jede Situation hindurchbringen. Psalm 107 ist da ein sehr ermutigender Text. Er ist ein wenig zu lang, um ihn hier zu zitieren, deshalb ermutige ich Sie, Ihre Bibel zu öffnen und ihn selbst zu lesen. (Falls Sie keine Bibel haben, es gibt eine Auswahl verschiedener Übersetzungen auf *www.bibleserver.com*).

Mir gefällt das Bild, das in dem gesamten Kapitel aufgezeigt wird. Der Schreiber berichtet, wie einige Menschen durch die Wüste irrten: Sie waren hungrig und durstig, und sie hatten keinen Ort, den sie ihr Zuhause nennen konnten. Aber dann griff Gott ein, stillte ihren Hunger und Durst und führte sie nach Hause. Einige steckten in einem Gefängnis aus Depressionen und litten seelisch. Er rettete sie und holte sie heraus aus ihrer Finsternis und Not. Andere haben sich sogar von Gott abgewandt; sie fühlten sich elend und allein. Aber seine Liebe heilte sie, und sie wurden gerettet. Wiederum andere gerieten in einen heftigen Sturm und die Wogen türmten sich vor ihnen auf. Sie verloren den Mut. Sie wussten nicht, was sie tun sollten. Aber dann stillte er den Sturm, die Wellen wurden ruhig, und er führte sie sicher in den Hafen.

Ich weiß nicht, in welcher Situation Sie stecken. Wenn sie einer ausgedörrten, trockenen Wüste gleicht, dann wird er Ihren Durst stillen. Vielleicht fühlen Sie sich in Ihrer Ehe ohne Hoffnung. Vielleicht haben Sie das Gefühl, dass die Ketten der Depression Ihnen die Kehle zuschnüren. Oder Ihre finanzielle Lage ist aussichtslos, Sie fühlen sich überfordert an Ihrem Arbeitsplatz, oder Sie stehen vor einer Entscheidung und wissen nicht, was Sie tun sollen. Vielleicht wurde Ihr Herz gebrochen oder Sie fühlen sich allein. Denken Sie daran, wer auf dem Thron sitzt. Lassen Sie nicht zu, dass Sie aufgrund Ihrer Angst die Augen von Ihrem König abwenden. Denn er ist bei Ihnen. Und er hält zu Ihnen.

Eine Sache, die sich ganz in unserem Leben verändert, sind die Umstände. Deshalb wird uns in der Bibel geraten, nicht auf das zu vertrauen, was wir sehen, sondern auf das, was wir nicht sehen.[7] Die Umstände, in denen Sie momentan stecken, werden nicht ewig andauern. Schauen Sie deshalb nicht auf die Gewalten des Sturms, sondern auf den, der Sie hindurchbringen wird. Ich sage nicht, dass das einfach ist, denn ein Sturm kann sehr laut tosen. Vielleicht aber sollten wir ihn mit dem Ausdruck unseres Glaubens, mit unserer Anbetung, übertönen, oder was meinen Sie? Ich bin sicher, Paulus rief auf dem Schiff sein Dankgebet an Gott laut in den Wind. Vielleicht auch weil er sich selbst daran erinnern wollte, dass Gott größer ist als der Sturm.

In den letzten Jahren, die für mich sehr herausfordernd, beängstigend, ärgerlich und schmerzhaft waren, hat es mich sehr ermutigt, zu wissen, dass derselbe Gott, der das Werk in mir begonnen hat, es auch vollenden wird.[8] *Er wird es vollenden.* Er kennt den Anfang und das Ende. Egal, wie Sie sich jetzt im Moment fühlen, das Beste kommt noch, denn mit jedem neuen Ereignis formt Gott Sie mehr und mehr in das Bild seines Sohnes Jesus Christus. Wir sind sein Werk, an dem er noch arbeitet. Das, was er angefangen hat, wird er auch zu Ende führen. Denn er ist der Gott, der das Rote Meer geteilt, blinde Augen sehend und Tote zum Leben erweckt hat. Insofern darf ich ihm vertrauen, dass er auch das zu Ende bringen wird, was er in mir begonnen hat. Meine Aufgabe ist es einfach nur, ihm zu vertrauen und zu gehorchen.

Je mehr wir vertrauen, desto stärker werden wir. Weil Josef gehorsam war, wurde ihm am Hof des Pharaos ein hoher Rang eingeräumt und Tausende wurden durch ihn von der Hungersnot verschont. Josua war gehorsam, als er in das verheißene Land einmarschierte und die Leute, die dort lebten, besiegte. Esther musste nicht selbst herausfinden, wie Gott ihr Volk retten wollte. Sie war einfach nur gehorsam und eine ganze Nation wurde gerettet. Jesus, der seinem Vater vertraute, war gehorsam, als er ans Kreuz ging und somit die Menschheit erlöste. Gott wird immer das vollenden, was er begonnen hat.

Ich werde nicht so tun, als ob ich wüsste, was Sie durchmachen – ich kann es mir nicht vorstellen. Trotzdem bin ich überzeugt, dass Gott Sie für einen ganz bestimmten Zweck erschaffen hat – dass er Sie liebt, ein gutes Werk in Ihnen begonnen hat und treu sein wird, es auch zu vollenden.

Sind Sie vielleicht dabei, in Ihrem Sturm Ihre Ausrichtung zu verlieren? Fühlt sich Ihr Sturm stärker an als Ihr Leben? Fühlen Sie sich von Ihren Problemen überwältigt? – Dann möchte ich Sie ermutigen und Sie fragen: Wie groß ist Ihr Problem im Lichte Gottes? Stellen Sie sich dazu mal bitte ein Gebäude vor, ein wirklich hohes. (Ich will Ihnen damit etwas veranschaulichen. Versprochen!) Wenn Sie ein Foto von einem Wolkenkratzer sehen, neben dem ein Mensch steht, dann würden Sie wahrscheinlich denken: *Dieses Haus ist wirklich riesig.* Doch es ist schon nicht mehr so groß, wenn Sie es mit einem Berg vergleichen. Laut der

Internetseite *LiveScience.com* steht das größte Gebäude der Welt, das Burj Khalifa, in Dubai. Der höchste Berg der Erde ist der Mauna Kea auf Hawaii, wenn sich die Messung auf den Meeresboden und nicht die Wasseroberfläche bezieht. Man müsste zwölf Burj Khalifas aufeinanderstapeln, um die Höhe des Mauna Kea zu erreichen. Wenn Sie damit beauftragt würden, würden Sie vermutlich feststellen: *Wow, Berge sind aber ganz schön groß!*

Doch all diese Bauten oder dieser Berg sind gar nicht mehr so groß, wenn Sie sie mit unserem Planeten vergleichen. Neben einem Satellitenfoto von unserer Erde, das aus dem Weltall aufgenommen wurde, sieht selbst der höchste Berg aus wie ein kleines Körnchen Sand. Und dann denken Sie: *Unser Planet ist wirklich riesig.*

Doch er ist nicht wirklich riesig, wenn Sie ihn zum Beispiel mit der Sonne vergleichen. Man bräuchte eine Million Planeten Erde, um die Größe der Sonne zu erreichen. Das ist erstaunlich. *Die Sonne ist wirklich groß, nicht wahr?*

Allerdings ist sie das nicht mehr, wenn Sie sie mit den anderen Sternen in der Galaxie vergleichen. Denn einer dieser Sterne ist so groß, dass man fünfzig Millionen Sonnen bräuchte, um ihm größenmäßig gleichzukommen. *Das ist aber nun wirklich ein großer Stern.*

Na ja, nicht wirklich, wenn Sie bedenken, dass dies ein Stern in einer Galaxie ist, in der es Billionen von Sternen gibt. *Na gut, dann ist die Galaxie gewaltig groß, nicht wahr?*

Nicht wirklich, denn es gibt Billionen von Galaxien. Es gibt da draußen genug Galaxien, sodass jeder Mensch mindestens 14 von ihnen haben könnte – 14 Galaxien pro Person. *Puh!*

Dann muss unser Universum ziemlich groß sein. Und überlegen Sie nur: Unser Gott hat es geschaffen, indem er einfach nur sagte: „Sterne und Galaxien sollen entstehen."

Und jetzt … betrachten Sie einmal Ihr Problem im Licht unseres Schöpfers und alldem, was er erschaffen hat. Gibt es irgendetwas, das für unseren Gott zu groß ist? Ihr Sturm mag vielleicht gewaltig sein. Aber niemand wünscht sich mehr, dass Sie heil daraus hervorgehen als Ihr himmlischer Vater.

Gott rettete Paulus und die Schiffsbesatzung vor dem sicheren Tod, weil er ein Ziel mit ihnen verfolgte. Und dieses Ziel lag auf der anderen Seite des Sturms. Genauso hat er auch Pläne für Ihr Leben, die jenseits Ihrer Schwierigkeiten liegen.

Wir dürfen Gott vertrauen. Wir dürfen uns auf ihn und auf seine Gegenwart in unserem Leben verlassen. Wir dürfen ihn anbeten. Wir dürfen ihm danken. Und durch all diese Dinge nehmen wir zu an Mut und Stärke.

Vielleicht kommt es Ihnen manchmal so vor, als ob da jemand schlafend in Ihrem Boot liegt. Doch Sie dürfen sicher sein: Wenn wir seinen Namen rufen, antwortet uns Jesus.

11

Selbst verursachte Stürme

Der wunderbare Reichtum menschlicher Erfahrungen
würde etwas von seiner lohnenden Freude verlieren,
wenn es keine Grenzen gäbe, die es zu überwinden gilt.

· *Helen Keller* ·

Es gibt zwei Arten von Menschen:
die, die zu Gott sagen „Dein Wille geschehe",
und die, zu denen Gott sagt:
„Na gut, dann geh deinen eigenen Weg."

· *C. S. Lewis* ·

Erinnern Sie sich noch an den Katastrophenfilm *Twister*? Er war wirklich sehr unterhaltsam. Vielleicht sage ich das, weil ich selbst nicht in einer Region lebe, die von Tornados heimgesucht wird, sodass ich mir den Film gut ansehen konnte und mir keine der Szenen zu naheging. (Obwohl … die fliegenden Kühe waren schon etwas unheimlich). Bitte erwarten Sie jetzt aber nicht, dass ich Ihnen auch etwas über den Film *San Andreas* erzähle, in dem es um ein Erdbeben der Stärke 9 geht. Im Grunde genommen wird darin die völlige Zerstörung Kaliforniens (computergeneriert natürlich) gezeigt. Das war mir ein bisschen zu nah an meinem Zuhause! Besonders interessant fand ich bei *Twister* wiederum, dass jeder der Forscher eine beeindruckende Ausrüstung besaß, mit der er die Stürme jagte. Sie gingen ihnen nicht aus dem Weg, sondern sie machten sie ausfindig. Sie riskierten ihr Leben, indem sie nach Tornados suchten. Sie hofften, dadurch den Ursachen auf die Spur zu kommen, damit sie beim nächsten Mal einen dieser Stürme voraussagen konnten. Und trotzdem – sie liefen den Stürmen stets hinterher.

Wir verfolgen vielleicht keine Tornados, aber manche Menschen lösen selbst Stürme in ihrem Leben aus, weil sie schlechte Entscheidungen treffen.

Darf ich einen Moment für Sie eine geistliche Mutter sein? Eine Mentorin? Eine große Schwester? Oder zumindest eine Freundin? Denn ich muss Ihnen sagen, dass ich eine Menge schlechter Entscheidungen in meinem Leben getroffen habe. Über einige von ihnen habe ich bereits in diesem Buch berichtet. Ich weiß also, was es heißt, Probleme durch schlechte Entscheidungen zu verursachen.

Kommt Ihnen vielleicht eine der hier beschriebenen Situationen bekannt vor?

- Sie stecken finanziell in der Krise, weil Sie ständig mehr Geld ausgegeben haben, als Sie verdienen. Und Sie ahnen, es wird nicht lange dauern, bis ein Sturm entsteht.
- Sie hatten Sex mit jemandem, und es stellt sich später heraus, dass diese Person eine Geschlechtskrankheit hatte. Sie haben sich angesteckt.
- Sie haben etwas zu viel Alkohol getrunken, bevor Sie sich auf den Nachhauseweg machten, sind dort aber nicht angekommen. Ein Polizist hat Sie angehalten, und nun sind Sie stolzer Besitzer eines Bußgeldbescheids mit allem, was dazu

gehört. Oder Sie hatten einen Unfall, weil Sie unter Alkohol standen, bei dem nicht nur Sie, sondern auch eine andere Person zu Schaden gekommen ist.

- Ihr Ehemann war beruflich unterwegs, und Sie haben sich ganz zwanglos mit einem Kollegen aus dem Büro verabredet, um mit ihm zum Essen auszugehen. Jetzt merken Sie, dass Sie sich zu ihm hingezogen fühlen, und Sie fragen sich, ob Sie Ihren Ehemann jemals richtig geliebt haben. Dieser neue Mann scheint so viel aufregender zu sein. Oder Sie haben einfach aufgehört, die notwendige Energie in die Beziehung zu Ihrem Mann zu stecken. Wie auch immer, Ihre Ehe befindet sich mitten in der Krise.
- Sie denken, Sie waren damals nur so einsam, sodass Sie den erstbesten Mann geheiratet haben, der Sie gefragt hat. Ihnen war egal, dass er Gott nicht kannte, dass er immer noch am liebsten mit seinen unverheirateten Freunden feiert und dass er es nie lange bei einer Arbeitsstelle aushält. Nun stellen Sie aber fest, dass Sie sich in einem Sturm befinden, weil Sie „Ich will" gesagt haben, als Sie besser „Ich will nicht" gesagt hätten.
- Sie haben so viele Drogen genommen, dass Sie Ihre Familie dadurch verloren haben, oder Sie haben jahrelang geraucht, sodass Sie ein Lungenemphysem oder Lungenkrebs bekommen haben.
- Sie haben sich jahrelang von Junkfood ernährt, und jetzt sind Sie extrem übergewichtig, worunter auch Ihre Gesundheit leidet.
- Wie ich haben Sie bei einem Test geschummelt, wurden erwischt und müssen nun mit einer schlechten Beurteilung leben.

- Wie ich haben Sie zugelassen, dass Sie durch eine Beleidigung bitter geworden sind, und nun haben Sie mit der schwereren Aufgabe zu kämpfen, diese Wurzeln zu entfernen.

All das sind schmerzhafte Situationen, wenn man drinsteckt. Viele hätten sicherlich vermieden werden können, wenn nicht Wege eingeschlagen worden wären, die wir besser nicht gegangen wären.

Ignorieren Sie weisen Rat?

Paulus wusste bereits vor Beginn der Reise, dass das Schiff dem Untergang geweiht war. Erinnern Sie sich? Die Mannschaft trat die Reise an, als schlechtes Wetter aufzog und die See anfing stürmisch zu werden. Deshalb warnte Paulus den Hauptmann, dass sie in Schwierigkeiten geraten würden, wenn sie die Reise fortsetzten. Dieser allerdings traf eine Entscheidung, die auch viele andere Menschen treffen, wenn sie nicht auf den weisen Rat von anderen hören wollen, die nur das Beste im Sinn haben.

Der Hauptmann hörte weder auf Paulus noch auf den Kapitän, und da Sie das Buch bis hierhin schon gelesen haben, wissen Sie, dass das keine gute Entscheidung war. In dieser Region war es für diese Jahreszeit tatsächlich zu spät, um noch für eine längere Reise in See zu stechen, und so gerieten sie in einen Sturm, der ihnen beinahe das Leben kostete. Der Kapitän traf eine Entscheidung, durch die sie nicht nur in einen gefährlichen und lebensbedrohlichen Sturm gerieten, sondern er riskierte mit ihr auch das Leben aller Passagiere. Denken Sie daran: Stürme, die wir aufwirbeln, wirken sich immer auch auf andere wie auch auf uns aus.

Stürme, die wir aufwirbeln, wirken sich immer auch auf andere wie auch auf uns aus.

Wie oft ignorieren wir Warnungen, obwohl wir in unserem Inneren wissen, dass die Entscheidung, die wir treffen wollen, vielleicht nicht die beste oder klügste ist?

Während ich dieses Buch schreibe, sind erst einige Monate vergangen, seitdem ein Frachtschiff auf dem Meer in einem Hurrikan havarierte. Es war auf dem Weg von Florida nach Puerto Rico. Dort aber kam es nie an. Wasser war nämlich in das Schiff eingedrungen, es sank und alle an Bord kamen ums Leben. Was noch schlimmer war, waren die Aussagen der Familienangehörigen dieser Schiffsbesatzung. Die Crew wusste angeblich, dass das altgediente Schiff für eine solche Reise eigentlich nicht mehr seetauglich war. Doch entgegen aller Warnungen wurde der Frachter auf die Reise geschickt. Eine verheerende Entscheidung!

„Inzwischen war viel Zeit vergangen. Das Fasten im Herbst war bereits vorüber, und die Seefahrt begann gefährlich zu werden. Deshalb warnte Paulus: ‚Ihr Männer, wenn wir weitersegeln, sehe ich große Gefahren und Schwierigkeiten, und zwar nicht nur für das Schiff und seine Ladung, sondern auch für unser Leben.' Doch der Hauptmann gab mehr auf das Urteil des Kapitäns, zumal auch der Besitzer des Schiffes zur Weiterfahrt riet“ (Apostelgeschichte 27,9–11).

Die Lektion, die wir daraus lernen, ist, dass wir auf weisen Rat und Warnungen hören sollten. Aber hinterher ist man immer schlauer, und es hilft uns alles nichts, wenn wir bereits mit dem Kopf durch die Wand gegangen sind, eine schlechte Entscheidung getroffen haben und jetzt in der Patsche sitzen. Gibt es dann trotzdem noch Hoffnung? Wie wir in Paulus' Geschichte sehen können, ja. Aber es wird ein wenig Arbeit erfordern, da herauszukommen.

Sie sind nicht der Kapitän Ihres eigenen Schiffes

Wollen wir aus den Stürmen, die wir selbst verursacht haben, wieder herausnavigieren, müssen wir die Kontrolle aufgeben und uns klarmachen, dass wir nicht der Kapitän unseres Schiffes sind. Allzu oft aber klammern wir uns ans Steuerrad, weil wir meinen, unsere derzeitigen Lebensumstände steuern oder regulieren zu können, obwohl wir selbst diejenigen sind, die das Chaos verursacht haben. Aber hier Jesus nachzufolgen, bedeutet, unsere Wege gegen seine einzutauschen.

Jesus nachzufolgen, bedeutet, unsere Wege gegen seine einzutauschen.

Vielleicht schauen Sie gerade auf Ihr Leben und denken: *Das ist alles ein einziges Chaos.* Mir ging es selbst schon ein paarmal so. Okay, mehr als nur ein paarmal. Fragen Sie sich, wie es so weit kommen konnte?

Erinnern Sie sich an die Geschichte vom verlorenen Sohn, die Jesus in Lukas 15 erzählt hat? Ich habe sie bereits in einem der vorigen Kapitel kurz angeschnitten, möchte aber jetzt näher darauf eingehen. Der jüngere Sohn befand sich in einer schrecklichen Situation. Genauer gesagt, er saß im Schweinestall. Und er stellte sich dieselbe Frage: „Wie ist es bloß so weit gekommen?" Wenn ich seine Geschichte lese, dann wird mir klar, dass es einzelne Schritte waren, die ihn zu den Schweinen geführt haben. Ihm waren die endgültigen Konsequenzen vielleicht nicht bewusst, aber er ist die Schritte gegangen. Und vielleicht haben wir da mehr mit ihm gemeinsam, als wir denken.

Wie bei einem Hurrikan kann sich auch unser Sturm von seiner Stärke zwischen der Kategorie 0 und 5 bewegen. Und das sieht bei den von uns selbst verursachten Stürmen folgendermaßen aus:

Sturm der Kategorie 1: Anspruchsdenken

Menschen, die zwischen 1981 und 2001 geboren wurden, werden gesellschaftlich zu den sogenannten Millennials, auch Generation Y, gezählt. Sie gilt als Generation mit den höchsten Ansprüchen. Ich weiß nicht, ob das so stimmt, aber es gibt unzählige Bücher auf dem Markt, in denen es darum geht, wie man die Millennials für sich gewinnen, mit ihnen reden und zu etwas bewegen kann. Glaubt man den Aussagen dieser Bücher, wurde diese Generation von sogenannten Helikoptereltern erzogen. Disziplin ist für deren Kinder ein Fremdwort. Sie durften sich auch dann einen Pokal einstecken, selbst wenn sie nie zum Fußballtraining erschienen sind. Und Arbeitgeber sind frustriert, weil manche dieser Millennials-Arbeitnehmer bereits nach zwei Jahren befördert werden wollen und die Erwartung haben, ein Leben zu führen wie die ältere Generation – nur sofort. Sie haben das Gefühl, dass ihnen das zusteht und dass sie Anspruch auf all die Leistungen und Vorteile haben, ohne unbedingt dafür arbeiten zu müssen.

Fairerweise muss man sagen, dass sich dieses Anspruchsdenken heutzutage durch alle Generationen hindurchzieht. Wer unter uns hat nicht auch schon einmal nach dem Grundsatz gelebt: „Ich verdiene es, weil es mich glücklich macht, und weil ich es wert bin?“ Und auch das Gleichnis vom verlorenen Sohn macht deutlich, dass diese Haltung nicht nur einer Generation Y vorbehalten ist.

Was also ist der erste Fehler, den der verlorene Sohn macht? Er fühlte sich im Recht. Er glaubte, die Welt schuldete ihm etwas. Er wollte daher als junger Mann sein Zuhause verlassen und auf eigene Faust losziehen. Für einen jungen Menschen ist das nichts Ungewöhnliches – allerdings wollte er dafür sein Erbe als Sprungbrett. Wie der Kapitän bei Paulus auf dem Schiff beschloss auch er, eigene Pläne zu schmieden. Vielleicht war das Leben zu Hause für ihn zu schwierig geworden. Vielleicht hatte er keine Lust mehr, das zu tun, was andere von ihm verlangten oder erwarteten, oder er konnte das Lamentieren seines älteren Bruders nicht mehr hören, dass der jüngere Bruder sich ständig vor der Arbeit drückte. Wer weiß? Im Grunde genommen sagte er: „Ich will haben, was mir zusteht, und ich will es sofort!"

Dr. Kenneth Bailey, ein Bibelschuldozent, der über 40 Jahre lang im Nahen Osten gelebt und gelehrt hat, weist darauf hin, dass der jüngere Sohn mit seinem Wunsch, sein Erbe sofort zu erhalten, im Wesentlichen seinem Vater mitteilte: *„Ich wünschte, du wärst tot."* Und weiter erklärt er: *„Als Antwort auf eine solche Bitte würden die Menschen im Nahen Osten jetzt erwarten, dass der Vater vor Wut explodiert und ihm mit der bloßen Hand ins Gesicht schlägt. Und doch gewährt der Vater in dem Gleichnis seinem Sohn unerwartet die Bitte."* Im Text steht nun, dass er seinen Besitz aufteilte. Dr. Kenneth Bailey erklärt, dass das hier verwendete Wort *Besitz* vom griechischen *bios* kommt, was so viel wie *Leben* bedeutet. *„Man könnte den Text also auch so lesen: ‚Und er teilte sein Leben unter seinen Söhnen auf.' So wird noch deutlicher, wie groß der Schmerz des Vaters war."*[1]

Das Geld hätte eines Tages durchaus dem Sohn gehört. Er hätte es zum rechten Zeitpunkt bekommen, nämlich nach dem Tod seines Vaters. Bis dahin aber hätte dieser seinem Vater helfen müssen und treu dessen Vision mit aufbauen und unterstützen sollen. Danach wäre ihm das ihm zustehende Eigentum anvertraut worden.

Stattdessen wollte er es sofort haben. Warum? Er dachte, er hätte einen Anspruch darauf. Und solch ein Denken ist der erste Schritt in Richtung, einen selbst verursachten Sturm entstehen zu lassen: das Gefühl zu haben, dass einem etwas zusteht.

Vielleicht sind Sie der Meinung, Ihr Chef schulde Ihnen ein höheres Gehalt. Deshalb führen Sie Ihre Arbeit nur widerwillig und unter Murren aus. Oder Sie wissen, dass Sie mehr arbeiten und sich mehr bemühen als Ihre Kollegen, und deshalb finden Sie, dass Ihnen das bessere Büro zusteht. Ich will damit nicht sagen, dass Sie nicht um eine Gehaltserhöhung oder ein besseres Büro bitten dürfen, wenn Sie es für angemessen halten. Aber die Haltung zu haben, dass Sie etwas verdient haben, wird an Ihrem Arbeitsplatz einen Sturm lostreten.

Vielleicht sind Sie eine fabelhafte Klavierspielerin in Ihrer Gemeinde. Sie empfinden sich als so gut, dass Sie der Meinung sind, die Gemeindeleitung sollte Ihren Namen mit in den Gemeindebrief aufnehmen oder das Klavier sollte besser in der Mitte der Bühne stehen. Seien Sie vorsichtig. Mit solch einer Haltung werden Sie bald in einen Sturm geraten. Bedenken Sie: Es wird in Ihrem Umfeld immer Menschen geben, die Ihr Ego füttern, indem sie Ihnen schmeicheln: „Du spielst so gut! Du verdienst es, im Rampenlicht zu stehen!“

Egal weshalb Sie der Meinung sind, etwas verdient zu haben, anstatt dankbar zu sein für die Gaben, die Gott Ihnen geschenkt hat (siehe auch das vorige Kapitel): Seien Sie auf der Hut vor einem möglichen Sturm. Unser Anspruchsdenken ist der erste Schritt auf dem Weg in einen selbst verursachten Sturm.

Sturm der Kategorie 2: Maßlosigkeit

Der zweite Schritt mit dem der verlorene Sohn seinen Sturm entfesselte, der auch uns in Schwierigkeiten bringen kann, war die unglaubliche Maßlosigkeit, die er zu leben begann. Wer maßlos ist, denkt immer nur an sich. Wenn wir also alles unternehmen, um uns jeden Wunsch zu erfüllen. Manchmal trifft das ein bisschen auf jeden von uns zu, nämlich dann, wenn unser Ego umsorgt oder unsere Begierden erfüllt werden möchten. Insofern wollte sich der verlorene Sohn als der jüngere von zwei Nachkommen vielleicht einfach nur wichtig fühlen. Er verließ sein Zuhause, um sein Geld für alles auszugeben, was ihm ein gutes Gefühl verschaffte. Dieser Bursche verprasste sein Erbe für schicke Klamotten, hübsche Frauen und ein exquisites Haus – und das alles nur, um einen unstillbaren inneren Hunger zu stillen.

Wenn wir meinen, andere würden uns etwas schulden, und wenn wir dann versuchen, dieses Gefühl auf eine maßlose Art und Weise befriedigen zu wollen, dann bewegen wir uns auf sehr raue See zu.

Vielleicht denken Sie, wenn Sie verheiratet sind: „Ich verdiene es, Sex zu haben, wann immer ich es will." Oder: „Ich verdiene einen verständnisvollen Partner, und wenn ich ihn hier nicht bekomme, dann suche ich ihn mir eben woanders." Mit diesen Gedanken werden Sie in Schwierigkeiten geraten. Mitunter treffen Sie eine verhängnisvolle Entscheidung, wenn Sie meinen, Ihre Wünsche in außerehelichen Affären, durch maßloses Essen oder durch viele Shoppingtouren erfüllen zu können.

Eine Person, die sich maßlos verhält, hat ihre wahre Identität aus dem Blick verloren. Sie hat vergessen, dass sie ein Kind des Königs ist und zu einem bestimmten Zweck erschaffen wurde. Doch eine Person, die ein maßloses Verhalten an den Tag legt, ist normalerweise die letzte, die davon etwas merkt. Für alle anderen in ihrem Umfeld ist das allerdings nicht zu übersehen, denn ein maßloser Mensch kümmert sich um niemand anderen als um sich selbst.

Solche Leute denken nicht darüber nach, welche Auswirkungen ihr Handeln auf andere hat. Sie konzentrieren sich vielmehr auf ihre eigenen Bedürfnisse. Ungeachtet dessen, was dieses Verhalten sie oder andere kosten wird, beschäftigen sie sich ausschließlich mit dem Erfüllen ihrer Wünsche.

Meinem Bedürfnis recht zu haben und einen Streit zu gewinnen, habe ich oft sehr lange nachgegeben – so lange bis unsere Ehe einen Riss bekam. Aber ist es wirklich mein Ziel, immer recht zu haben? Eine andere Frau lässt sich vielleicht auf eine Affäre ein, weil sie es spannend findet oder weil sie nicht allein sein kann. Die Konsequenz ist jedoch fatal, nämlich dass ihre Kinder ein unbeständiges Zuhause haben werden.

Maßlosigkeit beschert uns zwar vorübergehend Vergnügen, Bequemlichkeit und Beachtung, aber mit der Zeit stellen wir fest, dass wir uns ziellos, leer und allein fühlen. Nur allzu leicht zeigen wir mit dem Finger auf andere, die ein maßloses Leben führen, aber mal ehrlich: Wie sieht es in Ihrem Herzen aus? Auch ich frage mich das immer wieder. In unserem Leben gibt es schon genug Schwierigkeiten, deshalb sollten wir es tunlichst vermeiden, auch noch selbst welche durch unsere eigene Haltung heraufzubeschwören!

Sturm der Kategorie 3: Verantwortungslosigkeit

Der dritte Schritt, der den verlorenen Sohn in Richtung Krise führte, war die Entscheidung, die Menschen zu verlassen, denen er etwas bedeutete. Es mag sein, dass er es satthatte, von seinem älteren Bruder verurteilt zu werden, aber als er dem Zuhause seiner Kindheit den Rücken kehrte, verließ er all diejenigen, die ihn liebten und unterstützten. Auch seine Verantwortung als Sohn war ihm nicht mehr wichtig. In seiner Unreife ließ er die Weisheit des ganzen Hauses hinter sich, weil er sich durch sie vielleicht eingeengt fühlte.

Das Letzte, was wir gebrauchen können, wenn wir meinen, das Recht zu haben, maßlos sein zu dürfen, sind Freunde oder Familienmitglieder, die uns auf unser Verhalten ansprechen und uns darauf hinweisen, dass Gott damit nicht einverstanden ist. In Buch der Sprüche steht dazu ein passender Vers:

„Wer andere Menschen meidet, denkt nur an sich und seine Wünsche; heftig wehrt er sich gegen alles, was ihn zur Einsicht bringen soll“ (Sprüche 18,1).

Gott hat uns nicht dazu bestimmt, unser Leben allein, ohne den liebevollen und weisen Rat anderer Menschen, zu führen. Wenden wir uns aber nicht nur von Gott ab, sondern auch von den Menschen, die er in unser Leben gestellt hat, dann geraten wir in Schwierigkeiten. Dass wir uns weiterentwickeln und aufblühen, geschieht nur dann, wenn wir uns mit anderen Menschen zusammenschließen. Ein gutes Beispiel dafür ist der Kapitän in Paulus' Geschichte!

Vielleicht fühlen Sie sich aufgrund Ihrer falschen Entscheidungen schlecht und die Scham darüber hält Sie von anderen Menschen fern. Lassen Sie das nicht zu! Sie werden nur noch in größere Schwierigkeiten geraten. Vielleicht hat jemand in Ihrer Gemeinde Ihre Gefühle verletzt und anstatt darüber hinwegzukommen, haben Sie beschlossen, sich von den Menschen abzuwenden, die Gott Ihnen doch geschickt hat, damit Sie reifer werden und heil werden können. Gott hat uns ein Schutzsystem gegeben und dieses heißt: füreinander da zu sein. Es ist nicht nur den Anonymen Alkoholikern oder ähnlichen Kreisen vorbehalten, wo erwartet wird, dass jeder für sich Verantwortung übernimmt. Das System gilt uns allen. Ich kann verstehen, dass es manchmal einfacher erscheint, sich von den Leuten fernzuhalten, die sich in unser Leben einmischen, aber am Ende wird die Isolation uns nicht guttun.

In meinem eigenen Leben gab es viele Momente, wo ich in einer Krise steckte und es mir schwerfiel, den Hörer zu nehmen und eine Freundin anzurufen oder sie zum Essen einzuladen. Ich brauchte jemand, mit dem ich ehrlich und offen über meine Probleme sprechen konnte (ohne mit der Wahrheit hinter dem Berg zu halten). Aber ich hätte mich viel lieber zurückgezogen und so getan, als ob ich alles im Griff hatte.

Wissen Sie, was ich festgestellt habe? *Niemand* hat alles im Griff! Also können wir unseren Schlamassel genauso gut mit Freunden gemeinsam bewältigen, anstatt uns zu Hause allein damit herumzuschlagen.

Sturm der Kategorie 4: Schlechte Gesellschaft

Nachdem der verlorene Sohn all sein Geld verprasst hatte, gab es eine Hungersnot im Land. Eine Zeit des Mangels, der Entbehrung und der Knappheit. Jeder von uns hat schon einmal unter Mangel gelitten: Mangel an Geld, Frieden, Vision oder Hoffnung. Solche Hungersnöte machen uns Angst und erscheinen uns endlos.

In seiner Not begann der verlorene Sohn für einen Mann zu arbeiten. Er gesellte sich zu einer Person, die Gott nicht kannte und nichts über ihn wusste. Das wissen wir, weil dieser Mann Schweine besaß. Tiere, die für einen Juden unrein waren. Der neue Arbeitgeber schickte ihn also zu seiner Herde, um diese zu füttern. Für einen Juden war das die ekelerregendste Aufgabe, die es gab. (Ehrlich gesagt, ich finde das auch ziemlich eklig.)

Der vierte Schritt in Richtung eines selbst verursachten Sturms ist die Entscheidung, sich Menschen anzuschließen, die Gott und sein Wort nicht kennen und uns deshalb nicht ans Ufer helfen können. Das bedeutet nicht, dass wir keine Zeit mit Leuten verbringen dürften, die nicht mit Gott leben. Jesus war mit allen möglichen Leuten zusammen. Der Unterschied ist nur, dass Jesus ein Segen für die Menschen war, denen er begegnete; er veränderte ihr Leben. Wenn allerdings wir vor Gott davonlaufen und die Gesellschaft von Menschen suchen, die ihm nicht dienen, dann werden wir wohl kaum zum Segen für sie. Wir ziehen sie höchstens in unseren Sturm mit hinein und umgekehrt gilt dasselbe.

Je mehr Zeit wir mit Menschen verbringen, die Gott nicht kennen oder die nicht den Wunsch verspüren, ihm zu gehorchen, je mehr wir sie zu unseren engsten Freunden zählen, desto höher ist die Wahrscheinlichkeit, dass wir uns ihre Gewohnheiten aneignen. Wir lassen uns mehr und mehr auf unreine Verhaltensweisen ein. Die Scham, die darauf folgt, ist schrecklich. Und die Unwürdigkeit, die wir danach empfinden, ist entsetzlich.

Nachdem wir in einen Sturm geraten sind, begnügen wir uns allzu oft und allzu schnell mit den Dingen, mit denen wir normalerweise nie etwas zu tun haben wollten. Wir geben uns mit einem Schweinestall zufrieden, bis er in unseren Augen schließlich attraktiv aussieht.

Wir geben uns mit einem Schweinestall zufrieden, bis er in unseren Augen schließlich attraktiv aussieht.

Manchmal sind mit falschen Menschen auch einfach falsche Stimmen gemeint. Mitunter lassen wir uns durch soziale Medien mehr beeinflussen, als wir sollten. Wir vergleichen unser

Leben mit dem Instagram-Profil einer anderen Person und fühlen uns anschließend schlecht. Natürlich tun wir das! Denn niemand, der einen schlechten Tag hat, würde dies auf Instagram posten! Pastor Steven Furtick schrieb einmal dazu: *„Das ist einer der Hauptgründe, warum wir mit Unsicherheit zu kämpfen haben: Wir vergleichen unser Leben hinter den Kulissen mit den Highlights unserer Mitmenschen.“*[2] Auf Facebook posten wir schnell einen Kommentar und kommentieren dann wieder den Kommentar eines anderen und plötzlich merken wir, dass wir uns tief in den Schlamassel geritten haben. Passen Sie also auf, auf welche Stimmen Sie hören wollen.

Jeder von uns hat berechtigte Bedürfnisse. Zu ihnen gehören Bedeutung, Frieden, Vertrautheit, Gemeinschaft und Liebe. Entscheidend ist, wie wir diese Bedürfnisse stillen. Ich kenne Frauen, die den verzweifelten Wunsch nach einem Ehepartner hatten, sich dann aber auf Beziehungen mit Männern einließen, die ihnen nicht guttaten. Manche Männer haben sie sogar missbraucht. Natürlich kann Gott jedes Blatt wenden, er ist schließlich immer bei uns, aber durch die Entscheidungen, die diese Frauen getroffen haben, haben sie sich selbst das Leben schwer gemacht.

Ich kenne auch Menschen, die ihr Leben und das ihrer Familien durch Drogen- und Alkoholmissbrauch zerstört haben, um dann mit Menschen zusammenzuleben, die sie noch mehr nach unten gezogen haben. Und ich habe andere gesehen, die versucht haben, den Schmerz in ihrem Innern durch Shoppingtouren zu stillen, obwohl sie das Geld dafür gar nicht hatten. Heute sind sie tief verschuldet. Einige davon sind sogar auf sogenannte Kredithaie hereingefallen, die sie nun nicht mehr loswerden. Noch einmal: Gott ist auch bei Ihnen, mitten in Ihrem Chaos, das einst durch Ihre Entscheidung entstand, ein berechtigtes Bedürfnis auf die falsche Art und Weise zu erfüllen. Doch jede Sturm-Kategorie, die wir selbst verschuldet haben, führt uns zur nächsten, bis wir am Ende das Gefühl haben, unser Schiff versinkt.

Die gute Nachricht aus der Bibel lautet bekanntlich, dass der verlorene Sohn nicht bei den Schweinen blieb. Er fand den Weg zurück nach Hause. Das können wir auch. Wir können den Weg zur Gnade Gottes zurückfinden und er wird uns aus dem Sturm heraushelfen.

Was können wir also vom verlorenen Sohn lernen, wenn wir den Sturm überstehen und das Ufer erreichen wollen?

Lektion 1: Kommen Sie zur Besinnung

Der verlorene Sohn schämte sich, weil er als Sohn eines wohlhabenden Mannes die Schweine beneidete, die wenigstens etwas zu essen hatten, und er kam zur Besinnung. In einer Bibelübersetzung steht an der Stelle: *„Als er aber zu sich selbst kam ...“*[3]

Vielleicht erinnerte er sich allmählich daran, wer er wirklich war. Und der Sohn begriff, dass selbst die Diener im Haus seines Vaters ein besseres Leben führten als er. (Logisch!) Er wusste, dass es noch etwas anderes gab – etwas Besseres. Und er dachte an seinen Vater und an sein altes Leben, aber er schwelgte dabei nicht nur in Erinnerungen, sondern er wollte auch etwas ändern.

Wenn wir uns umsehen und feststellen, dass wir in einem Schweinestall gelandet sind – nämlich einem selbst verursachten Sturm –, dann müssen wir aktiv werden und etwas dagegen unternehmen. Wir dürfen uns dann nicht mit den gegebenen Umständen zufriedengeben. Wir müssen zur Besinnung kommen, sobald wir spüren und uns bewusst wird, dass unser Leben kein siegreiches Leben im Überfluss ist, wie Gott es uns verheißen hat. Und wenn wir uns dann erinnern, wer wir in Gott wirklich sind, heißt es, den Kurs zu ändern. Jesus hat einen hohen Preis dafür bezahlt, dass wir ein erfülltes Leben führen dürfen. Sein Opfer am Kreuz befreit uns von jeglicher Scham unserer Vergangenheit und macht uns durch seine Gnade fähig, einer hoffnungsvollen Zukunft entgegenzugehen. Vergessen Sie nicht: Wir können niemals wir selbst sein, wenn wir uns von Gott entfernen.

Lektion 2:
Werden Sie demütig

Nachdem wir zur Besinnung gekommen sind, müssen wir uns als Nächstes in Demut üben, wenn wir aus dem selbst verursachten Sturm wieder herauskommen wollen. Dem verlorenen Sohn war vollends bewusst, dass dies seine bevorstehende Aufgabe war, wenn er vor seinen Vater trat. Er beschloss, dass er ihm sagen wollte: „Vater, ich habe es gründlich vermasselt. Ich weiß, dass ich es nicht mehr wert bin, dein Sohn zu sein, deshalb komme ich als dein Knecht zurück."

In der Bibel werden wir dazu aufgefordert Fehler zuzugeben.

Den meisten von uns fällt es nicht leicht, Fehler zuzugeben. Aber in der Bibel werden wir dazu aufgefordert. Oft wissen andere bereits, dass wir einen Fehler gemacht haben; sie wollen nun aber auch wissen, ob wir ehrlich genug sind, diesen auch zuzugeben.

Nachdem ich damals an der Uni geschummelt hatte, geriet ich dadurch in einen Sturm. Ich fand, dass mir eine bessere Note zustand, also betrog ich, damit ich sie bekam. Dies wiederum führte dazu, dass ich mich vor den Professoren und Studenten schämte. Und dann hatte ich die Wahl: Ich konnte entweder meinen Fehler leugnen oder das Ganze verteidigen. Ich konnte mich aber auch entschuldigen. Ich traf meine Entscheidung: Vor einem Ausschuss gab ich demütig meinen Fehler zu. Dieser Tag war für mich alles andere als lustig. Aber es war der erste Schritt zur Wiederherstellung meines Studienrechts.

Ich habe bei der Arbeit, in meinem Freundeskreis und in meiner Ehe oft Fehler gemacht. Manchmal bin ich mit einem Mitarbeiter ungeduldig geworden, weil ich der Meinung war, dass er seine Aufgabe nicht richtig erfüllt hatte. Meine Ungeduld hilft nie, die Situation zu verbessern, und sie schadet oft meinen Beziehungen am Arbeitsplatz. Ich habe mittlerweile gelernt, mich rasch zu entschuldigen. Aber die Wiedergutmachung dauert ziemlich lang. Obwohl ich natürlich lieber glauben würde, dass alle Herausforderungen, die Philip und ich in unserer Ehe erleben, seine Schuld sind, sieht die Realität so aus, dass ich oft Dinge gesagt oder getan habe, die respektlos waren. Wenn Philip sich nicht respektiert fühlt, dann zieht er sich zurück, und schon haben wir den Salat. Ich habe stets die Wahl: Ich kann meinen Standpunkt verteidigen (den ich natürlich immer für richtig halte) oder ich kann mich entschuldigen und es auch so meinen. Meine Entschuldigung darf nicht dahergeredet sein, sondern ich muss sie auch wirklich so meinen. Ich weiß nicht, wie es Ihnen da geht, aber ich nehme immer instinktiv eine Verteidigungshaltung ein. Ich verteidige stets meinen Standpunkt. Das ist niemals hilfreich. Ein wichtiger erster Schritt aus dem Chaos, das ich verursacht habe, ist, Demut an den Tag zu legen und sich zu entschuldigen. Dadurch ist nicht alles sofort bereinigt und auch der Sturm kommt nicht sofort zur Ruhe. Eine Freundin beispielsweise, der Sie Unrecht getan haben, wird Ihnen deswegen auch nicht gleich ihr Vertrauen wieder schenken. Aber es ist der erste Schritt.

Sollten Sie sich also in einem selbst verursachten Sturm befinden, können Sie damit anfangen, zur Besinnung zu kommen, all Ihren Mut zu sammeln und sich selbst in Demut zu üben. Geben Sie zu, dass Sie im Unrecht waren! Entschuldigen Sie sich! Übernehmen Sie die Verantwortung dafür, dass Sie die Menschen in Ihrem Umfeld verletzt haben. Vermeiden Sie es, sich verteidigen zu wollen, damit Sie den Schweinestall hinter sich lassen und sich in eine Richtung bewegen können, die Sie zu dem erfüllten Leben führt, das Gott sich für Sie wünscht.

Lektion 3: Ändern Sie die Richtung

Um dem Sturm zu entkommen, zeigte der verlorene Sohn als Nächstes Reue. Das heißt, er drehte sich um und ging in die entgegengesetzte Richtung. Er musste sich bewegen, anderenfalls hätte er in dem Schweinestall bleiben und sich minderwertig fühlen müssen. Zu echter Reue, die eine Entschuldigung wie auch einen Richtungswechsel mit einschließt, gehören auch Entscheidungen, die Sie in die richtige Richtung führen.

Sollten Sie finanzielle Entscheidungen getroffen haben, mit der Sie Ihrer Familie geschadet haben, dann reicht eine Entschuldigung nicht aus. Sie müssen die Sache wieder in Ordnung bringen, indem Sie lernen, gut und gesund mit Geld umzugehen. Wenn Ihr Körper durch Ihren Lebensstil schwach und kränklich geworden ist, reicht es nicht aus, wenn Ihnen das leidtut. Sie müssen sich bewusst entscheiden, sich um Ihren Körper zu kümmern, und dazu gehören ganz praktische Schritte. Und wenn Sie andere mit Ihren Entscheidungen verletzt haben, werden Sie Verantwortung übernehmen und Dinge verändern müssen, damit Sie das Vertrauen zurückgewinnen und sich diese

Beziehungen weiterentwickeln können. Seien Sie mutig und stark! Sie schaffen das!

Umzukehren bedeutete für den verlorenen Sohn, dass er anfing, in eine neue Richtung zu gehen. Und nachdem er sich dazu aufgerafft hatte, damit er endlich das Chaos hinter sich lassen konnte, stellte er fest, dass sein Vater bereits auf ihn wartete. Denn dieser sah ihn schon von Weitem, hatte Mitleid mit ihm und rannte ihm entgegen.[4]

So ist Gott!

Gott hält nach uns Ausschau, wenn wir zu ihm zurückkehren. In der Bibel wird uns berichtet, dass der Vater ihm nicht nur entgegeneilte, um ihn zu begrüßen, sondern er *„fiel ihm um den Hals und küsste ihn"*[5].

> Gott hält nach uns Ausschau, wenn wir zu ihm zurückkehren.

Dr. Bailey erklärt: *„Im Nahen Osten war es erniedrigend, wenn ein Mann im mittleren Alter rannte, vor allem wenn er dabei noch sein Gewand anhob und seine Beine entblößte. Trotzdem rannte der Vater. Das griechische Wort lautet an dieser Stelle ‚dramon', ein Begriff, der für einen Wettlauf im Stadion verwendet wurde. Des Weiteren küsste der Vater den Sohn immer wieder. Das griechische Wort ‚katephilesen' bedeutet: immer wieder von Neuem küssen."*[6]

Gott ist der Gott, der uns eine zweite, dritte und vierte Chance gibt!

Anstatt seinen Sohn mit Worten zu tadeln wie „Ich habe es dir doch gleich gesagt!", gab der Vater ihm ein Gewand, Sandalen und einen Ring. Er zeigte ihm, wie lieb er ihn hatte. Allerdings konnte er ihm nicht die verlorenen Jahre zurückgeben. Das ist der traurige Teil an der Geschichte. Wir werden die Zeit, die wir in unseren selbst verursachten Stürmen verschwendet haben, niemals zurückbekommen. Im Deutschen ist die Rede vom „verlorenen“ Sohn, in der englischen und den romanischen Sprachen und Bibelübersetzungen ist er der „verschwenderische“ Sohn. In der Tat ging der junge Mann verschwenderisch mit seinem Geld um, aber noch entscheidender war, dass er auch seine Zeit vergeudete.

Gott wird alle unsere Fehler nehmen und sie für sich und uns zum Guten wenden, aber die verlorenen Stunden, Tage oder Jahre werden wir nicht zurückerhalten. Deshalb sollten wir den Entschluss fassen, aus den Tagen, Wochen und Monaten, die wir hier auf dieser Erde haben, so viel wie möglich herauszuholen.

Im Grunde sollte dieses Gleichnis nicht „das Gleichnis vom verlorenen Sohn“ heißen, denn er ist nicht der Held der Geschichte. Der eigentliche Held ist der Vater, der Gott, unseren Vater im Himmel, verkörpert. Er steht immer mit offenen Armen vor uns. Selbst dann, wenn wir uns unsere Schwierigkeiten selbst eingebrockt haben, heißt er uns zu Hause jederzeit willkommen.

Mut in Aktion

Dee ist eine junge Frau aus unserer Gemeinde, die ich kennengelernt habe und sehr schätze. Als sie zu uns in die Gemeinde kam, war sie ein Wrack. Sie steckte in einem heftigen Sturm, den sie selbst verursacht hatte. Ihr Leben lang hatte sie harte Drogen genommen, hatte mehrere Entziehungskuren hinter sich und war traumatisiert von all den Jahren, die sie in der Pornoindustrie gearbeitet hatte. In ihrer Kindheit war Dee körperlich, seelisch und sexuell missbraucht worden. Außerdem litt sie unter dem Verlust mehrerer Verwandter. Sie hatte Angst, Menschen zu nahezukommen, weil sie befürchtete, dass sie sie entweder verlassen oder Gott sie ihr wegnehmen würde. Dee glaubte, dass Gott sie bestrafte, indem er ihr die Menschen wegnahm, die sie liebte. Diese junge Frau war überzeugt, dass Gott für sie unerreichbar war, dass sie die Hälfte ihres Lebens vergeudet hatte und dass Gott sich für sie nicht interessierte und sie deshalb zur dunklen Seite der Macht gehörte.

Können Sie sich vorstellen, welchen Mut Dee aufbringen musste, eine Kirchengemeinde zu betreten? Als sie es dennoch tat, lernte sie ein paar unglaublich starke Freunde kennen, die über ihr Chaos hinwegsahen und sie ihrem Retter vorstellten. Sie ging den ersten Schritt und machte sich selbst klein, indem sie bekannte, dass sie Gott brauchte. Sie gab zu, dass ihre Art zu leben nicht die richtige war, und noch am gleichen Tag vertraute Dee sich Jesus an und begab sich so auf den Weg zu ihrem eigentlichen Zuhause.

Ich weiß nicht, wie es bei Ihnen war, aber als ich mein Leben Gott anvertraute, verschwanden nicht alle meine Probleme sofort. Ich musste mich schon ein wenig anstrengen. Auch unserer lieben Dee ging es nicht anders. Sie stand an der „ersten Tür", wie ich das immer nenne: gerettet, aber in einem fürchterlichen Zustand. Ihr Gott liebte sie so sehr und sie war auf dem Weg zum Himmel … aber immer noch in einem fürchterlichen Zustand!

Wissen Sie, Gott liebt uns nicht mehr, je länger wir ihm folgen. Er liebt uns bedingungslos, selbst dann, wenn wir ihn ablehnen oder Angst vor ihm haben. Er liebt uns, wenn wir schlechte Entscheidungen treffen, die in einem Sturm enden, und er liebt uns, wenn wir gute Entscheidungen treffen. Seine Liebe ändert sich nie.

Haben wir einmal Ja zu ihm gesagt, fängt der Prozess an, unsere Errettung in die Tat umzusetzen.[7] Wir können auch an der ersten Tür stehen bleiben und uns von dort nie wieder vom Fleck rühren, wenn wir das wollen. Dann werden wir aber wahrscheinlich vor unserer Zeit sterben, und Gott kann uns nicht gebrauchen, wenn wir tot sind. Wenn es so wäre, dann wären wir alle im Himmel und würden mit den Engeln singen. Er braucht uns lebendig hier auf der Erde, und er will, dass wir den Zweck erfüllen, für den er uns geschaffen hat. Er braucht uns lebend. Er brauchte Dee lebend.

Er hatte eine Aufgabe für Dee, die sie erfüllen sollte. Und so begann Gott, Dee einige Dinge mitzuteilen. Während sie die Liebe Gottes durch ihre Freunde spürte, fing er an, mit ihr über ihr Leben zu sprechen und ihr zu zeigen, dass er noch mehr war als ihr Erlöser. Er war auch derjenige, der sie heilte. Dee besuchte 2008 das erste Mal unsere Frauenkonferenz *GodChicks*. Meine Freundin Nancy Alcorn hielt einen der Vorträge. Sie erzählte von Wundern, die sie bei der Organisation *Mercy Ministries* erlebt und gehört hatte, und mit denen sie nun den Frauen Hoffnung vermittelte. Während Dee ihr zuhörte, spürte sie, wie der Heilige Geist sie überführte. *Möchte Gott mir etwas sagen, das ich befolgen soll? Geht es beim Dienst für Gott darum, bestimmte Regeln zu befolgen? Nein! Gott liebt mich, und er braucht mich lebend. Drogen töten.* An diesem Tag tat Jesus ein Wunder an Dee. Sie wurde vollkommen frei von der Droge Crystal Meth. Wunder geschehen nicht immer spontan, aber bei Dee war von diesem Tag an das Verlangen nach der Droge völlig verschwunden. Sie ging sogar zu ihrem Auto, griff dort nach allen Utensilien, die sie für die Drogen brauchte, und brachte sie nach vorne zum Altar, zu Nancy und mir. (Das tat sie zum allerersten Mal!) Sie bereute ihre Fehler und begann, Schritte in eine neue und bessere Richtung zu gehen.

Ihre Freunde, Nancy und ich klatschten Beifall und am lautesten von allen Gott selbst. Wir riefen ihr zu: „Toll gemacht, du Liebe!“ (Nun, so spricht Gott jedenfalls mit mir.) Und nach diesem ihrem Sieg schenkte Gott ihr Ruhe. Aber schon bald darauf fing er an, mit ihr über den nächsten Schritt zu sprechen.

Denken Sie immer daran, es geht bei Gott nicht um Regeln. Es geht darum, das wahre Leben zu führen, um unseren Zweck und unsere Bestimmung zu erfüllen.

Gott fing nun an, Dees sexuelle Neigungen infrage zu stellen. Es ging ihm nicht darum, ihr den Spaß zu nehmen. Er wollte, dass sie lebte! Dass ihr Körper heil und gesund wird. Die Wahrheit war nämlich, dass ihr bisheriges Leben ein Kopf-oder-Zahl-Spiel war, was sie zuerst umbringen würde: ihre wechselnden Sexualpartner oder ihre Drogenabhängigkeit. In unserer Gemeinde wurden Menschen beerdigt, die sich durch Sex mit Partnern, die sie nicht haben sollten, Krankheiten eingehandelt hatten, die sie das Leben kosteten. Und glauben Sie Ihrem Umfeld nicht, wenn irgendwo behauptet wird, dass Kondome Sie komplett vor sexuell übertragbaren Krankheiten schützen können – das können sie nicht.

> Es geht bei Gott nicht um Regeln. Es geht darum, das wahre Leben zu führen.

Als Dee anfing zu begreifen, dass ihr Wert nicht von ihrer Sexualität abhing, öffnete sie allmählich ihr Herz, und sie wurde zugänglicher. Sie legte ihre kontrollierenden, manipulierenden Verhaltensweisen ab und lernte, die Wahrheit des Wortes Gottes von den Lügen des Feindes zu unterscheiden. Sie las in der Bibel, ersetzte die Lügen gegen die Wahrheit und lernte, was sexuelle Reinheit bedeutete. Damals empfand sie diesen Schritt als unglaublich schwierig. Irgendwann beugte sie sich ihm aber, schließlich hatte ihr eigener Weg ihr nur Schmerzen bereitet. Am Ende, als Dee glaubte, dass sie wertvoll sei und eine Aufgabe habe, konnte sie ihre sexuellen Abhängigkeiten endlich loslassen.

Und ich bin mir sicher, Gott feierte ihre Entscheidung. Er liebt Dee heute zwar nicht mehr als früher, nur ihre Chance ist jetzt einfach größer, dass sie lange genug lebt, um seine Bestimmung zu erfüllen, die er über ihrem Leben ausgesprochen hat.

Im Laufe der Zeit überwand Dee auch ihre Depressionen, sodass sie sich auch mittels der empfangenen Gnade Gottes die Fehler ihrer Vergangenheit selbst vergeben konnte. Dee ist jetzt oft unterwegs und erzählt überall ihre Geschichte. Sie leitet auch eine Selbsthilfegruppe für Frauen, die erste Schritte aus ihrer Abhängigkeit herausgehen.

Dee kommt mir vor wie ein wandelndes Wunder. An jeder Tür, vor der sie stand, hat Gott sie treu in Empfang genommen. Auch die Gemeinde war für sie da. Ihr Weg war nicht einfach, aber durch das, was Jesus für sie getan hat und durch Gottes große Liebe, kann Dee weitere Türen durchschreiten und andere abholen, damit sie mit ihr den Weg gehen.

Falls Sie in einer Krise stecken, die Sie selbst verursacht haben, dürfen Sie sicher sein: Gott hält seine Arme für Sie weit geöffnet. Kommen Sie nach Hause zu seiner Gnade! Gott wird Sie Schritt für Schritt aus Ihrer Krise herausführen. Er wird Ihr Herz, Ihre Gedanken und Ihren Körper heilen.

12

Das Ufer

Sie glaubte, dass sie es schaffen konnte,
und sie tat es.
· R. S. Grey ·

So kamen alle unversehrt an.
· Apostelgeschichte 27,44[1] *·*

Wir haben es geschafft, liebe Leserin. Wir haben Halt gefunden und den Mut nicht sinken gelassen, während wir durch den Sturm navigiert sind. Gott ist treu, und er hat sein Versprechen erfüllt. Jetzt hat der Wind nachgelassen, die Sonne ist wieder hervorgekommen und strahlt hell am Himmel, die Wellen haben sich beruhigt. Unser Leben sieht wieder verheißungsvoll aus. Gott hatte sich auch gegenüber Paulus und der Schiffsbesatzung als treu erwiesen.[2]

Paulus und alle anderen, die an Bord waren, schafften es, an Land zu kommen, indem sie sich an Brettern und Wrackteilen festhielten und um ihr Leben schwammen. Obwohl sie es nicht bis zu ihrem ursprünglich geplanten Ziel, nämlich nach Rom, geschafft hatten, erkannten sie trotzdem: Gott war treu gewesen.

Schließlich bedeutet Ufer Land! Nun würde alles gut werden, nicht wahr?

Wenn Sie meinen, es geschafft zu haben ...

Apostelgeschichte 28 berichtet, dass Paulus und die Seeleute nun wieder durchatmeten und sich an einem Feuer, das die Bewohner der Insel angezündet hatten, trockneten und ausruhten. Plötzlich kroch jedoch eine Schlange aus dem Reisig des Feuers heraus und biss Paulus in die Hand. Hatte er nicht schon *genug* gelitten? Schließlich war er ein Gefangener, dann hatte er wochenlang auf einem Schiff in einem dunklen, schrecklichen Sturm ausgeharrt, er erlitt Schiffbruch, musste an Land schwimmen und jetzt besaß eine Schlange auch noch die Frechheit, ihn zu beißen! Haben Sie so etwas Ähnliches schon einmal erlebt? Gerade als Sie glaubten, all die schlimmen Dinge, die passiert sind, hätten endlich ein Ende, trifft Sie schon wieder der nächste Schlag.

Paulus reagierte auf den Schlangenbiss gewohnt locker. Er schleuderte das Tier einfach ins Feuer. Natürlich waren alle Umstehenden, die das sahen, entsetzt. Paulus nicht. Sie waren überzeugt, er würde sterben. Doch Paulus vertraute Gott auch in dieser Situation, so wie er ihm im Sturm vertraut hatte. Er ließ nicht zu, dass eine Schlange ihm das antat, was ein Sturm und ein Schiffbruch nicht geschafft hatten. Von seiner Hartnäckigkeit können wir uns alle eine Scheibe abschneiden!

Manchmal sieht es danach aus, als ob ein Sturm nach dem anderen aufzieht, nicht wahr? Obwohl ich nicht hoffe, dass Ihr nächster Sturm ein Schlangenbiss sein wird, kann ich Ihnen versichern: irgendetwas wird kommen. Die gute Nachricht aber ist, Sie werden dieses Mal stärker und besser ausgerüstet sein als beim letzten Sturm. Sie werden tatkräftiger sein – so wie die Frau in Sprüche 31. Erinnern Sie sich an sie? In der Bibel lesen wir, dass sie den kalten Winter nicht fürchtet.[3] Vielleicht ist in diesem Abschnitt tatsächlich ein Winter gemeint. (Bei uns in Los Angeles ist es sehr herausfordernd, sich auf den Winter vorzubereiten. Ich frage mich meist: *Hm, welchen Badeanzug soll ich jetzt tragen? Den blauen oder den schwarzen?* – Tut mir leid für Sie. Nein, tut mir nicht leid. :-)) In dem Text ist definitiv von dunklen Zeiten die Rede. Sie, diese erstaunliche Frau, ist auf jeden aufkommenden Sturm vorbereitet. Genau wie Sie! Auch Sie sind mutiger und stärker geworden, deshalb wird der nächste Sturm Sie nicht mehr umwerfen!

Egal was kommt, vergessen Sie nicht, dass dieselbe Kraft, die Jesus von den Toten auferweckt hat, auch in Ihnen steckt.[4] Das ist die Wahrheit, und deshalb können Sie in Frieden und voller Zuversicht vorwärtsgehen und mutiger werden. Leben Sie von heute an bewusst mit diesem Wissen.

Das Ufer zu erreichen, bedeutet mehr, als wir glauben

Paulus und die Schiffsbesatzung landeten auf der Insel Malta, die ursprünglich nicht ihr Bestimmungsort war. Was? Sie sollten doch nach Rom fahren! Ich bin sicher, weder Paulus noch die Seeleute hatten die Insel Malta mit eingeplant. Aber Gott tat es. Der Gott, der dafür sorgt, dass dem, der ihn liebt, *„alles, was geschieht, zum Guten"*[5] dient. Die Leute auf der Insel brauchten eine Begegnung mit dem lebendigen Gott, und Paulus war einfach nur der Mann, den er dafür brauchte. Den Sturm zu durchqueren, diente bestimmten Zwecken. Nicht nur die Seeleute wurden stärker dadurch, sondern er diente auch anderen Menschen, denen sie auf der Insel begegneten.

Nach meiner Krebsdiagnose lernte ich viele Menschen kennen, denen ich zuvor noch nie begegnet war. Ich erfuhr, welche zahlreichen Alternativbehandlungen es bei Krebs gibt und einige davon habe ich ausprobiert. Ich unterzog mich auch herkömmlichen wie Bestrahlung. Das bedeutete, dass ich sieben Wochen lang täglich im Krebstherapiezentrum erscheinen musste. Ich war wütend. Natürlich hatte ich keine Lust, ständig im Wartezimmer zu hocken, und der Gedanke an die Bestrahlungen löste in mir starken Widerwillen aus.

Am ersten Tag kreuzte ich im Wartezimmer auf, setzte mich mit verschränkten Armen auf den Stuhl und starrte auf den Boden, während ich darauf wartete, dass mein Name aufgerufen wurde. Dann ging ich ins Behandlungszimmer, ließ die Bestrahlung über mich ergehen und verließ das Zentrum. Am zweiten Tag erschien ich wieder wütend im Wartezimmer, setzte mich auf den Stuhl, verschränkte meine Arme, starrte auf den Boden und wartete darauf, dass mein Name aufgerufen wurde. Dann ging ich ins Behandlungszimmer, ließ die Bestrahlung über mich ergehen und verließ das Zentrum. Am dritten Tag erschien ich wütend im Wartezimmer, setzte mich mit verschränkten Armen auf den Stuhl, starrte auf den Boden und wartete darauf, dass mein Name aufgerufen wurde. Dann ging ich ins Behandlungszimmer, ließ die Bestrahlung über mich ergehen und verließ das Zentrum. Am vierten Tag erschien ich wütend im Wartezimmer, setzte mich mit verschränkten Armen auf den Stuhl, starrte auf den Boden und wartete darauf, dass mein Name aufgerufen wurde.

Haben Sie jetzt eine Vorstellung, wie es mir ging?

Doch während ich am vierten Tag wieder im Wartezimmer saß, spürte ich, wie der Heilige Geist mir zuflüsterte: *Holly, sieh mal nach oben.*

Nein!

Ich wollte die Leute, die dort saßen, nicht sehen.

Aber schließlich sah ich doch auf und erkannte, dass diese Menschen viel schlimmer dran waren als ich. Ich sah Menschen, denen beide Beine amputiert worden waren und Menschen mit Hirntumoren, die Bestrahlungen am Kopf bekamen. Ich hörte zum ersten Mal bewusst ihren Unterhaltungen zu und erfuhr, dass für manche die Bestrahlung ihre letzte Chance war. Ich sah jedem, der dort saß, in die Augen und in vielen von ihnen erkannte ich Angst, Hoffnungslosigkeit und Einsamkeit.

Ich wusste auf einmal, was Gott von mir wollte. Er wollte, dass ich, als seine Tochter, an diesem Ort seine Hände und Füße war. Er bat mich nicht nur, mutig und stark zu sein, sondern er wollte auch, dass ich die Hoffnung, die ich in Jesus hatte, all den Menschen in diesem Raum brachte, weil auch sie sie dringend brauchten.

Ehrlich gesagt, ich wollte das nicht. Schließlich hatte ich selber mit Krebs zu kämpfen. Jeder hätte verstanden, wenn ich mich einfach nur um meine Probleme gekümmert hätte. Und doch war mir bewusst, worum Gott mich bat.

Am fünften Tag also, als ich wieder im Wartezimmer auftauchte, brachte ich für jeden Kekse mit. Natürlich war das diese ekelhaft gesunde Sorte, die niemandem wirklich schmeckte, aber ich reichte sie trotzdem in die Runde. Ich begann, mich mit den Leuten zu unterhalten und tauschte Telefonnummern aus. Ich verteilte Bücher und betete für die Menschen. So wurden für die nächsten sieben Wochen *diese* Menschen zu *meinen* Menschen. Dieses Wartezimmer war nicht der eigentliche Ort, an dem ich sein wollte. Es war mein Malta. Und es war auch nicht mein ursprünglicher Plan, doch ich wusste auf einmal, genau wie Paulus, dass denen, die Gott lieben, alles, was geschieht, zum Guten dient.

Auch an Ihrer Küste gibt es Menschen, die Gottes Leben und Gegenwart brauchen, von denen Sie selbst erfüllt sind. Auch sie brauchen Mut und Kraft. Gott sieht nicht auf uns herab, wenn wir in einem Sturm stecken und hat dann Mitleid mit uns. Nein! Er überblickt viel besser und weiter den Weg, den wir gehen sollen. Und er sieht Menschen, die er mit seiner Liebe berühren möchte. Schließlich sind wir seine Hände.

Vielleicht fühlen Sie sich wegen all der Dinge, die Sie erdulden mussten, ein wenig erschöpft und überlastet (wir waren alle schon einmal an diesem Punkt). Vielleicht haben Sie aber auch das Gefühl, der Sturm hat Sie von Ihrem eigentlichen Kurs abgebracht. – Nein. Sie sind weiter in Gottes Hand. Wenn Sie Ihre Augen öffnen, werden Sie in Ihrem Umfeld eine Menge Menschen sehen, die darauf warten, dass Sie sich in Bewegung setzen.

Sie haben einen gewaltigen Sturm überstanden, und da draußen gibt es noch andere Frauen, die wissen müssen, wie Sie das geschafft haben. Vielleicht haben Sie als alleinerziehende Mutter Ihre Kinder zu verantwortungsvollen Erwachsenen herangezogen (ein Wunder für jede Mutter). Ich garantiere Ihnen, dass es Frauen in Ihrem Umfeld gibt, die davon erfahren müssen, was Sie getan haben und wie Sie es getan haben. Oder es gab gewaltige Probleme in Ihrer Ehe und Sie sind trotzdem seit 50 Jahren verheiratet. Sie lieben denselben Mann immer noch. Andere müssen davon erfahren, was Sie gelernt haben. Dasselbe gilt, falls Sie missbraucht worden sind und den Weg innerer Heilung gefunden haben, oder wenn Sie den Berg Ihrer Schulden hinter sich gelassen haben. Ihre Vergangenheit kann einer anderen Person eine Zukunft eröffnen. Sie können einem anderen

Ihre Vergangenheit kann einer anderen Person eine Zukunft eröffnen.

Menschen aus seinem Sturm heraushelfen, indem Sie ihm einfach erzählen, was Sie wissen. Irgendjemand da draußen braucht ganz bestimmt Ihre Hilfe.

Einer Frau wie Ihnen, die ihr Bestes gibt, um die Stürme des Lebens zu meistern, will ich Folgendes sagen: Wir sind Gottes Töchter, und deshalb haben wir eine Verantwortung, unsere Schwierigkeiten zu überwinden. Wir sollten wirklich nicht in Tälern campieren oder uns von Wellen überfluten lassen. Wir sollten vielmehr Vorbilder für diejenigen sein, die Gott noch nicht kennen und ihnen zeigen, wie sie ein siegreiches – nicht ein perfektes – Leben führen können. Wir dürfen einfach nicht den Weg des Triumphzugs verlassen, egal wie die Umstände auch sind.

Jeder von uns ist für die Generation verantwortlich, die nach uns kommt. Christsein ist ein Staffellauf, und wir haben Vorbilder des Glaubens, die den Weg bereits gegangen sind.[6] Sie haben ihre Stürme gemeistert, und nun sind wir an der Reihe, stark und mutig zu sein und anderen auf ihrem Weg zu helfen.

Paulus forderte uns heraus, stark zu sein und immer mehr so leben zu sollen, wie es Gott gefällt.[7] Stürme tragen dazu bei. Gott verändert unsere Ehe so, wie es ihm gefällt, weil Philip und ich unsere Stürme meistern. Gott macht mich zu einer stärkeren Leiterin, weil ich lerne, mich in Demut zu üben und zu vergeben. Ich pflege heute Freundschaften, die Gott noch schöner macht, weil wir uns nicht aufgegeben haben, wenn die Beziehung einmal auf die Probe gestellt wurde. Mein Glaube nimmt zu, weil ich an Gott und an seine Pläne glaube. Ich mache weiter, ich atme, glaube und nehme Risiken auf mich, sodass mein Glaube immer stärker wird.

Als meine Ehe am Tiefpunkt war und ich mich bei Gott über Philip beschwerte, glaubte ich, Gott hätte Mitleid mit mir. Ich war überzeugt, er sähe, wie schwer ich es hatte. Während dieser Zeit gab es etliche Momente, in denen ich fürchtete, die falsche Person geheiratet zu haben. Und Philip war überzeugt, dass ihm derselbe Fehler unterlaufen war. Die meisten von uns haben das ein oder andere Mal schon so gedacht! Hatte ich mir dadurch meine eigene Bestimmung vermasselt?

Letztlich wurde mir klar, dass Gott überhaupt kein Mitleid mit mir hatte. Aber er war immer für mich da, immer bereit und stets gewillt, mich durch den Sturm zu bringen. Ich bin sicher, dass Gott darauf wartete, dass ich das Ufer erreichte. Denn einerseits würde ich stärker und reifer sein als vorher, andererseits gab es aber auch noch andere Ehepaare mit Problemen, denen er durch uns helfen wollte. Und er hatte recht. Philip und ich haben mittlerweile Tausenden durch ihre Stürme hindurchgeholfen, weil wir nachvollziehen können, wie sich so ein Sturm anfühlt.

Wir meinen immer, unser Sturm sei der schlimmste von allen, und wir zweifeln daran, ob wir ihn überhaupt überstehen. Aber Gehorsam gegenüber Gott wirkt sich stets auch auf andere aus. Und es gibt immer Menschen, denen wir helfen sollten, nachdem wir das Ufer erreicht haben.

Nachdem ich den Krebs überwunden hatte, habe ich mit Tausenden Frauen gesprochen, die selbst mit der Krankheit zu kämpfen hatten. Und durch die Erfahrung der Anfechtung in meiner Leiterschaft konnte ich Hunderten anderer Pastoren helfen, mit ähnlichen Schwierigkeiten fertigzuwerden. Und Eltern zu sein, ist schön wie herausfordernd zugleich. Doch nachdem ich einige Phasen mit meinen Kindern bewältigt hatte, wurde mir das Vorrecht zuteil, auch anderen mit meinen Erfahrungen helfen zu dürfen.

Wenn Sie selbst erst einmal Ihren Sturm überstanden haben, wird es auch in Ihrem Leben Menschen geben, die Ihre Hilfe brauchen. Sie werden überall an Ihrer Küste diese Menschen finden.

Ich kenne Mädchen, die sich mit Essstörungen oder Selbstverletzungen herumgequält haben. Die meisten von ihnen, so habe ich festgestellt, wollen irgendwann anderen jungen Frauen helfen und sie davon abhalten, dieselben Fehler zu machen wie sie. Eine quasi biblische Antwort und Reaktion auf das, was man selbst empfangen hat.

Denken Sie immer daran: Jesus ist nicht nur bei Ihnen im Sturm, sondern er behält gleichzeitig im Blick, wozu er Sie berufen hat.

Wie werden Sie sich entscheiden?

Der Gott, dem wir dienen, ist ein guter Gott. Trotzdem leben wir in einer Welt, in der Gut und Böse nebeneinander existieren. Wenn Anfechtungen und Stürme in unser Leben treten, müssen wir uns entscheiden, wie wir darauf reagieren wollen. Gott hat uns nicht als Marionetten erschaffen, wir haben ein Mitspracherecht. Werden wir uns von den Stürmen läutern lassen oder lassen wir uns von ihnen bestimmen? Werden wir uns durch nichts davon abbringen lassen, Gott zu vertrauen, oder werden wir im Vertrauen auf ihn sinken? Die Entscheidung liegt allein bei uns.

Werden wir uns von den Stürmen läutern lassen oder lassen wir uns von ihnen bestimmen?

Stürme, die wir durchleben, werden uns verändern. Wir können darüber bitter oder durch sie stärker werden. Wir können uns vor anderen Menschen verschließen oder unser Herz weit öffnen und glauben, dass es Menschen gibt, denen wir helfen müssen. Wir können zurückschauen und uns wünschen, dass alles anders gekommen wäre. Oder wir sehen nach vorn und vertrauen darauf, dass Gott auf uns wartet.

Herausforderungen und Prüfungen können das Beste in uns hervorbringen, wenn wir es nur zulassen. So wie ein Diamant erst dann zum Vorschein kommt, nachdem ein Stück Kohle unter sehr hohem Druck gepresst wurde, wird auch unser innerer Schatz erst dann sichtbar, wenn wir durch Stürme gehen. Und die Menschen in unserem Umfeld werden davon profitieren.

Im 17. Jahrhundert schrieb John Bunyan in einer Gefängniszelle *Die Pilgerreise*: Einer der größten Bestseller aller Zeiten entstand mitten in einer heftigen Anfechtung. Martin Luther King jr. verfasste *Briefe aus dem Gefängnis von Birmingham*, als er in Gefangenschaft war. Während des Zweiten Weltkriegs, als Dietrich Bonhoeffer hinter Gittern saß, entstanden dessen *Briefe und Aufzeichnungen aus der Haft*. Und Paulus war natürlich auch weiterhin auf Reisen und erzählte dort jedem die gute Nachricht des Evangeliums. In unvorstellbaren Prüfungen und extremer Not fanden all diese Menschen Halt und ihr Mut nahm nicht ab. Durch ihre Stärke kam ihr kostbarer Schatz zum Vorschein.

In meinen Krisen habe ich Geduld gelernt, weil ich gemerkt habe, dass der Weg bereits das Ziel ist. Wie ich mein Leben lebe, ist wichtig. Und die Wahrheit ist, wenn ich mein Leben so lebe, wie es Gott gefällt, dann wird mich das Ziel in absolutes Erstaunen versetzen. Es wird mein Vorstellungs- und Denkvermögen weit übersteigen!

Als mich damals eine Welle nach der anderen traf – von der Krebserkrankung zur gestohlenen Identität, von Eheproblemen zu Problemen mit Freunden –, da war ich in der Lage, mich von überflüssigem Gepäck zu befreien, die Anker zu werfen, neue Kräfte zu tanken, an Gottes Gegenwart festzuhalten, ihn anzubeten in der

Hoffnung auf das, was noch kommen wird, und mich selbst jeden Tag daran zu erinnern, dass Gott auf dem Thron sitzt. So gut ich konnte, habe ich all das getan, und ich bin immer noch dabei, das zu tun, was ich in diesem Buch an Sie weitergegeben habe.

Ich wünschte, die Kämpfe und Schwierigkeiten kämen nicht alle auf einmal, sondern nacheinander – oder, besser noch, sie kämen überhaupt nicht! Aber das ist nicht der Fall. Oft kommt alles auf einmal. Treffen Sie die Entscheidung, dass der dritte, vierte oder zehnte Sturm Sie nicht völlig außer Gefecht setzen wird. Sie haben es einmal geschafft, mutig und stark zu werden, Sie schaffen es auch ein zweites Mal. Halten Sie unterwegs Ausschau nach dem herrlichen Ufer und nach den Menschen, die Gott für *Sie* bereithält, damit Sie ihnen helfen, genauso mutig und stark zu werden.

Treffen Sie die Entscheidung, dass der dritte, vierte oder zehnte Sturm Sie nicht völlig außer Gefecht setzen wird.

Ermutigende Bibelverse für Ihren Sturm

Wir haben bereits festgestellt, dass das Wort Gottes mächtig ist. Gott hat es uns gegeben, um damit Kämpfe auszufechten. Mit seiner Hilfe können wir unsere Gedanken wieder auf die Wahrheit ausrichten. Hier sind einige Bibelverse, über die Sie nachdenken oder die Sie laut aussprechen können, wenn Sie in Schwierigkeiten sind. Nehmen Sie Gottes Wort als Kraftquelle, egal in welchem Sturm Sie sich momentan befinden.

„Der Herr selbst wird für euch kämpfen, wartet ihr nur ruhig ab!"
2. Mose 14,14

„Der Herr hat mir Kraft gegeben und mich froh gemacht; nun kann ich wieder singen. Er hat mich gerettet! Er ist mein Gott, ihn will ich preisen! Er ist der Gott meines Vaters, ihn allein will ich ehren!"
2. Mose 15,2

„Seid mutig und stark! Habt keine Angst, und lasst euch nicht von ihnen einschüchtern! Der Herr, euer Gott, geht mit euch. Er hält immer zu euch und lässt euch nicht im Stich!"
5. Mose 31,6

„Der Herr selbst geht vor dir her. Er steht dir zu Seite und verlässt dich nicht. Immer hält er zu dir. Hab keine Angst und lass dich von niemandem einschüchtern!"
5. Mose 31,8

„Ja, ich sage es noch einmal: Sei mutig und entschlossen! Lass dich nicht einschüchtern, und hab keine Angst! Denn ich, der Herr, dein Gott, bin bei dir, wohin du auch gehst."
Josua 1,9

„Fragt nach dem Herrn und rechnet mit seiner Macht, wendet euch immer wieder an ihn!"
1. Chronik 16,11

„Die Unterdrückten finden bei Gott Zuflucht. In schwerer Zeit beschützt er sie."
Psalm 9,10

„Du zeigst mir den Weg, der zum Leben führt. Du beschenkst mich mit Freude, denn du bist bei mir. Ich kann mein Glück nicht fassen, nie hört es auf."
Psalm 16,11

„Gott allein gibt mir Kraft zum Kämpfen und ebnet mir meinen Weg. Er macht mich gewandt und schnell, lässt mich laufen und springen wie ein Hirsch. Selbst auf steilen Felsen gibt er mir festen Halt. Er lehrt mich, die Waffen zu gebrauchen und zeigt mir, wie ich auch den stärksten Bogen noch spannen kann."
Psalm 18,33–35

„Und geht es auch durch dunkle Täler, fürchte ich mich nicht, denn du, Herr, bist bei mir. Du beschützt mich mit deinem Hirtenstab."
Psalm 23,4

„Der Herr ist mein Licht, er rettet mich. Vor wem sollte ich mich noch fürchten? Bei ihm bin ich geborgen wie in einer Burg. Vor wem sollte ich noch zittern und zagen?"
Psalm 27,1

„Der Engel des Herrn stellt sich schützend vor alle, die Gott ernst nehmen, und bringt sie in Sicherheit."
Psalm 34,8

„Wenn du keinen Ausweg mehr siehst, dann rufe mich zu Hilfe! Ich will dich retten und du sollst mich preisen."
Psalm 50,15

„Überlass alle deine Sorgen dem Herrn! Er wird dich wieder aufrichten; niemals lässt er den scheitern, der treu zu ihm steht."
Psalm 55,23

„Zu dir kann ich jederzeit fliehen; du bist seit jeher meine Festung, die kein Feind bezwingen kann."
Psalm 61,4

„Begreift ihr denn nicht? Oder habt ihr es nie gehört? Der Herr ist der ewige Gott. Er ist der Schöpfer der Erde – auch die entferntesten Länder hat er gemacht. Er wird weder müde noch kraftlos. Seine Weisheit ist unendlich tief. Den Erschöpften gibt er neue Kraft, und die Schwachen macht er stark. Selbst junge Menschen ermüden und

werden kraftlos, starke Männer stolpern und brechen zusammen. Aber alle, die ihre Hoffnung auf den Herrn setzen, bekommen neue Kraft. Sie sind wie Adler, denen mächtige Schwingen wachsen. Sie gehen und werden nicht müde, sie laufen und sind nicht erschöpft.“
Jesaja 40,28–31

„Fürchte dich nicht, denn ich bin bei dir; hab keine Angst, denn ich bin dein Gott! Ich mache dich stark, ich helfe dir, mit meiner siegreichen Hand beschütze ich dich.“
Jesaja 41,10

„Denn ich bin der Herr, dein Gott. Ich nehme dich an deiner rechten Hand und sage: ‚Hab keine Angst! Ich helfe dir.‘“
Jesaja 41,13

„Wenn du durch tiefes Wasser oder reißende Ströme gehen musst – ich bin bei dir, du wirst nicht ertrinken. Und wenn du ins Feuer gerätst, bleibst du unversehrt. Keine Flamme wird dich verbrennen.“
Jesaja 43,2

„Die Güte des Herrn hat kein Ende, sein Erbarmen hört niemals auf, es ist jeden Morgen neu! Groß ist deine Treue, o Herr!
Klagelieder 3,22-23

„Kommt alle her zu mir, die ihr euch abmüht und unter eurer Last leidet! Ich werde euch Ruhe geben. Lasst euch von mir in den Dienst nehmen, und lernt von mir! Ich meine es gut mit euch und sehe auf niemanden herab. Bei mir findet ihr Ruhe für euer Leben. Mir zu dienen ist keine Bürde für euch, meine Last ist leicht.“
Matthäus 11,28-29

„Auch wenn ich nicht bei euch bleibe, sollt ihr doch Frieden haben. Meinen Frieden gebe ich euch; einen Frieden, den euch niemand auf der Welt geben kann. Seid deshalb ohne Sorge und Furcht!“
Johannes 14,27

„Was eurem Glauben bisher an Prüfungen zugemutet wurde, überstieg nicht eure Kraft. Gott steht zu euch. Er lässt nicht zu, dass die Versuchung größer ist, als ihr es ertragen könnt. Wenn euer Glaube auf die Probe gestellt wird, schafft Gott auch die Möglichkeit, sie zu bestehen.“
1. Korinther 10,13

„Gehört jemand zu Christus, dann ist er ein neuer Mensch. Was vorher war, ist vergangen, etwas Neues hat begonnen.“
2. Korinther 5,17

„Macht euch keine Sorgen! Ihr dürft Gott um alles bitten. Sagt ihm, was euch fehlt, und dankt ihm! Und Gottes Friede, der all unser Verstehen übersteigt, wird eure Herzen und Gedanken im Glauben an Jesus Christus bewahren.“
Philipper 4,6–7

„Alles kann ich durch Christus, der mir Kraft und Stärke gibt.“
Philipper 4,6–7

„Gott hat uns alles geschenkt, was wir brauchen, um zu leben, wie es ihm gefällt. Denn wir haben ihn kennengelernt; er hat uns in seiner Macht und Herrlichkeit zu einem neuen Leben berufen. Dadurch hat er uns das Größte und Wertvollste überhaupt geschenkt: Er hat euch zugesagt, dass ihr an seinem ewigen Wesen und Leben

Anteil haben werdet. Denn ihr seid dem Verderben entronnen, das durch die menschlichen Leidenschaften und Begierden in die Welt gekommen ist.“
2. Petrus 1,3–4

Weiterführende Fragen

zur Selbstreflexion und zum Gespräch in Gruppen

1. Stehen Sie auf

1. Welches Erdbeben haben Sie zuletzt erlebt? In welchen Bereichen Ihres Lebens blieben Sie kämpfend zurück und haben nach Halt gesucht?
2. Holly erklärt, dass das Wort *tatkräftig* oder *tugendhaft* in Sprüche 31 eine Übersetzung des hebräischen Wortes *chayil* ist, was „im Zusammenhang mit Macht, Stärke und Mut steht". Wie geht es Ihnen bei dem Gedanken, dass Gott Sie als Frau dazu berufen hat, stark und mutig zu sein – eine „Kraft auf Erden"?
3. Was bedeutet es, eine Frau zu sein, die *„aufsteht"*, wenn Schwierigkeiten und Not über sie hereinbrechen (Sprüche 31,15)?

2. Wappnen Sie sich für den Sturm

1. Wann haben Sie festgestellt, dass Ihre Gedanken den Ausgang einer Situation entweder positiv oder negativ beeinflusst haben?
2. Was wissen Sie jetzt, in diesem Moment, mit Sicherheit über das Wesen Gottes? Welche Bibelverse verwenden Sie, um Ihre Gedanken zu umgürten, damit die Wahrheit für Sie realer ist als die Fakten über Ihre Situation?
3. Fällt es Ihnen leicht oder schwer, jemanden um Hilfe zu bitten? Was glauben Sie, woran das liegt? König Salomo schrieb: *„Zwei*

haben es besser als einer allein" (Prediger 4,9). Welche Freundin steht Ihnen in Ihrem Sturm zur Seite? Und weil es auch andere gibt, die Hilfe brauchen: Welcher Freundin sind Sie in ihrem Sturm eine Hilfe?

3. *Lassen Sie los*

1. Eine Frage nur zum Spaß: Haben Sie auf Ihrer letzten Reise Dinge eingepackt, die Sie nachher nicht gebraucht haben? Falls ja, welche Dinge waren das?
2. Welche Verletzungen – sei es durch Freunde, Familie, Finanzen, Schule – tragen Sie mit sich herum? Welchen Lügen über Ihre eigene oder über Gottes Identität sind Ihrer Meinung nach dafür verantwortlich, dass Sie am Ballast in Ihrem Leben festhalten?
3. Holly nennt vier Ballaststücke, die wir über Bord werfen müssen, wenn wir die Stürme in unserem Leben meistern wollen: vergangene Verletzungen, unerfüllte Erwartungen, Angst und Unsicherheiten. Wenn Sie über diese vier Punkte nachdenken, welcher wiegt in Ihrem Leben momentan am meisten? Wie könnte es heute in der Praxis aussehen, diesen Ballast über Bord zu werfen?

4. *Achten Sie auf Ihre Prioritäten*

1. Denken Sie an eine Entscheidung, egal ob klein oder groß, die Sie heute treffen müssen. Wie kann das Reich Gottes dabei an oberster Stelle bleiben?
2. Welche Rolle spielen Beziehungen – mit Gott und mit anderen –, wenn Sie mutig und stark werden wollen?
3. Überlegen Sie, welches Ziel Sie sich einmal gesetzt haben und wovon Sie sich ablenken ließen. Welche Ablenkungen bringen

Ihre Gedanken, Ihren Terminkalender und Ihre Prioritäten momentan durcheinander? Was würde Ihnen helfen, sich wieder auf die Hauptsache konzentrieren zu können?

5. Halten Sie die Hoffnung wach

1. Manchmal gebrauchen wir das Wort *Hoffnung* und meinen damit „Wunschdenken". Was bedeutet *Hoffnung* wirklich? Warum bezeichnet der Schreiber des Hebräerbriefs Ihrer Meinung nach Hoffnung als einen Anker (Kapitel 6,19)?
2. In Römer 5,3–4 lesen wir: „*Denn Leid macht geduldig. Geduld aber vertieft und festigt unseren Glauben, und das wiederum gibt uns Hoffnung.*" Wann haben Sie gesehen, dass Ihr Leid Ihnen oder einem anderen Menschen, den Sie kennen, Hoffnung gegeben hat?

6. Mut braucht eine Entscheidung

1. Was ist der Unterschied zwischen „sich mutig und stark fühlen" und „daran glauben, dass Gott mein Mut und meine Kraft ist"?
2. In Römer 8,28 wird uns gesagt, dass dem, der Gott liebt, alles, was geschieht, zum Guten dient, und dass dies denen gilt, die Gott nach seinem Plan und Willen zum neuen Leben erwählt hat. Wie hilft Ihnen diese Wahrheit, wenn Sie heute mutig und stark sein wollen?

7. Anker im Sturm

1. Wenn Sie vor schwierigen Umständen stehen, mit welchem Mittel versuchen Sie am häufigsten, Ihren Schmerz zu stillen? Wie könnte ein tieferes Bewusstsein für Ihre wahre Identität und Bestimmung Ihnen helfen, sich stattdessen tiefer in Gott „zu verankern"?

2. Beschreiben Sie den Zusammenhang zwischen Anbetung und Zufriedenheit. Sind Sie nur ein Gemeindebesucher, oder sind Sie tatsächlich im Haus Gottes „verwurzelt"? Was ist der Unterschied?
3. Schreiben Sie in Anlehnung an Hollys Beispiel Ihre eigene Erklärung.
4. Wie möchten Sie einmal in Erinnerung bleiben? Leben Sie Ihr Leben danach? Erläutern Sie Ihre Antwort.

8. Geben Sie nicht auf

1. Beschreiben Sie eine Situation in Ihrem Leben, in der Sie am liebsten aufgeben würden. Welche Wahrheit über Gott hilft Ihnen weiterzumachen?
2. Welches Vorbild aus der Geschichte oder aus Ihrem Bekanntenkreis inspiriert Sie, mit Entschlossenheit das zu Ende zu führen, was Sie begonnen haben?
3. Warum bittet Gott uns Ihrer Meinung nach darum, Dinge zu tun, die eigentlich unmöglich sind?

9. Werden Sie stärker

1. Welche Einstellung haben Sie zu Ihrem Körper? Wie denken Sie über Gottes Wunsch, dass Sie sich um Ihren Körper kümmern sollen? Wie sieht es bei Ihnen mit Sport, gesunder Ernährung und ausreichender Erholung aus?
2. Haben Sie generell das Gefühl, dass Sie Ihre Gefühle kontrollieren können? Oder fühlen Sie sich von ihnen kontrolliert? Warum?
3. Beschreiben Sie, wann Sie zuletzt über etwas staunen konnten. Warum hält das Staunen uns Ihrer Meinung nach davon ab, dass wir zynisch werden?

10. Auf der anderen Seite

1. Holly schreibt: „*Auch wenn Jesus mit an Bord ist, verläuft die Reise nicht unbedingt ohne Schwierigkeiten. Was uns allerdings versprochen wurde, ist seine Gegenwart mitten im Sturm.... Derselbe Gott, der Sie auf die andere Seite des Sees ruft, verfällt nicht auf halber Strecke in Panik.*" Inwiefern passt diese Beschreibung auf Ihre Sichtweise, wenn Sie mitten in herausfordernden Umständen stecken? Stellen Sie sich vor, wie Jesus mitten in Ihrem aktuellen Lebenssturm schlafend im Boot liegt. Wie wirkt sich die Stille, die von ihm ausgeht, auf Sie aus, und wie beeinflusst sie Ihre Reaktion auf den Sturm?
2. Würden Sie die Stürme in Ihrem Leben anders beurteilen, wenn Sie wirklich glauben würden, dass Gott eine Zukunft und eine Hoffnung für Sie hat? Wie würden Sie sie dann beurteilen?

11. Selbst verursachte Stürme

1. Würden Sie jetzt etwas bereuen, was Sie einmal getan haben, weil Sie eine bestimmte Situation kontrollieren wollten?
2. Stecken Sie in einem Sturm, den Sie selbst verursacht haben? Wie würde die Situation aussehen, wenn Sie zur Besinnung kommen, demütig werden und sich von Ihren falschen Wegen abkehren? Auf welche Art und Weise könnte Ihnen das helfen, mutig und stark zu werden?

12. Das Ufer

1. Holly schreibt: „*Wir können zurücksehen und uns wünschen, dass alles anders gekommen wäre, oder wir können nach vorn sehen und darauf vertrauen, dass Gott auf uns wartet.*" Wie können Sie durch Ihre Gedanken und Taten zeigen, dass Sie heute, mitten in Ihrem Sturm, nach vorn sehen?

2. Auf welche Art und Weise hat Ihnen dieses Buch, nachdem Sie es gelesen haben, geholfen? Fühlen Sie sich für den nächsten Sturm, der in Ihr Leben treten wird, besser gerüstet?
3. Welche Ermutigung könnten Sie heute einer anderen Person weitergeben, damit auch sie mutig und stark werden kann?

Anmerkungen

1. Stehen Sie auf

1 1. Petrus 4,12
2 2. Johannes 16,33
3 *Strong's Hebrew and Chaldee Dictionary of the Old Testament,* H2428, *www.bibletools.org/index.cfm/fuseaction/Lexicon.show/ID/H2428/chayil.htm.*
4 Sprüche 31,15
5 Richter 4
6 Esther 5–7
7 *The Apologetics Study Bible for Students,* Hrsg. Sean McDowell, B&H, Nashville, Tennessee, 2010, S. 1194.

2. Wappnen Sie sich für den Sturm

1 1. Petrus 1,13
2 Römer 10,17
3 Johannes 14,9
4 Römer 12,2
5 Sprüche 31,10
6 Jeremia 29,11
7 An dieser Stelle muss ich noch etwas erklären: Sollten Sie in einer Ehe leben, in der Sie unter Missbrauch oder Gewalt leiden, trennen Sie sich und suchen Sie bitte Hilfe. Sie müssen das nicht alleine schaffen.
8 Maleachi 3,10
9 Philipper 4,19
10 Prediger 4,9–11
11 1. Korinther 12
12 Sprüche 18,1

3. Lassen Sie los

1 Matthew Henry: *Matthew Henry's Commentary on the Whole Bible*, version 1.5, Altamonte Springs, Florida, OakTree Software Inc..

2 Matthäus 5,44
3 Sophie Henshaw: „*How to Cope with Disappointment*“, Psych Central (blog), 20. Oktober 2013, *http://psychcentral.com/blog/archives/2013/10/20/how-to-cope-with-disappointment.*
4 Hebräer 13,5
5 Römer 5,3–5
6 Psalm 37,4
7 2. Timotheus 1,7
8 1. Samuel 17,48 (LU, 2017)
9 4. Mose 13,30
10 Hebräer 10,35
11 Sprüche 31,10
12 1. Korinther 12
13 Römer 12,2
14 Psalm 81,7; 1. Petrus 5,7
15 Matthäus 11,30

4. Achten Sie auf Ihre Prioritäten

1 Stephen R. Covey: *First Things First*, Simon and Schuster, New York, 1995, S. 75.
2 Matthäus 6,33
3 Lukas 15,11–32
4 Hebräer 11,6

5. Halten Sie die Hoffnung wach

1 Johannes 14,2
2 Apostelgeschichte 27,22–26
3 Johannes 16,33
4 Psalm 56,9
5 1. Samuel 30,1–8
6 Psalm 103,1
7 Mark Bittman: „*Everyone Eats There*“, New York Times Magazine, 10. Oktober 2012, *www.nytimes.com/2012/10/14/magazine/californias-central-valley-land-of-a-billion-vegetables.html?_r=0.*
8 Johannes 4,10
9 Johannes 16,33
10 Holly Wagner: *When it Pours, He Reigns*, Thomas Nelson, Nashville, 2004, S. 22.

6. Mut braucht eine Entscheidung

1 In einer Predigt von Scott Scruggs, die ich vor einigen Jahren gehört habe, betonte er, dass Gott uns jeden Tag dazu auffordert, mutig zu sein.
2 Lukas 22,42
3 Mimi Haddad: „*Brave-Hearted Women*", Charisma, 31. Januar 2004, *www.charismamag.com/site-archives/24-uncategorised/9843-brave-hearted-women.*
4 James E. Kiefer: „*Gladys Aylward: Missionary to China*", *http://justus.anglican.org/resources/bio/73.html.*
5 Philipper 3,20
6 Epheser 2,6
7 2. Korinther 5,20
8 Epheser 2,10, Neue evangelistische Übersetzung, © 2017 by Karl-Heinz Vanheiden (Textstand 17.05), *www.kh-vanheiden.de*
9 2. Korinther 4,17
10 2. Korinther 11; Apostelgeschichte 28,3–6
11 Philipper 1,20
12 Römer 8,28

7. Anker im Sturm

1 Dana Bartholomew: „*Northridge Earthquake: 1994 Quake Still Fresh in Los Angeles Minds After 20 Years*", Los Angeles Daily News, 11. Januar 2014, *www.dailynews.com/general-news/20140111/northridge-earthquake-1994-disaster-still-fresh-in-los-angeles-minds-after-20-years.*
2 Ein Begriff aus der Elektrizität, der bei einer kurzzeitigen Spannungsabsenkung verwendet wird. (Anm. d. Übers.)
3 Robert Schuller: *Tough Times Never Last, but Tough People Do*, Bantam, New York, 1984, S. 179–80.
4 Donald J. Wiseman (Hrsg.): *Tyndale Commentary*, Version 1.5, OakTree Software Inc, Altamonte Springs, Florida.
5 US Declaration of Independence (Amerikanische Unabhängigkeitserklärung), 4. Juli 1776.
6 Römer 8,37 (ELB)
7 1. Johannes 5,4–5
8 Lukas 10,19
9 2. Korinther 3,17
10 Jesaja 1,18
11 Esther 4,14 (ELB)
12 Matthäus 13,21
13 Lydia Brownback: *Contentment*, Crossway, Wheaton, Illionis, 2008, S. 9.

14 John Phillips: *The John Phillips Commentary Series*, version 1.1, OakTree Software Inc., Altamonte Springs, Florida.
15 Siehe: *Tyndale Commentary*.
16 1. Thessalonicher 5,18
17 1. Timotheus 3,15
18 Bobbie Houston: *Heaven is in this house*, Maximized Leadership, San Antonio, Texas, 2002, S. 26–27.
19 Psalm 92,13–14

8. Geben Sie nicht auf

1 „*Biography of Susan B. Anthony*", National Susan B. Anthony Museum and House, 2013, *https://susanbanthonyhouse.org/her-story/biography.php*.
2 B. L. McGinnity, J. Seymour-Ford, and K. J. Andries: „*Anne Sullivan*", Perkins School for the Blind, *www.perkins.org/about/history/anne-sullivan*.
3 „*Naomi's Journey Home*", DoNotDepart.com, 10. März 2011, *http://donotdepart.com/naomis-journey-home*.
4 Ruth 1,18
5 Markus 6,45
6 Markus 6,48
7 Ebd.
8 Apostelgeschichte 14,19–20
9 Richter 8,4
10 Jesaja 28,6

9. Werden Sie stärker

1 1. Korinther 6,18–20
2 Dr. Myron Wentz: *Invisible Miracles: The Revolution in Cellular Nutrition*, Scottsdale, Arizona, 2002), S. 8.
3 *The Surgeon General's Report on Nutrition and Health*, US Department of Health and Human Services (Public Health Service), 1994, 1.
4 Ira Dreyfuss: „*Exercise Found as Effective as Antidepressant Zoloft*", *Los Angeles Times*, 1. Oktober 2000, *http://articles.latimes.com/2000/oct/01/news/mn-29539*.
5 Galater 5,22–23
6 1. Thessalonicher 5,17
7 Jakobus 5,13–15
8 Lukas 11,1

10. Auf der anderen Seite

1 Jeremia 29,11 (LU, 1984)
2 Josua 1,1–9
3 „*What should we learn from the walls of Jericho falling down?*“, GotQuestions.org, *www.gotquestions.org/walls-of-Jericho.html.*
4 Matthäus 6,26
5 John Phillips, The John Phillips Commentary Series, version 1.1 (Altamonte Springs, FL: OakTree Software Inc.).
6 Markus 4,38–39
7 Hebräer 11,1
8 Philipper 1,6

11. Selbst verursachte Stürme

1 Kenneth Bailey: „Meaning of Prodigal Son Parable“, *www.eprodigals.com/The-Prodigal-Son/The-Prodigal-Son.html.*
2 Steven Furtick: *Crash the Chatterbox* (Colorado Springs, CO: Multnomah, 2014), S. 27.
3 Lukas 15,17 (ELB)
4 Lukas 15,20
5 Lukas 15,20
6 Bailey, „Meaning of Prodigal Son Parable“.
7 Philipper 2,12

12. Das Ufer

1 Gute Nachricht
2 Apostelgeschichte 27,44
3 Sprüche 31,21
4 Römer 8,11
5 Römer 8,28
6 Hebräer 11
7 2. Korinther 13,9–12

MIX
Papier aus verantwortungsvollen Quellen
FSC® C014496

1. Auflage 2018
Bestell-Nr. 817214
ISBN: 978-3-95734-214-0

Umschlaggestaltung: Immanuel Grapentin
Satz: Uhl + Massopust, Aalen
Druck und Verarbeitung: GGP Media GmbH, Pößneck
Printed in Germany

www.lydia-net.de